AS 5 LINGUAGENS DO AMOR DOS ADOLESCENTES

CB123336

GARY CHAPMAN

AS 5 LINGUAGENS DO AMOR DOS ADOLESCENTES

COMO EXPRESSAR UM COMPROMISSO DE AMOR A SEU FILHO ADOLESCENTE

Traduzido por SUSANA KLASSEN

mundocristão
São Paulo

Copyright © 2000, 2005, 2010, 2016 por Gary Chapman
Publicado originalmente por Northfield Publishing, Chicago, Illinois, EUA.

Os textos das referências bíblicas foram extraídos da *Nova Versão Transformadora* (NVT), da Editora Mundo Cristão. Usado com permissão da Tyndale House Publishers, Inc.

Todos os direitos reservados e protegidos pela Lei 9.610, de 19/02/1998.

É expressamente proibida a reprodução total ou parcial deste livro, por quaisquer meios (eletrônicos, mecânicos, fotográficos, gravação e outros), sem prévia autorização, por escrito, da editora.

CIP-Brasil. Catalogação na Publicação
Sindicato Nacional dos Editores de Livros, RJ

C432c

Chapman, Gary, 1938-
As 5 linguagens do amor dos adolescentes: como expressar um compromisso de amor a seu filho adolescente / Gary Chapman; tradução Susana Klassen. – [3. ed.]. – São Paulo: Mundo Cristão, 2018.
272 p.; 21 cm.

Tradução de: The 5 love languages of teenagers: the secret to love teens effectivelly
ISBN 978-85-433-0306-2

1. Adolescentes – Relações com a família. 2. Pais e adolescentes. 3. Parentalidade. 4. Psicologia do adolescente. I. Klassen, Susana. II. Título.

18-47792 CDD: 649.125
CDU: 649.1-053.6

Categoria: Família

Publicado no Brasil com todos os direitos reservados por:
Editora Mundo Cristão
Rua Antônio Carlos Tacconi, 69, São Paulo, SP, Brasil, CEP 04810-020
Telefone: (11) 2127-4147
www.mundocristao.com.br

Nova edição: abril de 2018
6ª reimpressão: 2022

Para Shelley e Derek, sem os quais eu
nunca teria escrito este livro.

Sumário

Agradecimentos

Há muitos anos, as pessoas vêm me perguntando: "Quando você vai escrever um livro sobre a educação de adolescentes?". Minha resposta costumava ser: "Quando terminar de criar os meus". Agora que nossos filhos são adultos e estão casados, creio que consegui me distanciar o suficiente do processo para escrever de modo objetivo tanto sobre meus acertos como sobre minhas falhas. Karolyn e eu não fomos pais perfeitos. O período da adolescência em nossa casa não transcorreu sem traumas. Em meio a todas as dificuldades, porém, procuramos amá-los, e o amor fez toda a diferença. Hoje, temos prazer em nos relacionar com nossos filhos, que já não são mais adolescentes, e sim jovens adultos maduros e carinhosos. Os dois são fonte de grande alegria e ânimo. Escrevo este livro confiante de que, se os pais conseguirem amar os filhos adolescentes, serão pais bem-sucedidos.

Aprendi com meus filhos Shelley e Derek muito do que você lerá neste livro. Se não tivesse passado pela experiência de caminhar com eles durante a adolescência, não poderia me identificar com outros pais, nem escrever com verdadeiro envolvimento. Por isso, dediquei este livro a eles. Quero aproveitar esta ocasião para reconhecer publicamente minha dívida para com os dois, pois me permitiram "treinar" com eles. Graças ao que aprendi nesse processo, espero fazer um trabalho ainda melhor com meus netos.

Também sou extremamente grato ao dr. Davis McGuirt por seu inestimável trabalho de pesquisas neste projeto. Sua aptidão para investigar estudos modernos e históricos sobre a educação de adolescentes e sua extraordinária capacidade de compilar esse material tornou meu trabalho muito mais fácil. Obrigado, Davis. Espero que seus muitos estudos ajudem você e Mary Kay na educação de seus filhos adolescentes.

Como sempre, gostaria de expressar minha profunda gratidão aos muitos casais que compartilharam comigo os sucessos e as dificuldades de educar filhos adolescentes. Tanto na clínica de aconselhamento quanto em minhas viagens, centenas de pais foram meus professores. Suas dores me tornaram mais sensível, e seus sucessos me deram ânimo.

Devo um tributo especial a Tricia Kube, assistente administrativa da primeira edição desta obra, e a Anita Hall, assistente da edição revisada.

Agradeço, também, a Betsey Newenhuyse, cuja competência editorial tornou um bom livro ainda melhor. A atualização das estatísticas e os ajustes de conteúdo contribuíram para tornar esta nova edição relevante para os pais de adolescentes de hoje.

Introdução

Sempre foi difícil educar adolescentes. Os adolescentes de hoje, porém, estão ingressando em um mundo diferente daquele de gerações anteriores, até mesmo de seus pais que, em sua maior parte, fazem parte da Geração X. É um mundo globalizado, com Internet, televisão via satélite e muito mais. A tecnologia moderna expõe nossos adolescentes ao que há de melhor e de pior em todas as culturas humanas. O ambiente cultural homogêneo desta ou daquela região não existe mais. As fronteiras étnicas mudaram. O pluralismo — a aceitação de muitas ideias e filosofias, sem considerar nenhuma delas superior a outra — tomou o lugar de crenças e padrões como tendência para o futuro. Nossos adolescentes vivem em um mundo muito mais diversificado, inclusive nas escolas. Enfrentam tremenda pressão para ser bem-sucedidos e entrar nas faculdades "certas" que, supostamente, os prepararão para um emprego numa economia que, nas últimas décadas, tem passado por mudanças vertiginosas. Eles não dormem o suficiente. Alguns sofrem *bullying* nas redes sociais ou correm o risco de ser vítimas de violência. Embora tenha havido melhoras em alguns aspectos da saúde social dos adolescentes (por exemplo, houve uma redução na gravidez de adolescentes desde seu ápice na década de 1980), surgiram outros problemas, como o narcisismo, a presença de telas de computadores e telefones em toda parte e as questões relacionadas à sexualidade.

Apesar de todos os desafios e mudanças, em minha opinião os pais de adolescentes nunca foram tão importantes. Hoje, mais do que nunca, os adolescentes precisam de seus pais. Todas as pesquisas indicam que os pais são os indivíduos que exercem influência mais relevante na vida de seus filhos. Outras pessoas ou outras coisas (as turmas, os colegas, as redes sociais) só entram em cena como referências quando os pais deixam de se envolver. Tenho convicção de que é fundamental para o bem-estar do adolescente que os pais sejam líderes que dirigem o lar com amor.

Em minhas palestras sobre casamento em todo o país, encontro muitos pais em pânico. É o caso especialmente daqueles que descobriram que o filho tem uma doença sexualmente transmissível ou que a filha está grávida ou fez aborto. Alguns descobriram que o filho não só está usando drogas, mas também começou a traficar dentro da escola onde estuda. Outros ficam angustiados quando recebem uma ligação da delegacia dizendo que o filho adolescente foi preso por porte ilegal de arma. Os questionamentos desses pais não nascem de um interesse intelectual ou filosófico imparcial pelos problemas sociais de hoje, mas fluem de profunda dor interior: "O que fizemos de errado?".

Dizem: "Tentamos ser bons pais; demos a nossos filhos tudo o que queriam. Como puderam fazer uma coisa dessas consigo mesmos e conosco? Não dá para entender!". Como conselheiro de casais e de famílias há quarenta anos, entendo os problemas desses pais. Identifico-me, também, com os milhares de pais cujos filhos não estão envolvidos com esse tipo de comportamento destrutivo, mas que sabem que seus adolescentes estão igualmente sujeitos a essas questões.

Este livro trata daquilo que, a meu ver, é o principal elemento para um relacionamento saudável entre os pais e o filho adolescente: o amor. Creio que "amor" é a palavra mais importante da nossa língua, e também a mais distorcida. Espero que este livro traga clareza e ajude os pais a se concentrarem em como suprir a necessidade emocional de amor dos adolescentes. Ter essa necessidade suprida impactará profundamente o comportamento dele. A maioria dos problemas de mau comportamento dos jovens resulta de um tanque de amor vazio. Não estou dizendo que os pais não amam os filhos, mas sim que milhares de adolescentes não sentem esse amor. Para a maioria dos pais, não é uma questão de falta de sinceridade, mas de não saber como comunicar amor de modo eficaz no plano emocional.

Muitas vezes, parte do problema é que os próprios pais não se sentem amados. O relacionamento conjugal passa por alguma crise, e o amor não flui livremente entre pai e mãe. Foi essa necessidade de comunicar de modo eficaz o amor emocional que me motivou a escrever o livro que deu origem a esta série: *As 5 linguagens do amor: Como expressar um compromisso de amor a seu cônjuge*. Essa obra, que vendeu mais de doze milhões de exemplares, mudou o clima emocional de milhões de casamentos. Casais aprenderam a falar a principal linguagem do amor do cônjuge e, com isso, se tornaram comunicadores eficazes de amor emocional. Como autor, é gratificante ouvir os relatos de casais que tinham se distanciado, mas conseguiram renovar o amor emocional quando leram e aplicaram os princípios do livro *As 5 linguagens do amor*.

Quando meu livro *As 5 linguagens do amor das crianças*, escrito em coautoria com Ross Campbell, foi lançado, uma mãe comentou: "Dr. Chapman, o livro sobre as cinco linguagens do amor das crianças ajudou muito quando meus filhos eram pequenos. Mas agora tenho dois adolescentes, e não é a mesma coisa. Meu marido e eu tentamos fazer o que sempre fizemos quando eles eram crianças, mas os adolescentes são diferentes. Por favor, escreva um livro para nos ajudar a amar melhor nossos adolescentes".

Essa mãe estava certa: os adolescentes são diferentes e, para amá-los, precisamos de novas soluções. Eles passam por uma transição gigantesca, e os pais que desejam amá-los de modo eficaz precisam mudar a maneira como expressam amor. Espero que a presente obra faça pelos pais de adolescentes o mesmo que o primeiro livro da série fez por milhões de casais, e o que o segundo fez pelos pais de filhos pequenos. Se isso acontecer, serei plenamente recompensado pelo esforço que investi nesta obra.

Meu objetivo maior era escrever para os pais, mas creio que avós e professores (e todos os adultos que se importam com adolescentes) poderão amá-los de modo mais eficaz após ler e pôr em prática os princípios aqui descritos. Os jovens precisam se sentir amados não apenas pelos pais, mas também por outros adultos importantes na vida deles. Se você é avô, lembre-se de que os adolescentes precisam encarecidamente da sabedoria de adultos mais velhos e maduros. Demonstre amor, e eles ouvirão suas palavras sábias.

Neste livro, você entrará em minha clínica de aconselhamento e se encontrará com muitos pais e adolescentes que me permitiram compartilhar essa jornada em busca de compreensão e amor. Claro que todos os nomes foram mudados para proteger a privacidade deles. Enquanto ler o diálogo franco desses pais e adolescentes, creio que descobrirá como os princípios das cinco linguagens do amor podem funcionar, de fato, na vida de seu adolescente e de sua família.

Uma prévia do que veremos adiante

No capítulo 1, trataremos do mundo em que seu adolescente vive. Consideraremos as mudanças que ocorrem dentro dele e também no mundo em que está crescendo. No capítulo 2, descobriremos a importância do amor dos pais no desenvolvimento emocional, intelectual, social e espiritual do adolescente.

Nos capítulos 3 a 7, veremos quais são as cinco linguagens que comunicam amor e as maneiras apropriadas de falar essas linguagens com os adolescentes.

O capítulo 8 apresentará sugestões para descobrir a principal linguagem do amor de seu adolescente, o modo mais eficaz de encher o "tanque de amor" dele.

Por fim, trataremos das questões críticas de independência do adolescente, definição de limites apropriados, como lidar com a raiva e como ajudar seu adolescente a lidar com o fracasso, tudo visto através da lente do amor. Além disso, ofereceremos ajuda específica para famílias em que um dos pais está ausente, bem como para famílias mistas.

Creio que, se a necessidade emocional de amor do indivíduo for suprida durante a adolescência, ele será capaz de navegar pelas águas turbulentas dessa fase e se tornará um jovem adulto saudável. Essa é a visão da maioria dos pais, e creio que seja a sua também. Vamos mergulhar nessas águas, entrar no mundo dos adolescentes e descobrir quais são os desafios e as oportunidades de comunicar amor a eles.

Gary Chapman
Winston-Salem, Carolina do Norte, EUA

1

Os adolescentes de hoje

Até uns setenta anos atrás, de certa forma os adolescentes nem existiam. Só foram considerados uma faixa etária distinta no passado recente. O termo "adolescente" começou a se popularizar na época da Segunda Guerra Mundial. Apesar de muitas mudanças terem ocorrido no mundo desde que os adolescentes entraram formalmente no cenário social, há muitas semelhanças entre os adolescentes da década de 1940 e os do século 21.

Desde o surgimento da cultura adolescente até seu equivalente moderno, os temas subjacentes são sempre os mesmos: *independência* e *identidade própria*. Ao longo dos anos, eles continuam a buscar identidade própria e, ao mesmo tempo, estabelecer independência em relação aos pais. Nenhuma dessas questões era particularmente marcante no período que antecedeu a cultura adolescente.

Antes da era industrial, os jovens trabalhavam nas propriedades rurais dos pais até se casarem e ganharem ou herdarem as próprias terras. Não buscavam identidade; tornavam-se agricultores assim que tinham idade suficiente para trabalhar nos campos. Eram considerados crianças até o casamento, quando ingressavam na vida adulta.

A busca por independência e identidade

Até o início da década de 1940, a independência era algo inconcebível para os adolescentes antes de se casarem. No entanto, muita coisa mudou com o advento da industrialização, e a identidade própria passou a ser uma questão de escolha. Era possível aprender uma profissão e trabalhar em uma fábrica como operador de máquinas, tecelão, sapateiro etc. A independência também se tornou algo mais concreto, pois arranjar um emprego no vilarejo vizinho podia ser um meio de ganhar o próprio dinheiro e morar longe dos pais. Desse modo, as mudanças culturais mais amplas se tornaram o cenário da cultura adolescente que surgia.

Desde a década de 1940, os jovens continuam a seguir esse paradigma de obter independência e identidade própria, mas o fazem em um mundo de rápidas transformações. Eletricidade, telefones, automóveis, rádios, aviões, televisores, computadores e a Internet expandiram a possibilidade de desenvolver novas maneiras de alcançar independência e identidade própria. O adolescente de hoje vive em uma sociedade verdadeiramente globalizada. É interessante observar, porém, que o foco dele continua voltado para si mesmo: sua identidade e independência. Falaremos mais sobre esse assunto adiante.

Os lugares em que os adolescentes expressam independência e identidade mudaram ao longo dos anos, mas os meios continuam a ser basicamente os mesmos: música, dança, roupas, linguagem, modismos e relacionamentos. Por exemplo, o estilo musical se ampliou com o passar dos anos: das *big bands* para o *rhythm and blues*, daí para *rock*, *folk*, *country*, *heavy metal*, *rap* e assim por diante. Hoje, o adolescente tem uma variedade ainda maior de escolhas. Mas pode ter certeza de que o gosto musical dos filhos sempre será diferente do estilo dos pais. É uma questão de independência e identidade. O mesmo princípio vale para todas as outras áreas da cultura adolescente.

Mas o que caracteriza a cultura adolescente de hoje? Como seu filho se assemelha aos adolescentes de outras gerações ou difere deles?

Cinco semelhanças com as gerações anteriores

1. Mudanças físicas e mentais

Os desafios básicos para os adolescentes de hoje são semelhantes aos que você enfrentou quando tinha a idade deles. Primeiro, há o desafio para aceitar as mudanças que ocorrem no corpo e adaptar-se a elas. Braços, pernas, mãos e pés crescem, por vezes de modo desproporcional, deixando-os com aquele jeito tipicamente desengonçado que pode causar vergonha. Além disso, as características sexuais estão se desenvolvendo, o que pode gerar sentimentos positivos e, ao mesmo tempo, ansiedade. E que pai não se compadece ao ver o filho lutar contra aquele inimigo implacável, a acne?

Essas mudanças fisiológicas geram diversas dúvidas para o adolescente: "Estou me tornando adulto, mas qual será minha aparência quando terminar de crescer? Serei alto demais ou baixo demais? Terei orelhas de abano? Meus seios serão pequenos? Como ficará meu nariz? Será que meus pés são grandes demais? Sou muito gordo ou muito magro". Essas e várias outras perguntas passam pela mente dos jovens em formação. A maneira como respondem a elas exercerá um efeito positivo ou negativo em sua identidade própria.

O crescimento físico vem acompanhado de rápido crescimento intelectual. O adolescente desenvolve uma nova maneira de pensar. Enquanto era criança, seus pensamentos eram associados a ações e acontecimentos concretos. Agora, seus pensamentos passam a ser associados a conceitos abstratos como honestidade, lealdade e justiça. O pensamento abstrato cria um universo de possibilidades ilimitadas. O adolescente passa a ter a capacidade de imaginar como as coisas poderiam ser diferentes, como o mundo seria se não houvesse guerras, ou como pais compreensivos tratariam os filhos. O mundo das possibilidades mais amplas abre portas de toda espécie para a descoberta da identidade própria. O adolescente percebe que pode ser neurocirurgião, piloto ou lixeiro. As possibilidades são inúmeras, e o jovem pode se visualizar em diferentes âmbitos vocacionais.

2. O ingresso na idade da razão

A adolescência também é a idade da razão. O jovem consegue pensar de maneira lógica e ver as consequências lógicas de diferentes posicionamentos. Aplica essa lógica não apenas ao próprio raciocínio, mas também à argumentação com os pais. Normalmente é visto como "questionador", mas, na realidade, só está desenvolvendo suas aptidões mentais. Se os pais entenderem esse fato, podem ter conversas interessantes e expressivas com os filhos. Do contrário, talvez acabem desenvolvendo um relacionamento conflituoso, e o adolescente terá de procurar outras oportunidades para exercitar os "músculos cerebrais" recém-descobertos. Com esse rápido desenvolvimento intelectual e a aquisição de novas informações, os adolescentes costumam imaginar que são mais espertos que os pais, e em algumas áreas talvez sejam mesmo.

Esse nível avançado de raciocínio os leva a um novo âmbito de desafios no campo dos relacionamentos sociais. Discutir ideias com os colegas e ouvir pontos de vista diferentes cria níveis inéditos de intimidade; em contrapartida, também cria a possibilidade de conflitos nos relacionamentos. Logo, o surgimento de "panelinhas" (grupos sociais pequenos e fechados) entre eles tem muito mais a ver com a conformidade de ideias que com as roupas ou a cor dos cabelos. Da mesma forma que os adultos, os adolescentes são propensos a sentir-se mais à vontade com aqueles que concordam com eles.

3. Confrontação da moralidade e dos valores pessoais

A capacidade intelectual de analisar ideias e ações de maneira lógica e de projetar as consequências de certas crenças gera outro desafio típico dessa faixa etária, a saber, a avaliação dos sistemas de crenças em que o adolescente foi educado. Ele questiona se essas crenças são dignas de seu comprometimento. Pergunta-se: "Será que as ideias de meus pais acerca de Deus, da moralidade e de valores estão corretas?". Esses são assuntos difíceis com os quais mais cedo ou mais tarde todo adolescente terá de lidar. Se os pais não entendem esse conflito, acabam se tornando uma influência negativa e criam um distanciamento em relação ao filho.

Quando o adolescente questiona as crenças fundamentais da família, os pais sábios acolhem esse questionamento, procuram dar respostas honestas, mas o fazem de modo não autoritário e o incentivam a continuar explorando essas ideias. Em outras palavras, usam a oportunidade para dialogar com o filho sobre as crenças que cultivaram ao longo dos anos. Se, em contrapartida, condenam o adolescente por esses questionamentos, talvez até acusando-o de colocar em dúvida as convicções da família, ele é obrigado a tratar de seus questionamentos com outras pessoas.

4. Reflexões sobre sexualidade e casamento

Outro desafio importante para o adolescente é começar a entender a própria sexualidade e aprender os papéis de homens e mulheres. O que é apropriado ou não no relacionamento com uma pessoa do sexo oposto? O que é apropriado ou não ao lidar com sentimentos e pensamentos sexuais? Essas perguntas, que muitas vezes os pais varrem para debaixo do tapete, não podem ser desconsideradas pelo adolescente.

O afloramento da sexualidade faz parte de sua identidade, e o relacionamento com os membros do sexo oposto é uma realidade constante. A maioria sonha se casar um dia e constituir família. Alguns anos atrás, quando uma pesquisa pediu que adolescentes classificassem várias questões importantes em relação a seu futuro, "86% disseram que ter uma família estável seria a coisa mais importante nos planos para o futuro".[1] O adolescente passa um bocado de tempo pensando sobre como irá percorrer o caminho entre o início da adolescência e o casamento estável e a família que almeja.

Pais que desejam ajudá-lo devem usar as conversas normais da família para tratar de assuntos relacionados a sexualidade, namoro e casamento. Também devem disponibilizar textos impressos e *sites* que falem desses assuntos com uma linguagem acessível e tragam informações práticas e sadias. Para os adolescentes que frequentam uma igreja ou um grupo de jovens, adultos e líderes de jovens que se preocupam com eles muitas vezes oferecem palestras sobre sexo, namoro e casamento. Essas ocasiões fornecem um contexto social no qual os adolescentes podem, de modo honesto e acolhedor, aprender sobre esse aspecto importante de seu desenvolvimento e discutir assuntos relacionados a ele.

5. Questionamentos sobre o futuro

Há mais um desafio muito comum para adolescentes do passado e do presente. Consiste em lidar com a dúvida: "O que fazer da vida?". Ela inclui a escolha de uma profissão, mas vai muito além. É, em última análise, uma questão espiritual: "Em que vale a pena investir a vida? Onde encontrarei maior felicidade? Onde poderei contribuir mais?". Por mais filosóficas que pareçam, essas dúvidas são extremamente reais para nossos adolescentes. Em um contexto mais imediato, precisam responder a questionamentos como: "Farei faculdade? Em caso afirmativo, de quê? Ingressar nas forçar armadas é uma opção? Em qual área? Ou será que devo arranjar um emprego? Se devo, de que tipo?". Obviamente os adolescentes sabem que todas essas decisões terão consequências. Algo acontecerá depois que derem o próximo passo e, de algum modo, ele influenciará seu destino. É um desafio e tanto para essas mentes jovens.

Pais que desejam ajudar compartilham parte de seus próprios conflitos, alegrias e decepções. Como pai ou mãe, você não pode e não deve dar respostas fáceis a seu filho, mas pode incentivá-lo a buscar respostas e, quem sabe, apresentá-lo a pessoas de diferentes profissões que contem um pouco de suas experiências. Também pode incentivá-lo a buscar orientação de conselheiros vocacionais, tanto no ensino médio como na faculdade. Acima de tudo, deve aconselhá-lo a seguir o exemplo de Samuel. O antigo profeta hebreu ouviu o chamado de Deus quando era adolescente e disse: "Fala, pois teu servo está ouvindo".[2] Os homens e as mulheres que causaram maior impacto na história da humanidade foram aqueles que perceberam um chamado divino e vivenciaram esse chamado em suas profissões.

Cinco diferenças fundamentais

Apesar de todas essas semelhanças, não podemos nos esquecer de que existe um grande abismo entre os adolescentes de hoje e os do passado (até mesmo do passado recente). Esse abismo é o ambiente cultural moderno em que os adolescentes enfrentam os desafios observados acima. Quais são algumas dessas diferenças culturais?

1. Tecnologia

Uma das diferenças mais facilmente observáveis é o fato de os adolescentes de hoje estarem crescendo em um mundo de tecnologia extremamente avançada. Os pais cresceram com telefones celulares, TV a cabo e o início da Internet, mas o adolescente atual é um "nativo digital" que não conhece um mundo sem Internet móvel, redes sociais e salas de aula com equipamentos eletrônicos. Todos os filmes produzidos até hoje estão disponíveis *on-line*; todas as canções que existem podem ser ouvidas no Spotify, pelos *smartphones* que os adolescentes sempre carregam consigo.

O adolescente de hoje cresceu sem qualquer lembrança do mundo antes da Internet; ele e a Internet saíram da infância juntos. Aquilo que costumávamos chamar "autoestrada de informação" se transformou em uma ampla rede móvel com influências positivas e negativas sobre o adolescente de nossos dias. Além de lhe dar acesso ao que há de mais recente em filmes, moda, música e esportes, permite que ele saiba, em qualquer momento, onde estão seus amigos e quem terminou o namoro com quem. Aliás, com a proliferação das redes sociais e atualizações em dispositivos móveis, a Internet não apenas ultrapassou o telefone tradicional como método de comunicação e discussão de ideias dos adolescentes com os amigos, mas tomou o lugar dele. É muito mais provável que você veja seu adolescente trocando mensagens de texto, navegando e/ou jogando no telefone (com frequência, ao mesmo tempo) que falando com alguém nele. Essas realidades tecnológicas colocam o adolescente em contato com o mundo, e vice-versa. Está exposto a muito mais estímulos culturais que seus pais nem sequer poderiam imaginar quando estavam na adolescência.

2. Conhecimento da violência e exposição a ela

A segunda diferença cultural da atualidade é o fato de os adolescentes terem maior consciência do comportamento violento do ser humano. Em parte, isso se deve aos avanços tecnológicos, ou seja, mais violência é noticiada pela mídia. Em parte, porém, também reflete o interesse — quase uma obsessão — de nossa cultura por violência. Filmes, músicas e livros muitas vezes exploram cenas violentas. Uma pesquisa revelou que 36% dos jovens veem, a cada mês, pelo menos um filme ou programa de televisão que contém grande quantidade de violência.

É interessante ressaltar que, de acordo com essa pesquisa, 78% dos adolescentes disseram ao Instituto Gallup que "não veem problema em assistir a um filme ou programa de televisão violento". Entretanto, 53% dos mesmos adolescentes concordam que "a violência na televisão e nos filmes transmite mensagens erradas aos jovens". A mesma pesquisa mostrou que, na opinião de 65% dos entrevistados, "os filmes e a televisão têm grande influência na visão de mundo dos jovens de hoje".[3]

A exposição à violência não se limita à mídia e aos filmes. Hoje em dia, muitos adolescentes já experimentaram violência em sua própria vida. Viram o pai agredir a mãe fisicamente, ou eles mesmos já sofreram agressão física de pais, padrastos ou outros adultos. A maioria deles reconhece que a escola pública é, muitas vezes, cenário de comportamento violento.

Alguns adolescentes chegam a ser agentes da violência, cometendo até homicídios. Enquanto a média geral de homicídios nos Estados Unidos permaneceu praticamente estável nos últimos trinta anos, o número de homicídios entre adolescentes continua a crescer. O período de maior crescimento se deu entre meados da década de 1980 e meados da década de 1990, quando subiu 168%. Segundo o FBI, ocorrem cerca de 23 mil homicídios a cada ano nos Estados Unidos. Em 25% dos casos, o assassino tem 21 anos ou menos.[4] Felizmente, em tempos mais recentes as estatísticas têm mostrado uma queda na violência envolvendo jovens, mas, em muitas comunidades, esse ainda é um desafio sério.

3. A família fragmentada

O terceiro fator cultural que influencia o adolescente de hoje é a situação fragmentada da família em nossa sociedade moderna. De acordo com uma pesquisa sobre a juventude realizada pelo Instituto Gallup alguns anos atrás, quatro em cada dez adolescentes norte-americanos (39%) vivem com apenas um dos pais. Em oito de cada dez casos, quem esta ausente é o pai. A mesma pesquisa constatou que 20% dos adolescentes norte-americanos vivem com o padrasto ou com o companheiro da mãe.[5]

Sociólogos observaram que "em índices sem precedentes, as famílias de hoje são atípicas: temos pais trabalhando enquanto as mães ficam em casa; pais e mães trabalhando fora; pais ou mães que educam sozinhos os filhos; novos casamentos que reúnem filhos vindos de lares distintos; casais sem filhos; homens e mulheres vivendo juntos sem serem casados, com e sem filhos; casais de *gays* e de lésbicas com filhos. Vivemos em um período histórico de mudanças na família norte-americana".[6] Outro pesquisador ressaltou: "Ainda não temos os dados completos dos resultados desta fragmentação, mas a perspectiva sociológica indica que esse problema tem uma ligação direta com muitos dos conflitos sociais que vemos todos os dias. Algumas das atitudes observadas — o estresse, a alienação e a dificuldade de concentração — são diretamente relacionadas à tensão decorrente das tentativas de ajustar-se a esses novos tipos de família".[7]

Não é de hoje que os adolescentes estão crescendo sem a presença da família mais ampla. James Cromer, diretor do Centro de Estudos da Criança de Yale, vê essa ruptura como um fator quase tão crítico quanto a desestruturação da família nuclear. Ao falar sobre a própria infância, Cromer observa: "No trajeto entre minha casa e a escola, pelo menos cinco amigos próximos de meus pais contavam tudo o que eu fazia de inaceitável. Hoje em dia, não existem mais pessoas desse tipo".[8]

No passado, os adolescentes podiam contar com a ajuda da família mais ampla, de uma vizinhança saudável, da igreja e de grupos comunitários. Os adolescentes de hoje, porém, dificilmente dispõem dessas redes de apoio.

4. Conhecimento da sexualidade e exposição a ela

O ambiente sexual em que os adolescentes crescem hoje também é muito diferente. Os *baby boomers*[9] da década de 1960 se rebelaram contra os valores tradicionais dos pais no tocante ao sexo, mas se lembravam de quais eram esses valores e, por vezes, sentiam-se culpados por os haverem desrespeitado.

Os adolescentes de hoje, porém, cresceram em um mundo sem regras sobre sexo. Os filmes, a mídia e a música transformaram sexo em sinônimo de amor e o retratam como algo normal mesmo em uma relação sem compromisso. Como consequência, a maioria dos adolescentes é sexualmente ativa.

Aqueles que não são sexualmente ativos lidam com questionamentos como: "Será que estou perdendo algo importante? Há algo de errado comigo?". Enquanto isso, os que fazem sexo lidam com outros sentimentos negativos, pois, muitas vezes, se sentem usados, abusados e vazios.

O adolescente de hoje vive em um mundo em que o sexo é algo esperado no namoro, viver juntos antes do casamento é cada vez mais comum, e relacionamentos homossexuais são promovidos como estilo de vida alternativo. Aliás, termos como "bissexual" e "transgênero" fazem parte do vocabulário do adolescente moderno. De modo bastante concreto, o sexo se tornou uma espécie de divindade em nosso país. Os templos e locais de adoração são os mais diversos. É nesse mundo que o adolescente de hoje precisa navegar as águas já assustadoras do afloramento da própria sexualidade.

5. Moralidade neutra e valores religiosos

Por fim, o adolescente de hoje está crescendo em um mundo verdadeiramente pós-cristão. Não existem mais absolutos morais e religiosos. Nas gerações passadas, a maioria das pessoas era capaz de definir comportamento moral ou imoral. A avaliação das questões morais era baseada principalmente nas Escrituras judaico-cristãs. O mesmo não se aplica, porém, aos adolescentes de hoje. Pela primeira vez na história, uma geração inteira está crescendo sem valores morais definidos. Os valores com frequência são neutros. O adolescente aprende que certo é tudo aquilo que o faz sentir-se bem. Certo e errado são conceitos relativos.

A adolescência sempre foi uma fase para explorar crenças religiosas. Os adolescentes questionam as crenças (ou descrenças) religiosas de seus pais. Como em outras áreas da vida, procuram dar contornos mais definidos à sua própria identidade. A diferença hoje é que, devido à natureza global de nosso mundo, os adolescentes se veem expostos a inúmeras crenças religiosas por meio da tecnologia moderna e de amigos que participam de outros grupos religiosos.

A religião é importante para o adolescente de hoje. Uma pesquisa recente indica que cerca de metade dos adolescentes (51%) considera a fé religiosa relevante para a vida diária.[10] Mais de três quartos dos adolescentes (82%) se identificam com um grupo religioso organizado. Um terço dos adolescentes (36%) diz que se sente "muito" ou "extremamente" próximo de Deus, e mais da metade (55%) assumiu o compromisso pessoal de dedicar a vida a Deus.[11] Quatro de cada dez adolescentes (40%) relataram que frequentam cultos ou outros programas religiosos pelo menos uma vez por semana.[12] Os adolescentes de hoje estão mais interessados no aspecto experiencial e relacional dos grupos religiosos do que em crenças religiosas abstratas. Se o grupo é acolhedor, demonstra preocupação e dá apoio, o adolescente se sente atraído por ele, mesmo que discorde de várias de suas crenças religiosas.

Os pais *podem* orientar os filhos

Este é o mundo no qual seu adolescente está ingressando na vida adulta. A boa notícia é que os adolescentes de hoje esperam orientação dos pais. Em uma pesquisa recente, disseram que os pais têm mais influência sobre eles que os amigos nas seguintes questões: se devem ou não fazer faculdade, frequentar a igreja, fazer a lição de casa e ingerir bebidas alcoólicas. Os pais também exercem grande influência sobre os planos e a carreira deles. Os amigos, por sua vez, têm mais influência sobre decisões imediatas, como, por exemplo, se devem ou não cabular aula, quem devem namorar e como deve ser seu visual.[13]

Nessa mesma pesquisa, quando foi pedido aos adolescentes que dissessem quem influencia mais as suas decisões, pais ou amigos, as decisões mais influenciadas pelos pais foram aquelas que determinavam o tipo de pessoa que o jovem seria. Sim, seu filho será influenciado pelos amigos em certos assuntos, mas os pais ainda exercem a maior influência sobre seu modo de pensar e de se comportar. Os demais capítulos deste livro têm como objetivo ajudá-lo a aprender a suprir de modo eficaz a necessidade que o adolescente tem de ser amado e, desse modo, preparar o caminho para que você o influencie com mais eficácia em todas as outras áreas da vida.

2

A importância do amor dos pais

Becky, mãe de dois, tinha uma relação traumática com a educação dos filhos. Disse: "Estou aterrorizada, dr. Chapman. Meu filho tem 12 anos e minha filha tem 11. Li vários livros sobre adolescentes e me assustei. Parece que todos os adolescentes de hoje fazem sexo, usam drogas e levam armas para a escola. A coisa está realmente tão feia?". Ela me fez essa pergunta durante um curso sobre casamento que ministrei em Moline, Illinois. Em seguida, acrescentou: "Estive pensando, e talvez deva ensinar meus filhos em casa[1] até o fim do ensino médio, mas essa ideia também me assusta. Não sei se estou preparada para vê-los se transformarem em adolescentes".

Nos últimos cinco anos, tenho encontrado muitos pais como Becky. Vários deles leem livros sobre como educar adolescentes e veem cada vez mais notícias sobre violência entre adolescentes na televisão. Se, por acaso, você é um desses pais assustados ou está se perguntando: "Tenho motivos para entrar em pânico?", espero que este capítulo o ajude a tranquilizar-se um pouco. A ansiedade não é uma boa atitude mental na educação dos adolescentes. Espero aliviar uma parcela de sua ansiedade e lhe dar mais confiança no papel positivo que você pode exercer na vida de seu adolescente.

As boas notícias sobre família e escola

Quero começar dizendo que nem todos os fatos são negativos. Ainda que os dados sobre a juventude divulgados pelo

Instituto Gallup de Pesquisas em 1998 mostrassem que apenas 57% dos adolescentes norte-americanos vivem com pai e mãe, também é verdade que 87% dos adolescentes têm contato com o pai, mesmo quando não moram com ele.[2] A grande maioria dos jovens (70%) declarou que se sente "extremamente" ou "muito" próxima dos pais.[3] Outra pesquisa, de 1999, mostrou que a maioria dos adolescentes entre 13 e 17 anos diz sentir-se bem na escola. Boa parte afirmou que se sente feliz na escola (85%) e que recebe apoio ali (82%). Muitos disseram que se sentem valorizados (78%), interessados (77%), animados (76%) e desafiados (72%).[4] Duas estatísticas que devem confortar o coração de todos os pais que se preocupam com a educação indicam que 97% dos jovens irão concluir o ensino médio, e 83% deles consideram a formação superior "muito importante".[5]

Depois de analisar esses números, George Gallup Jr. concluiu que os jovens são motivados por idealismo, otimismo, espontaneidade e vivacidade. Declarou: "Os jovens se mostram entusiasmados com a possibilidade de ajudar outras pessoas, dispostos a trabalhar pela paz mundial e por um mundo melhor e se sentem satisfeitos com as escolas e ainda mais com os professores". Em relação às atitudes deles quanto ao futuro, Gallup concluiu: "A grande maioria dos jovens norte-americanos disse estar feliz e entusiasmada com o futuro, sentir-se próxima da família, ter planos de casar e ter filhos, estar satisfeita com a vida e desejar alcançar o auge da carreira profissional que escolher".[6]

Lawrence Steinberg, um dos coordenadores do Centro de Pesquisa em Desenvolvimento Humano e Educação, é uma autoridade em assuntos de adolescência e reconhecido em todo o país. Ele declarou: "A adolescência não é um período inerentemente difícil. Problemas psicológicos e comportamentais e conflitos familiares não são mais comuns na puberdade que em qualquer outra fase da vida. É verdade que alguns jovens têm problemas e outros se envolvem em situações problemáticas. Não é o caso, porém, da grande maioria (quase nove em cada dez)". Steinberg, que também é professor de psicologia na Temple University, acrescentou: "Os problemas que começamos a considerar parte 'normal' do desenvolvimento do adolescente — drogas, delinquência, sexo praticado de forma irresponsável, oposição a toda e qualquer autoridade — não são de modo algum normais. Podem ser evitados e tratados. A verdade é que crianças bem-comportadas não se tornam más na adolescência".[7]

Na realidade, a maior parte do que lemos nos jornais e ouvimos na mídia trata dos 10% de adolescentes problemáticos que, em sua maioria, também foram crianças problemáticas. Você e seu filho *podem* ter um bom relacionamento. É isso que seu adolescente quer, e suponho que também seja o que você quer. Neste capítulo, trataremos daquilo que, a meu ver, é o aspecto mais importante desse relacionamento: suprir a necessidade de amor emocional de seu adolescente. Se essa necessidade for suprida, ele será capaz de encontrar seu rumo no meio das questões culturais mencionadas no primeiro capítulo.

Quando os adolescentes sabem que seus pais os amam, sentem-se confiantes para enfrentar as influências negativas de nossa cultura que poderiam impedi-los de se tornarem adultos maduros e produtivos. Sem o amor dos pais, existe maior probabilidade de o adolescente ceder à influência nociva de drogas, perversões sexuais e violência. Em minha opinião, nada é mais importante do que os pais aprenderem a suprir a necessidade emocional de amor de seu adolescente.

O que quero dizer com "necessidade emocional de amor"? Bem no fundo da alma do adolescente existe o desejo de sentir-se ligado aos pais, aceito e cuidado por eles. Quando isso acontece, o adolescente se sente amado. Mas, quando ele não sente essa ligação, nem aceitação e cuidado, o tanque emocional interior fica vazio, o que afeta de forma significativa seu comportamento. Permita-me descrever em mais detalhes cada um desses aspectos.

O desejo do adolescente de sentir-se ligado aos pais

A presença dos pais

Há muito material sobre a importância de as crianças pequenas formarem vínculos com os pais. A maioria dos psicólogos infantis concorda que, se essa ligação emocional não existir, o desenvolvimento emocional será afetado adversamente por sentimentos de insegurança. O oposto da formação de vínculos é abandono. Se os pais da criança não estão presentes por motivo de morte, divórcio ou abandono, evidentemente essa ligação emocional não tem como ocorrer.

O pré-requisito para que haja essa ligação é a presença dos pais. Em resumo, *para formar vínculos é necessário passar tempo juntos.*

Os mesmos princípios se aplicam à adolescência. Pais que passam pouco tempo com os filhos por causa de divórcio, horários de trabalho ou outros fatores colocam em risco a percepção do adolescente de que está ligado à família. Para que os filhos se sintam ligados aos pais e, portanto, amados por eles, precisam passar tempo juntos. O adolescente que se sente abandonado terá de lidar com dúvidas do tipo: "O que há de errado comigo? Por que meus pais não se importam comigo?". Se os pais querem que o adolescente se sinta amado, precisam arranjar tempo para estar com ele.

O poder de união da comunicação

É evidente que a proximidade física entre pais e filhos adolescentes não cria, *necessariamente*, uma ligação entre eles. A formação de vínculos emocionais requer comunicação. Você pode ser uma mãe que não trabalha fora ou um pai que passou duas semanas de férias em casa e, mesmo assim, não ter vínculos com seus filhos caso haja pouca comunicação.

Alguns anos atrás, fiquei animado ao descobrir que, de acordo com uma pesquisa, 71% dos adolescentes afirmavam fazer pelo menos uma refeição por dia com a família. Mas meu entusiasmo durou pouco quando vi que 50% assistiam televisão enquanto jantavam com os pais. Além disso, um em cada quatro disse que ouvia rádio, e 15% disseram que liam um livro, uma revista ou um jornal enquanto jantavam.[8] Hoje em dia, estariam trocando mensagens de texto. Parece que a maioria dos pais não está usando a hora das refeições como meio de fortalecer os vínculos com os filhos adolescentes.

A meu ver, a mesa de refeição é um dos melhores lugares para construir vínculos emocionais com os adolescentes. Que adolescente não gosta de comer? Ter de conversar um pouco com os pais é um pequeno preço a pagar por uma boa refeição. Se sua família não está entre os 71% que fazem ao menos uma refeição diária em conjunto, desejo incentivá-lo a esforçar-se para alcançar esse objetivo. Para aqueles que fazem refeições juntos, mas não conversam, permita-me sugerir uma nova diretriz para as refeições em família. Avise aos adolescentes e às crianças mais novas que você vai começar uma tradição na hora de comer: "Primeiro falamos com Deus (ensine-os a ser agradecidos pelo alimento), depois uns com os outros e só então, se quisermos, daremos atenção à TV, ao jornal e ao rádio". E não deixe que ninguém traga telefones ou computadores para a mesa!

Depois que alguém se oferecer para agradecer a Deus pelo alimento e pela pessoa que o preparou, cada membro da família pode relatar três coisas que aconteceram durante o dia e como se sente a respeito delas. *Primeira regra:* enquanto um dos membros estiver falando, os outros devem prestar atenção. *Segunda regra:* os outros podem fazer perguntas para entender exatamente o que aconteceu, mas não podem dar conselhos a menos que a pessoa peça. Essa nova tradição pode ser suficiente para ajudá-lo a formar e manter vínculos com seu adolescente.

O desejo do adolescente de sentir-se aceito

O poder da aceitação... e da rejeição

O segundo elemento do amor emocional é sentir-se aceito pelos pais. Um garoto de 14 anos disse: "O que eu acho mais legal nos meus pais é que eles me aceitam do jeito que sou. Não tentam me fazer ser parecido com minha irmã mais velha". Esse adolescente sente-se amado, pois é aceito pelos pais.

"Meus pais gostam de mim. Eu sou legal." Essas são as mensagens que ecoam na mente do jovem que se sente aceito. O oposto de aceitação é rejeição. Nesse caso as mensagens são: "Eles não gostam de mim. Para eles, não sou bom o suficiente. Gostariam que eu fosse diferente". O filho que se sente rejeitado obviamente não se sente amado.

O antropólogo Ronald Rohner estudou a rejeição em mais de cem culturas ao redor do mundo. Suas descobertas deixam claro que, embora as culturas expressem rejeição de formas diferentes, em todos os lugares os filhos rejeitados correm risco maior de sofrer vários problemas psicológicos, desde baixa autoestima até desenvolvimento moral deficiente, e desde dificuldades em lidar com a agressão até uma identidade sexual confusa. Para Rohner, os efeitos da rejeição são tão fortes que ele a chama de "malignidade psicológica que se espalha por todo o sistema emocional do filho, causando devastação interior".[9]

James Garbarino, professor de desenvolvimento humano na Cornell University, passou vários anos estudando a vida interior de adolescentes violentos. Concluiu que o sentimento de rejeição é um elemento preponderante na estrutura psicológica desse tipo de adolescente. Com frequência, essa rejeição surge de comparações com um irmão ou uma irmã.[10]

Aceitar o adolescente e corrigir o comportamento

Muitos pais consideram errado demonstrar aceitação total. Bob, pai preocupado de dois adolescentes, falou com toda sinceridade: "Dr. Chapman, não entendo como é possível aceitar um adolescente que tenha um péssimo comportamento. Não quero que meus filhos se sintam rejeitados, mas, francamente, não gosto do modo como se comportam, e não gosto deles quando têm esse tipo de comportamento. Talvez os esteja rejeitando, mas não é o que sinto no coração. Sinto preocupação e amor. Não quero que destruam a própria vida".

Bob falava em nome dos milhares de pais que ainda não aprenderam a demonstrar aceitação e, ao mesmo tempo, corrigir o mau comportamento do adolescente. Trataremos dessa questão em mais detalhes quando falarmos sobre as cinco linguagens do amor, e também no capítulo 12, quando falarmos de disciplina.

O amor incondicional diz: "Você é meu filho, e jamais o rejeitarei".

Por ora, deixe-me tentar esclarecer nosso objetivo por meio de uma ilustração teológica. Paulo, apóstolo da fé cristã no primeiro século d.C., disse que Deus "nos fez agradáveis a si no Amado".[11] Ele se referia à doutrina cristã fundamental de que o Deus santo nos aceitou, embora não sejamos santos, porque nos considera parte de si mesmo, pois aceitamos seu Filho (o Amado). Visto que aceitamos seu Filho, Deus nos aceitou. Para Paulo, embora Deus nem sempre se agrade de nosso comportamento, sempre se agrada de nós, pois somos filhos dele. Como pais, é isso que tentamos fazer. Desejamos comunicar a nossos filhos que estamos felizes de sermos pais deles, não obstante seu comportamento. Isso é o que chamamos *amor incondicional*.

O amor incondicional diz: "Eu o amo e me importo com você. Tenho um compromisso com você porque é meu filho. Nem sempre gosto do que você faz, mas sempre me importarei com seu bem-estar. Você é meu filho, e jamais o rejeitarei. Estarei sempre aqui e farei o que creio que é melhor para você. Eu o amarei, não importa o que aconteça".

Ken Canfield, presidente do Centro Nacional de Paternidade, observou: "Nunca esqueça que a grande pergunta da adolescência é: 'Quem sou eu?'. O adolescente terá de responder a essa pergunta sozinho. O que ele quer ouvir de você é: 'Não importa quem você venha a ser na vida, continuarei a amá-lo'". Em seguida, Canfield destaca um grande medo de todo adolescente: "Nunca esqueça o grande medo da adolescência: 'Será que sou normal?'. A resposta mais provável para essa pergunta é 'sim'. Mas o que o adolescente quer escutar do pai é: 'Mesmo que não fosse normal, eu continuaria a amá-lo'".[12]

Canfield está falando de aceitação e amor incondicionais. Mais adiante, darei outras sugestões, mas, por enquanto, quero tratar de uma abordagem simples que pode afetar significativamente a maneira como o adolescente escuta suas mensagens verbais de instrução ou correção. Antes de um pronunciamento momentoso sobre o que você gostaria que seu filho fizesse, sempre comece com as seguintes palavras: "Eu amo muito você e o amarei mesmo que não siga meu conselho; mas, porque o amo, preciso lhe dar este conselho". Então compartilhe com ele suas palavras de sabedoria. Seu adolescente precisa ouvir que você o aceita, mesmo quando não aprova o comportamento dele.

O desejo do adolescente de ser cuidado

O terceiro aspecto do amor por seu adolescente é o cuidado. Cuidar significa nutrir o espírito dele. Cuidamos das plantas ao adubar o solo em que foram plantadas. Cuidamos dos adolescentes ao melhorar o ambiente em que estão crescendo. Adolescentes que crescem em um ambiente caloroso, com amor e incentivo, em um clima emocional positivo, têm maior probabilidade de produzir belas flores e frutos saborosos quando alcançarem a maturidade.

Jamais cometa abuso

O oposto de cuidado é abuso. Um ambiente abusivo é veneno para a alma do adolescente. De uma forma ou de outra, os jovens que ouviram palavras hostis, cortantes, duras ou depreciativas de seus pais chegarão à vida adulta, mas levarão consigo para o resto da vida as marcas do abuso verbal. Pais que partem para o abuso físico ao dar tapas nos filhos adolescentes, empurrá-los, bater neles ou sacudi-los podem até prejudicar o desenvolvimento físico desses jovens. E, no mínimo, prejudicarão seu desenvolvimento emocional, o que tornará a vida deles muito mais difícil quando forem adultos.

Poucas coisas são mais nocivas para a psique em desenvolvimento do adolescente que o abuso. O adolescente tira conclusões com base naquilo que vê e experimenta nas mãos dos pais. Pesquisas indicam que muitos dos adolescentes que se tornaram violentos foram traumatizados por abuso e precisam encarecidamente de amor. Garbarino descreve meninos violentos da seguinte forma: "Eles usam drogas. São agressivos. Roubam. Não têm limites sexuais. Entram para gangues e seitas religiosas e, quando ninguém os está observando ou escutando, chupam o dedo e choram até caírem no sono".[13]

Por trás de muitos adolescentes violentos está uma mãe ou um pai abusivo. *O amor não abusa; o amor cuida.*

Sejam pais que cuidam do filho

Para cuidar de seu filho adolescente, primeiro você precisa cuidar de si mesmo. A fim de proporcionar um ambiente positivo e encorajador, no qual seu filho possa conhecer as etapas de desenvolvimento da adolescência, você terá de tratar de seus pontos fracos emocionais. O fato é que muitos pais de adolescentes não cresceram em famílias que cuidaram deles. Como consequência, desenvolveram formas negativas de reagir aos adolescentes que podem parecer abusivas. Se você se identifica com essa situação, o primeiro passo é lidar com a própria dor e aprender a elaborar a raiva.

Para isso, talvez precise ler livros sobre como lidar com a raiva,[14] participar de grupos de apoio na igreja ou em um centro comunitário, ou buscar aconselhamento. Nunca é tarde para tratar do lado sombrio de sua história. Seu adolescente merece o que você tem de melhor para lhe dar, algo que não acontecerá enquanto você não tratar de seu passado.

Pais que cuidam têm uma atitude positiva. Não estou dizendo que eles neguem as realidades da vida, mas que escolhem ver a mão de Deus nos bastidores dos acontecimentos. Procuram o sol atrás das nuvens e transmitem a seus adolescentes essa maneira positiva de encarar as coisas. Pais que cuidam incentivam os filhos, se esforçam para ver o que eles fazem e dizem de positivo e os elogiam.

Pais que cuidam se importam com os filhos e estão sempre à procura de maneiras de melhorar a vida de seus adolescentes. Nos capítulos seguintes, veremos quais são as cinco linguagens do amor e descobriremos qual é a principal linguagem de seu adolescente. Falar essa linguagem é a melhor maneira de cuidar da alma de um filho e melhorar a vida dele.

Entenda o impacto de um tanque vazio

Entre outras coisas, o amor emocional é fundamental para seu adolescente porque afeta todos os outros aspectos da vida dele. Quando o tanque de amor do adolescente está vazio, ele pensa: "Ninguém se importa comigo". A motivação para o aprendizado se dissipa. "Por que estudar na escola? Ninguém liga a mínima para o que acontece comigo." Conselheiros em escolas do ensino médio ouvem frases como essas todos os dias.

Um tanque de amor vazio também afeta a capacidade do adolescente de ter empatia por outros. Quando não se sente amado, tem mais dificuldade de entender como suas atitudes negativas talvez afetem os sentimentos de outra pessoa. Uma pesquisa indica que a maioria dos delinquentes juvenis mais violentos demonstra pouquíssima empatia.[15] Empatia é um dos fundamentos daquilo que Daniel Goleman chama "inteligência emocional".

De acordo com Goleman, inteligência emocional é a capacidade de interpretar as emoções de outros, comunicar-se com eficácia no âmbito não verbal, lidar com os altos e baixos da vida diária e ter expectativas corretas quanto aos relacionamentos.[16] Portanto, a falta de inteligência emocional afeta a capacidade do adolescente de se relacionar com outros de forma positiva.

A falta de empatia, por sua vez, afeta o desenvolvimento da consciência e do discernimento moral do adolescente. Durante a adolescência, são internalizados os paradigmas que regem a consciência. Na infância, seus paradigmas vêm dos pais. Na adolescência, ele tem de lidar com seus próprios conceitos do que é moral ou não. Se, por causa da falta de amor emocional, ele não for capaz de ter empatia por outros, dificilmente perceberá que é errado magoá-los. No âmbito da espiritualidade, se a necessidade emocional de amor do filho não foi suprida na infância, o conceito teológico de um Deus amoroso não fará muito sentido para ele na adolescência. Esse é um dos motivos pelos quais os adolescentes que carecem de amor emocional se afastam das crenças e práticas religiosas dos pais.

Em resumo, receber boas doses de amor emocional contribui de forma considerável para o desenvolvimento intelectual, emocional, moral e espiritual do adolescente. Em contrapartida, o desenvolvimento é seriamente prejudicado em todas essas áreas caso a necessidade de amor emocional não seja suprida. Por isso decidi dedicar todo este livro ao que acredito ser o aspecto mais importante na criação de adolescentes, ou seja, suprir sua necessidade de sentir esse amor emocional.

Seu próximo mais chegado

Sociólogos, psicólogos e líderes religiosos concordam que a necessidade mais fundamental de um adolescente é sentir o amor emocional dos adultos importantes para ele. David Popenoe, professor de sociologia na Rutgers University e diretor adjunto do Conselho de Famílias na América, escreveu: "As crianças se desenvolvem melhor quando lhes é dada a oportunidade de ter um relacionamento carinhoso, chegado, contínuo e duradouro tanto com o pai como com a mãe". Os psicólogos Henry Cloud e John Townsend acrescentam: "Não existe ingrediente mais importante para o crescimento do adolescente que o amor". E no livro *Lost Boys* [Garotos perdidos] James Garbarino pergunta: "Como um garoto entenderá sua vida se não souber o que é ser amado e querido?".[17]

Quando os líderes religiosos da época de Jesus de Nazaré lhe perguntaram: "Qual é o mandamento mais importante da lei de Moisés?", o fundador da fé cristã respondeu: "'Ame o Senhor, seu Deus, de todo o seu coração, de toda a sua alma e de toda a sua mente'. Este é o primeiro e o maior mandamento. O segundo é igualmente importante: 'Ame o seu próximo como a si mesmo'. Toda a lei e todas as exigências dos profetas se baseiam nesses dois mandamentos".[18] Jesus resumiu nesses dois mandamentos todos os ensinamentos dos livros da lei e todas as palavras dos profetas judeus do Antigo Testamento. Não se esqueça de que o adolescente em sua casa é seu "próximo" mais chegado.

"Senti-me sozinho a vida toda"

Se pais e outros adultos importantes na vida do adolescente não suprem sua necessidade de amor, ele sai à procura de afeto nos lugares errados. Em 1997, Luke Woodham, de 16 anos, assassinou a mãe e disparou uma arma dentro da escola na cidade de Pearl, no Mississipi, onde matou mais duas pessoas e feriu outras sete. Mais tarde, Woodham disse ao repórter de uma rede de televisão que se sentiu tão isolado e rejeitado pela comunidade, que não foi difícil se tornar parte de grupo de garotos que se diziam satanistas. Declarou: "Durante toda a minha vida, me senti excluído e sozinho. Por fim, encontrei pessoas que quiseram fazer amizade comigo".

Garbarino acrescenta: "Garotos emocionalmente carentes, rejeitados por pais e professores, são o alvo perfeito para adultos e garotos mais velhos antissociais. Esses indivíduos, que são péssimos exemplos de vida, recrutam meninos vulneráveis e oferecem autoafirmação em troca de lealdade à causa antissocial. Muitos jovens atormentados e violentos contam histórias de como foram aliciados por garotos mais velhos que os aceitaram em troca de seu envolvimento em atividades criminosas".[19] Depois de anos tentando entender adolescentes violentos e delinquentes, Garbarino concluiu: "Nada parece ameaçar mais o espírito humano que rejeição, brutalidade e falta de amor".[20]

Nada é mais importante na educação de adolescentes que aprender a suprir de modo eficaz a necessidade deles de receber amor emocional. Nos próximos cinco capítulos, você encontrará uma apresentação das cinco linguagens básicas do amor, as cinco maneiras mais eficazes de manter cheio o tanque de amor emocional de seu adolescente. Depois deles, explicarei como descobrir a principal linguagem do amor do adolescente, a mais eficaz para suprir sua necessidade de amor. Quando compartilhei esse material em congressos sobre educação de filhos em todo o país, muitos pais descobriram que a aplicação dessas verdades mudou radicalmente o comportamento de seus adolescentes e deu a si mesmos um sentimento de profunda satisfação. Sentiram que, como pais, não importa o que mais estejam fazendo, agora suprem de maneira eficiente a mais importante necessidade emocional dos filhos. Esse é meu desejo para você também.

3

Primeira linguagem do amor: Palavras de afirmação

O jovem Brad, de 15 anos, estava em meu consultório a pedido dos pais. Usava sandálias escuras maiores que os pés. As calças ameaçavam cair de seu corpo franzino. Em sua camiseta estavam estampadas as palavras: "Liberdade é poder comer todas as jujubas que você quiser". Não sabia ao certo se ele estava ali por vontade própria, mas fiquei surpreso e feliz de observar que Brad escutou atentamente minhas perguntas e compartilhou ideias e sentimentos. (Já aconselhei outros adolescentes que respondiam a todas as minhas perguntas com "Normal" ou "Sei lá".)

Os pais se queixavam de que Brad havia se tornado extremamente rebelde, tido vários ataques de raiva e chegado a dizer que sairia de casa. Foi essa ameaça que os levou a insistir para que viesse falar comigo. Tinham ficado traumatizados só de imaginar o filho indo embora. O pai me disse: "Ele é o tipo de garoto que faria isso. Nunca teve problemas em fazer amizades. Caso realmente saísse de casa, encontraria alguém para acolhê-lo. Mas ficamos apavorados só de pensar".

"Tentamos conversar com Brad", a mãe continuou, "mas parece que sempre acabamos discutindo, e um de nós perde o controle e diz coisas que não queria. Mais tarde, pedimos desculpas e tentamos prosseguir, mas Brad perde a cabeça cada vez que não concordamos com ele."

Depois de me apresentar em poucas palavras, garanti a Brad que meu papel não era lhe dizer o que fazer, mas que esperava poder ajudá-lo a entender os pais um pouco melhor e, quem sabe, ajudar os pais a entendê-lo. Comentei que os pais dele "pareciam preocupados" e, por isso, pediram que tivéssemos aquela conversa. Ele fez que sim com a cabeça. Na tentativa de formar alguma ligação com ele, comecei a falar sobre o presente em vez de sondar sobre o passado. Disse-lhe:

— Seus pais me contaram que você está pensando em sair de casa. Será que pode me falar um pouco sobre o que está acontecendo?

— Não vou sair de casa — disse Brad, meneando a cabeça negativamente. — Disse isso numa noite em que estava com raiva, e eles não estavam me escutando. Algumas vezes penso em sair de casa, mas não acho que chegarei a fazê-lo.

— No que você pensa quando diz que vai sair de casa? Como acha que seria sua vida se não estivesse morando com seus pais? — perguntei.

— Teria liberdade de fazer o que quisesse — respondeu. — Não teria de discutir com eles por causa de cada detalhe. É disso que não gosto lá em casa, desse monte de discussões.

Comecei a perceber que palavras negativas eram extremamente dolorosas para Brad, o que me levou a concluir que as palavras de afirmação eram a principal linguagem do amor dele. Normalmente, quando adolescentes se magoam com palavras negativas, é sinal de que as palavras de afirmação preenchem de modo mais profundo sua necessidade emocional de amor.

— Você sente que seus pais o amam? — perguntei.

Brad parou um momento e disse:

— Sei que eles me amam, mas algumas vezes não me sinto amado, especialmente nos últimos anos.

— Quando você era pequeno, como seus pais demonstravam amor por você?

— Eles me diziam que eu era legal — respondeu rindo. — Mas agora acho que mudaram de ideia.

—Você se lembra de algumas das coisas positivas que eles lhe falavam?

— Lembro-me de uma vez, quando eu jogava futebol. Meu pai me disse que eu era o melhor jogador que ele havia visto. Disse que, se eu quisesse, poderia jogar como profissional algum dia.

— Você ainda joga futebol na escola?

Brad fez que sim com a cabeça, mas disse que não tinha chance de fazer carreira nesse esporte. Comentou:

— Jogo bem, mas não o suficiente.

Quando pedi que se lembrasse das coisas positivas que a mãe havia lhe dito quando era criança, ele respondeu:

— Minha mãe sempre dizia: "Te amo, te amo, te amo". Sempre falava três vezes seguidas e bem rápido. Às vezes eu achava que não estava sendo sincera, mas na maioria das vezes sabia que estava.

— Ela ainda diz essas palavras para você? — perguntei-lhe.

— Ultimamente, não. Agora ela só me critica.

— O que ela diz quando o critica?

— Ontem à noite ela disse que eu era irresponsável e que, se não mudasse, não conseguiria passar no vestibular. Também me disse que sou desleixado e que não os respeito.

— Isso é verdade?

— Acho que sou desleixado — disse devagar —, mas não seria desrespeitoso se eles não estivessem sempre me cobrando.

— O que mais seus pais criticam em você?

— Tudo. Eles dizem que eu passo tempo demais trocando mensagens de texto, tempo demais no computador e tempo demais com meus amigos. Não volto para casa na hora que eles querem. Não aviso quando vou me atrasar. Não reservo muito tempo para as lições de casa. Falam que não levo a escola a sério. Como eu disse, criticam tudo.

— Com todas essas críticas, como você se sente a respeito dos seus pais?

— Alguns dias, quero distância deles. Fico cansado dessas brigas constantes. Por que não me deixam ser quem eu sou? Não acho que seja tão ruim. Queria que eles me dessem um tempo.

— O que você faria se eles lhe "dessem um tempo"?

> "Meus pais veem esses malucos na TV e acham que todos os adolescentes são assim."

— Não sei. Acho que seria apenas um garoto normal. Não faria nenhuma burrice, como usar drogas, engravidar uma garota ou atirar em alguém com uma espingarda. Acho que meus pais veem muita violência na televisão. Eles veem esses malucos na TV e acham que todos os adolescentes são assim. Não sou louco. Por que não confiam em mim?

Rodando com o tanque vazio

Depois de outras três sessões com Brad, concluí que era um adolescente normal. Estava apenas vivendo com o tanque de amor vazio, não porque os pais não o amassem, mas porque tinham parado de falar sua principal linguagem do amor: palavras de afirmação. Na infância, tinham usado essa linguagem com frequência. Eram memórias vívidas para ele. Agora, porém, a impressão dele era a de que as coisas haviam mudado. O que ele ouvia eram palavras negativas que o faziam sentir-se rejeitado. O tanque de amor dele tinha estado cheio quando ele era criança, mas, na adolescência, ele estava rodando com o tanque vazio.

Depois de ouvir cuidadosamente a história de Brad, conversei com ele sobre minha conclusão. Expliquei que todos nós temos um tanque de amor emocional e, quando está cheio, nos momentos em que nos sentimos verdadeiramente amados pelas pessoas importantes em nossa vida, o mundo parece melhor e conseguimos discutir nossas diferenças de forma positiva. Mas, quando o tanque de amor está vazio e nos sentimos rejeitados em vez de amados, torna-se muito difícil discutir as diferenças sem começarmos a brigar e falar mal um do outro. Comentei com Brad que os pais dele também tinham tanques emocionais e que, a meu ver, também estavam rodando com tanques vazios. Disse-lhe:

— Quando os pais estão com os tanques de amor vazios, geralmente interagem com os filhos de maneiras não saudáveis.

Garanti a Brad que tudo isso poderia ser mudado, que o relacionamento com os pais poderia voltar a ser positivo e que poderiam apoiar uns aos outros. Propus que os próximos três anos poderiam ser os melhores da vida dele, e, quando estivesse pronto para ir para a faculdade, até sentiria saudades dos pais. Brad riu e disse:

— Seria ótimo!

Garanti-lhe que tentaria ajudar seus pais a entender minha avaliação da situação e o desafiei a expressar amor por eles, apesar dos sentimentos negativos que ele tinha no momento. Expliquei que seria melhor ele desenvolver independência de sua família em um clima de amor, e não de hostilidade.

— O amor é uma escolha e creio que, se você escolher amar seus pais e expressar afeto na principal linguagem do amor deles, poderá contribuir para a solução. Lembre-se: o amor, e não o ódio, trará a paz.

Brad fez que sim com a cabeça, sorriu e disse:

— É isso aí, cara! — (Esse foi um daqueles momentos de afirmação, quando me dei conta de que ainda era capaz de me comunicar com um adolescente.)

Finalizei dizendo:

— Dentro de seis semanas, depois que eu tiver passado algum tempo com seus pais, quero vê-lo novamente para saber como vão as coisas.

— Está bem — ele respondeu, enquanto abria a porta e deixava meu consultório com as barras da calça arrastando pelo chão.

O que procurei comunicar aos pais de Brad nas três sessões de aconselhamento que tivemos é o mesmo que quero lhe comunicar no restante deste capítulo. Identifiquei-me com os pais de Brad, como me identifico com milhares de pais de adolescentes que passam por problemas semelhantes. O pai e a mãe de Brad, como a maioria de vocês que estão lendo este livro, eram pais que se importavam com o filho. Tinham lido livros sobre a criação de filhos, assistido a palestras sobre o assunto e trocado experiências com outros pais. Aliás, foram excelentes pais nos primeiros doze anos da vida de Brad. Mas não estavam preparados para lidar com um adolescente. Quando ele saiu das águas tranquilas da infância e passou à turbulência da puberdade, a "canoa" dos pais foi lançada contra as pedras e eles tiveram de se esforçar para simplesmente sobreviver.

Eles não são mais crianças

Muitos pais acreditam que, quando os filhos se tornam adolescentes, podem continuar a educá-los como quando estavam na pré-escola ou no ensino fundamental. Trata-se de um erro grave, pois o adolescente não é criança. Está em uma fase de transição para a vida adulta. Seus pensamentos estão voltados para a independência e para a própria identidade. Esses pensamentos precisam ser harmonizados com todas as mudanças psicológicas, emocionais, intelectuais e sociais que estão ocorrendo dentro dele (das quais tratamos no capítulo 1). Quando os pais não se dão conta de que essas são as questões que ocupam os pensamentos dos adolescentes, está armado o cenário para os conflitos.

Pais que tratam o adolescente da mesma forma que o tratavam quando criança não obtêm os mesmos resultados a que estavam acostumados. Quando o adolescente não reage mais como a criança reagia, são obrigados a tentar outras abordagens. Sem o treinamento adequado, quase sempre recorrem à coerção que, com frequência, os leva a discutir, perder a paciência e, por vezes, cometer abuso verbal. Esse tipo de comportamento é emocionalmente destrutivo para o adolescente cuja principal linguagem do amor consiste em palavras de afirmação. A tentativa dos pais de se imporem verbalmente para que ele se submeta na verdade o impele à rebeldia.

Sem perceber, os pais substituem o sistema de apoio emocional do adolescente pela guerra verbal. Procure ver essa mudança do ponto de vista de seu filho: quando criança, ele sentia a segurança carinhosa dos pais, mas, na adolescência, "granadas" verbais começaram e explodir em sua alma, e agora o tanque de amor está furado. Pode ser que nossas intenções, como pais, ainda sejam boas, mas os resultados são inquestionavelmente ruins. Se não mudarmos de rumo, teremos em nossas mãos um adolescente rebelde e, mais adiante, um jovem adulto que se afastará de nós.

Mas não é necessário que isso aconteça. Milhares de famílias fizeram o mesmo que os pais de Brad: entenderam que precisavam corrigir o rumo e tomaram providências. O primeiro passo foi reconhecer o que havia acontecido. Expliquei para eles que, em minha opinião, a principal linguagem do amor de Brad era *palavras de afirmação*. Na infância, mantiveram o tanque de amor dele cheio ao usar essa linguagem. Nos anos turbulentos da adolescência, porém, recorreram a palavras de condenação em lugar de palavras de afirmação. Ao fazer isso, não só esvaziaram o tanque de amor de Brad, mas também o encheram de ressentimento.

Nos anos turbulentos da adolescência, os pais de Brad recorreram a palavras de condenação em lugar de palavras de afirmação.

A realidade ficou clara para eles, e o pai de Brad disse: "Agora entendi o que aconteceu. Parece tão óbvio! Mas como podemos reverter essa situação?". Fiquei feliz de ele ter perguntado, pois os pais que desejam aprender sempre conseguem!

O que os pais de Brad fizeram

Propus que o primeiro passo deveria ser um cessar-fogo: parar de bombardear o filho com palavras negativas e de condenação. Em seguida, deveriam fazer uma reunião de família e expressar para Brad o quanto lamentavam por terem agido de modo errado, apesar de serem pais sinceros que desejavam apenas o bem do filho. Poderiam dizer, ainda, que tinham muito que aprender sobre como educá-lo na adolescência e que desejavam sinceramente esse aprendizado. Acima de tudo, queriam mostrar que o amavam, não obstante o que ele fizesse, e que sempre o amariam.

"Seria ótimo dizerem a Brad que se importam, em primeiro lugar, com o bem-estar dele e desejam eliminar do vocabulário as palavras duras, depreciativas, de crítica e condenação. Sejam honestos com ele. Expliquem-lhe que não conseguirão mudar tudo nos próximos meses, mas que, se falharem, pedirão desculpas sinceras, pois não é essa sua intenção."

Sugeri, ainda: "Talvez seja bom dizer para ele: 'Ainda somos seus pais e queremos ajudá-lo a se desenvolver durante a adolescência, até chegar à vida adulta. Planejamos estar sempre disponíveis quando precisar de conselhos, e continuaremos a definir diretrizes que, a nosso ver, serão para seu próprio bem'".

Em seguida, instruí os pais de Brad a tomarem cuidado para não discutirem sobre essas regras. "Mostrem que querem ter uma comunicação aberta para negociação. Por exemplo: 'Brad, queremos tratá-lo como o adolescente que você é, e não como criança; suas ideias e sentimentos são importantes. Sabemos que vai levar tempo e que todos nós vamos errar em algum momento ao longo do processo, mas estamos determinados a ser os pais que você merece.'"

E foi exatamente o que fizeram. Mais tarde, comentaram que a reunião de família foi o início da mudança no relacionamento com Brad. Sentiram que o garoto os perdoou sinceramente pelas falhas, embora não estivesse muito otimista quanto à capacidade dos pais de mudarem. Eles entenderam a desconfiança e reconheceram que seria difícil, mas estavam decididos a aprimorar suas aptidões como pais.

Sei que alguns de vocês estão pensando: "Mas, se não censurarmos verbalmente o comportamento errado de nossos adolescentes, como vamos discipliná-los?". Uma mãe me disse certa vez: "Dr. Chapman, com certeza você não está sugerindo que simplesmente devemos deixar os adolescentes fazer o que bem entenderem, não é mesmo?". Ao que respondi: "Certamente que não".

Os adolescentes precisam de limites. Pais que os amam providenciam para que vivam dentro desses limites. Existe, porém, um modo melhor de motivá-los a cumprir as regras do que gritar palavras de condenação cruéis e amargas quando se comportam mal. Trataremos desse assunto em mais detalhes no capítulo 12, quando falarmos da relação entre amor e responsabilidade. O presente capítulo mostra como manter cheio o tanque de amor do adolescente. Palavras duras, condenatórias e que geram discussão obviamente não são a melhor maneira. Palavras negativas são prejudiciais para qualquer adolescente, mas são especialmente destrutivas para os adolescentes cuja principal linguagem do amor consiste em palavras de afirmação.

Muitos adolescentes estão lidando com a questão da identidade própria. Comparam-se aos amigos física, intelectual e socialmente, e muitos chegam à conclusão de que estão bastante aquém do que gostariam. Sentem-se inseguros, têm baixa autoestima e culpam a si mesmos. Se existe um estágio da vida em que os seres humanos mais precisam de palavras de afirmação, com certeza é na adolescência. E, no entanto, é exatamente nesse estágio que os pais lançam mão de palavras negativas na tentativa de fazer com que o adolescente aja do modo que consideram ideal. Não podemos subestimar a importância de os pais comunicarem a seus adolescentes palavras de afirmação. Mesmo que essa não seja a principal linguagem do amor de seu filho, ele gostará de ouvir suas declarações positivas. O antigo provérbio hebreu está certíssimo: "A língua tem poder para trazer morte ou vida".[1]

Como expressar afirmação ao adolescente

Como dizer palavras de afirmação a nossos adolescentes? Permita-me sugerir algumas maneiras de regar a alma de seu filho com palavras construtivas.

Elogios

A primeira forma é o elogio. Consiste em reconhecer as realizações do adolescente e expressar aprovação. Todos os adolescentes fazem algo certo. Fique atento para esses atos nobres e recompense-os com elogios. Dois fatores são importantes ao elogiar adolescentes. *O primeiro e mais fundamental é a sinceridade.* Adolescentes desejam integridade e autenticidade. Talvez fosse possível usar de bajulação quando seu filho tinha 3 anos, mas não funcionará quando ele tem 13. Dizer a uma adolescente, por exemplo: "A arrumação do seu quarto ficou ótima", quando na verdade não ficou, é ofender a inteligência dela. Ela não é boba. Portanto, não use de artifícios.

O que nos leva ao segundo fator importante ao elogiar os adolescentes: elogios específicos. Usar frases que não refletem uma verdade específica, como: "Você limpou muito bem seu quarto", raramente funciona. Com mais frequência, a sinceridade reside em coisas específicas: "O tapete ficou ótimo; você conseguiu tirar toda a mancha de café", "Obrigado por colocar a roupa suja no cesto; ajudou bastante quando fui lavar roupa hoje de manhã", "Obrigado por varrer as folhas secas do jardim no sábado; o gramado ficou bonito". Esses são exemplos de elogios específicos que expressam autenticidade para os adolescentes. Crie o hábito de falar de coisas específicas.

Cameron, filho de Steve, joga no time de basquete do ensino médio. Pouco tempo atrás, teve um dia em que jogou muito mal. Tudo o que ele fazia parecia dar errado. Houve uma jogada específica, porém, em que se saiu muito bem. Foi apenas um momento no jogo inteiro, e o time de Cameron perdeu.

Ele voltou para casa no ônibus com o restante da equipe. O pai e o irmão mais novo voltaram de carro. Quando Cameron chegou em casa, várias horas depois, o irmãozinho correu para a porta e disse:

— Papai disse que você é o melhor jogador que ele já viu.

— Como assim? — Cameron perguntou.

— Sua jogada — o irmão respondeu.

O pai ouviu a conversa, desligou a TV, foi até a sala e disse:

— É isso mesmo. Vou me lembrar daquela jogada para o resto da vida. Sei que vocês perderam. Sei que foi uma partida dura, mas estou lhe dizendo que aquela foi a jogada mais espetacular que já vi! Era uma bola difícil, mas você jogou como um profissional. Foi emocionante. Nunca vou me esquecer.

Cameron foi até a cozinha para beber água. O pai voltou para a sala de TV, enquanto, na cozinha, o garoto se abastecia com algo mais que água. O tanque de amor dele se encheu enquanto pensava nas palavras do pai. Steve tinha dominado a arte de procurar motivos específicos para elogiar seu adolescente. Pense em como a conversa poderia ter sido diferente se o pai de Cameron tivesse escolhido o caminho mais fácil e criticado a aptidão do filho.

Elogiar de modo específico é algo que exige esforço, principalmente para os pais que têm a tendência de ser negativos consigo mesmos, mas qualquer um pode aprender a identificar ações específicas dignas de elogios e usá-las como ocasiões para expressar palavras de afirmação.

No entanto, há um terceiro aspecto do elogio: quando não puder elogiar os resultados, elogie os esforços. Por exemplo, seu filho de 13 anos acabou de cortar a grama. Não está tão bom quanto se você tivesse feito o trabalho; na verdade, ficou horrível. Você tem um pouco mais de experiência que ele. No entanto, a maior parte do gramado foi aparada, e ele gastou duas horas trabalhando. Controle-se e não aponte para as partes em que a grama ainda está alta. Você pode comentar isso na próxima vez que ele for cortar. Este é o momento de dizer: "Nathan, você está cortando a grama cada vez melhor. Estou vendo seu esforço. Saiba que é uma grande ajuda. Muito obrigado". Nathan concluirá que vale a pena cortar a grama. O tanque de amor dele será abastecido enquanto ele sente que é importante para seu pai e que seu trabalho foi valorizado.

Talvez alguém pergunte: "Mas ele não fará sempre um trabalho medíocre se não mostrarmos a grama que ele não cortou?". Minha resposta é: "O importante é comentar na hora certa". Depois de duas horas aparando a grama, ninguém se sentirá incentivado se ouvir que o trabalho não ficou bem feito. É provável que o adolescente comece a odiar a ideia de cortar a grama. Mas, quando os esforços são recompensados com elogios, ele se sente valorizado e motivado a realizar a tarefa novamente. Também fica mais disposto a ouvir instruções na semana seguinte sobre como fazer um trabalho ainda melhor.

(Aos pais que estão lendo este livro, quero lembrar que o mesmo princípio vale para o casamento. Elogiem um ao outro pelo esforço, em vez de apontar as imperfeições da tarefa completada. Experimentem. Garanto que funciona. Por exemplo, o marido passa três horas pintando o quarto. A esposa entra e aponta para os respingos que ficaram no chão. Podemos prever que esse será o último quarto que ela verá pintado por um bom tempo. Ou, então, a esposa faz o jantar para o marido. Ele senta-se à mesa e diz: "Você esqueceu a salada?". Espero que ele goste de comer na lanchonete da esquina, pois é provável que faça várias refeições ali nos próximos três meses. Caso encerrado. Elogie o esforço, não a perfeição.)

Adolescentes precisam ouvir elogios dos pais. Sempre há algo que merece ser elogiado. Alguns pais se concentram tanto nos pontos em que o adolescente não corresponde a suas expectativas que não são capazes de ver os pontos positivos. Essa é uma visão limitada. Falar sempre sobre o que é negativo é o grande erro de muitos pais, e, como resultado, o tanque de amor dos filhos fica vazio. Não importa que aspectos da vida de seu adolescente estejam lhe causando dor, decepção ou raiva, continue a procurar ações louváveis e dê-lhe palavras de afirmação.

Palavras de afeição

Enquanto o elogio se concentra no comportamento positivo do adolescente, o foco da afeição é o próprio adolescente. É a expressão verbal de admiração pelo adolescente como pessoa.

A declaração de afeição verbal mais comum é o simples "amo você". Essas duas palavras são sempre apropriadas, embora haja uma fase curta em que o adolescente não vai querer ouvir você dizê-las na frente dos amigos deles. Se ele lhe pedir isso, por favor, respeite-o. Quando ditas em particular, contudo, essas palavras sempre são apropriadas em todos os estágios do desenvolvimento dele.

Aliás, adolescentes que não ouvem dos pais as palavras "amo você" muitas vezes passam por profundo sofrimento emocional na vida adulta. Ao longo dos últimos anos, tive o privilégio de falar em vários congressos sobre casamento para atletas profissionais. Uma de minhas experiências mais tristes foi olhar nos olhos de um desses atletas (um sujeito durão) e ver as lágrimas se formando enquanto me dizia: "Dr. Chapman, nunca ouvi meu pai dizer 'amo você'".

Senti vontade de abraçá-lo e dizer: "Está bem, deixe-me ser seu pai. 'Amo você'". Poderia dizer aquelas palavras e lhe dar um abraço (apesar de não conseguir colocar os meus braços em volta dos ombros de um jogador de futebol americano), mas meu abraço e afirmação verbal jamais substituiriam as palavras de um pai. Existe um vazio na alma da pessoa que nunca ouviu o pai ou a mãe dizer "amo você".

Em geral as mães dizem essas palavras com frequência para os filhos. Os pais, entretanto, costumam ser mais relutantes. Alguns deles nunca ouviram essas palavras e, portanto, têm dificuldade em oferecer aquilo que nunca receberam. Não é algo que lhes ocorre naturalmente. Se for o seu caso, quero incentivá-lo a quebrar a tradição. Olhe nos olhos do adolescente, coloque a mão no ombro dele e diga: "Vou lhe falar uma coisa extremamente importante para mim. Quero que preste atenção". Então, continuando a olhar nos olhos dele, diga: "Amo muito você" e, em seguida, dê um abraço. Seja qual for o significado dessa experiência para você, posso lhe garantir que essas palavras ficarão guardadas no coração de seu adolescente para sempre. Agora que a represa se rompeu, as águas do amor estão fluindo. Diga essas palavras repetidamente. Seu adolescente nunca se cansará de ouvi-las, e seu próprio tanque de amor ficará cheio ao ouvi-lo dizer o mesmo para você.

Claro que existem outras maneiras de expressar afeição verbalmente. Vicki Lansky, autora do livro *101 Ways to Tell Your Child I Love You* [101 formas de dizer "amo você" ao seu filho], fala de uma ocasião em que sua filha Diana, de 13 anos, estava chateada. Querendo animá-la, Vicki disse: "Diana, gosto muito de você". Por que disse "gosto" em vez de "amo"? Lansky explica: "Usar a palavra *gostar* em vez de *amar* fez uma grande diferença". Depois disso, a filha lhe perguntou várias vezes: "Você gosta de mim hoje também, mamãe?".[2] Crie seu próprio sinônimo e use-o nas conversas com o adolescente. Eis alguns exemplos para ajudá-lo:

"Você é demais."

"Sinto o maior orgulho quando penso em você."

"Você é meu raio de sol."

"Se pudesse escolher qualquer adolescente no mundo inteiro, escolheria você."

"Você é incrível."

"Acordo todas as manhãs e penso: 'Que privilégio ser seu pai/sua mãe!'."

"Ontem estava no escritório e pensei: 'Que saudade da minha filha!'."

"Gosto muito quando você está por perto."

Agora crie suas próprias expressões de afeição e anote-as em um caderno, usando-as aqui e ali, intercaladas com "amo você". Se seu adolescente já está acostumado a ouvir "amo você", uma dessas frases opcionais poderá encher o tanque de amor dele de modo mais eficaz.

A afeição verbal também pode destacar atributos físicos ou da personalidade do adolescente. "Seu cabelo está tão sedoso hoje!" pode ser ter um efeito particularmente positivo para uma garota de 16 anos que deseja ter certeza de que tem uma boa aparência.

Dizer: "Que olhos lindos você tem!" pode consolar o coração da garota de 17 anos que acabou de levar um fora do namorado. "Você é tão forte!" pode mudar o humor do filho de 15 anos que está preocupado com as espinhas no rosto. Atente para características físicas do adolescente que você possa elogiar. É um modo eficaz de expressar afirmação verbal.

As palavras de afeição também podem se referir à personalidade do adolescente. Diga, por exemplo: "É tão legal você ser extrovertido! Sei que você se acha tímido, mas vi que, quando começa a falar com alguém, você se abre e conversa numa boa".

Eis mais algumas expressões que valorizam o adolescente em razão de quem ele é:

"Você tem cabeça fria! É ótimo que pensa antes de falar."

"Seu jeito animado alegra muita gente."

"Você pode até ser calado, mas, quando fala, tem algo de conteúdo para dizer."

"Uma das coisas que admiro em você é o fato de ser confiável. Quando dá sua palavra, não me deixa na mão."

"É muito bom poder confiar em você! Outras mães dizem que não confiam nas filhas, mas eu confio 100% em você."

"Gosto do modo como você incentiva as pessoas! Ontem à noite, vi você falando com seus companheiros de time depois do jogo. Você tem o dom de encorajar."

Essas frases de afeição tocam profundamente o ser interior dos adolescentes. Fazem com que se sintam valorizados, admirados e amados.

Para alguns pais, não será fácil expressar afeição dessa forma. Se for seu caso, quero desafiá-lo a anotar as frases em um caderno. Escreva os exemplos que citei e leia-os em voz alta várias vezes, quando estiver sozinho. Crie as próprias frases de afeição e use-as de vez em quando com seu adolescente.

Palavras na presença de outros

Procure elogiar seu adolescente na frente de toda a família. Faça comentários positivos diante de irmãos mais novos ou mais velhos. (Não creio que seja boa ideia falar na frente dos amigos dele.) Palavras de afirmação muitas vezes têm mais impacto quando são ditas na presença de outros. Por exemplo, a família está jantando quando o pai de Jeremy diz: "Comentei com Jeremy em particular, mas quero dizer novamente na presença da família que fiquei orgulhoso dele ontem à noite. Poderia ter ficado irritado com o juiz quando ele anulou a jogada, mas fiquei feliz de ver como demonstrou tremendo espírito esportivo". Jeremy recebeu afirmação emocional, e o restante da família foi lembrado da importância de ter caráter.

Ou o pai diz sobre a filha: "Vocês viram o que a Meredith fez hoje? Cobrou duas faltas, fez as cestas e ganhou o jogo para o time. Muito bem!". Meredith não só teve satisfação durante o jogo, mas a reviveu e se sentiu emocionalmente afirmada pela família. O comentário do pai diante da família pode suprir de modo mais profundo a necessidade de amor da filha do que se tivesse ficado apenas entre os dois.

Palavras de afirmação constituem uma das cinco principais linguagens do amor. Todos os adolescentes precisam desse tipo de palavras. Em meio à insegurança da transição da adolescência, as palavras de afirmação muitas vezes são como chuva no deserto da alma adolescente. Para aqueles cuja principal linguagem do amor consiste em palavras de afirmação, nada é mais importante emocionalmente que ouvir essas palavras dos pais.

O que dizem os adolescentes

Veja as seguintes declarações de adolescentes que se sentem amados quando ouvem os pais dizerem palavras de afirmação.

Matt, 17 anos, está terminando o ensino médio e é membro da equipe de luta da escola: "Quando venço, nada é mais importante que ouvir meu pai dizer: 'Bom trabalho, filho'. Quando perco, nada me consola mais que ouvi-lo dizer: 'Vi que você se esforçou ao máximo e fez uma boa luta'".

Bethany, 13 anos: "Sei que minha mãe me ama. Ela diz isso toda hora. Acho que meu pai também me ama, mas ele não diz".

Jermaine, 15 anos, mora no centro de Chicago: "Não tenho pai, só tenho os amigos do centro comunitário. Mas sei que minha mãe me ama. Ela me diz que tem orgulho de mim e me incentiva a ser alguém na vida".

Cassidy, 18 anos: "Em poucos meses, vou começar a faculdade. Acho que sou a garota mais sortuda do mundo. Meus pais me amam. Mesmo durante as dificuldades da adolescência, sempre me deram uma força. Meu pai diz: 'Você é o máximo'; minha mãe diz: 'Você pode ser tudo o que quiser'. Só espero poder ajudar outras pessoas assim como eles me ajudaram".

Judith, 14 anos, é aluna do oitavo ano: "Minha mãe foi embora quando eu tinha 4 anos, por isso não me lembro dela. Meu pai se casou de novo, e considero minha madrasta como se fosse minha mãe. Algumas vezes, quando fico chateada, ela me diz o quanto me ama e fala coisas boas a meu respeito, coisas das quais eu tinha me esquecido. Não sei como seria se ela não existisse".

Para esses e milhares de outros adolescentes, as palavras de afirmação são uma linguagem do amor que toca profundamente. Quando os pais dizem essas palavras com frequência, o tanque emocional permanece cheio.

Se a linguagem do amor de seu filho for PALAVRAS DE AFIRMAÇÃO:

Escolha algumas destas ideias e experimente algo novo que tenha a ver com seu adolescente.

- Fale sobre um objetivo que seu adolescente gostaria de alcançar e incentive-o verbalmente a explorar essa possibilidade.
- Coloque um bilhete com palavras de incentivo perto do prato dele no café da manhã.
- Forme o hábito de mencionar de modo específico algo positivo que ele tenha feito. Por exemplo: "Gostei de você ter guardado as roupas no armário sem que eu precisasse pedir" ou "Foi muito legal ver você se esforçar tanto para terminar o trabalho da escola".
- Pergunte o que seu adolescente quer fazer quando terminar o ensino médio. Se sua filha disser: "Quero ser fisioterapeuta e ajudar outros a se recuperarem de lesões complicadas", incentive-a verbalmente a descobrir o que precisa fazer para alcançar esse objetivo.
- Copie frases inspiradoras de livros e revistas e envie para seu filho com a mensagem: "Lembrei-me de você quando li esta frase".
- Se você tem talento artístico, crie uma pintura ou desenho que expresse o quanto você ama seu adolescente.
- Escolha um trabalho manual ou um bilhete especial de seu adolescente e mande emoldurar. Coloque em sua casa ou em seu escritório..

- Quando tiver de viajar a trabalho ou por outro motivo, deixe vários bilhetes curtos para seu adolescente, um para cada dia em que você estiver fora.
- Envie mensagens de texto para seu adolescente sempre quando pensar nele, só para dizer "amo você".
- Coloque os troféus, melhores trabalhos escolares e outros itens que representem realizações de seu filho em um lugar que ele saiba que é importante para você, como na porta da geladeira, no escritório ou em um álbum especial.
- Quando seu adolescente estiver chateado, dê cinco motivos pelos quais você se orgulha dele.
- Tenha em seu telefone fotos atuais de seu adolescente e comente-as com seus amigos, especialmente quando ele estiver por perto.
- Crie um pote de "injeções de ânimo" em que você e seu adolescente possam colocar bilhetinhos com elogios para ler juntos com frequência.
- Quando o adolescente cometer um erro ao tentar ajudar você ou outra pessoa, antes de qualquer outra coisa, reconheça a boa intenção dele.

4

Segunda linguagem do amor: Toque físico

Existe um poder emocional inegável no contato físico com aqueles que amamos. Por isso, pais são incentivados a abraçar os bebês, acariciá-los, beijá-los no rosto e tocar sua pele. Abraçar uma criança de 3 anos, ou deixar que fique em seu colo enquanto você lê uma história, é uma forma extremamente eficaz de encher o tanque de amor dela. No outro extremo da vida, o toque físico também comunica emoções. Quem nunca andou pelos corredores de um lar de idosos e os viu sentados em cadeiras de rodas, estendendo a mão e desejando ser tocados? No casamento, é claro, os cônjuges se abraçam e se beijam.

Mas e quanto aos adolescentes? Eles são diferentes? O toque físico lhes comunica algo emocionalmente? A resposta é sim e não. Depende de quando, onde e como. Por exemplo, um abraço na presença dos amigos dele pode deixá-lo envergonhado e levá-lo a empurrar você e resmungar: "Me solta!". Mas massagear os ombros do adolescente quando ele volta para casa depois do jogo pode comunicar amor emocional de modo profundo. Tentar tocar um adolescente quando ele está em um "momento antissocial" quase sempre o irritará. Mas o carinho depois de um dia difícil na escola poderá ser recebido como verdadeira demonstração de amor.

Adolescentes são diferentes de crianças. Você não pode continuar a tocá-lo nos mesmos ambientes e da mesma forma como fazia quando ele era pequeno. Também neste caso, os pais precisam se lembrar de que o filho está em busca de independência e identidade própria. Portanto, podem se perguntar: "Será que meu toque proposital ameaça a percepção de independência do meu filho? Ou será que contribui para uma boa identidade própria?".

Lembre-se de que o adolescente precisa muito sentir seu amor. Toque físico é uma das cinco principais linguagens do amor. Mas você precisa falar essa linguagem no momento apropriado, da maneira apropriada e no lugar apropriado. Se a principal linguagem do amor de seu filho quando criança era o toque físico, essa linguagem não vai mudar quando ele for adolescente. No entanto, o dialeto por meio do qual você fala essa linguagem deve mudar se deseja que ele se sinta amado. Vamos examinar cada um desses aspectos: momento, maneira e lugar.

O momento apropriado

Um livro hebraico antigo de sabedoria diz: "Há um momento certo para tudo, um tempo para cada atividade [...] tempo de abraçar, e tempo de se afastar".[1] Treinadores sempre lembram os atletas de que é importante fazer as coisas no tempo certo. Do mesmo modo, os pais de adolescentes devem aprender a arte de fazer as coisas no momento oportuno. Boas ações, feitas na hora errada, muitas vezes têm efeito negativo. Trata-se de algo difícil, por dois motivos: primeiro, o momento certo para fazer algumas coisas geralmente é determinado pelo humor do adolescente; segundo, nem sempre é fácil identificar o humor do adolescente. Algumas vezes, só depois que os pais tomam a iniciativa de tocar o filho para expressar carinho, descobrem que ele não está a fim de ser tocado. Mas difícil não significa impossível.

Os pais sábios estudam o adolescente. Aprendem a identificar seu estado de humor com base no comportamento. Uma mãe disse: "Sei quando meu filho quer ser tocado ou não pelo modo como fecha a porta quando chega em casa. Se ele bate a porta, significa que não. Mas se a fecha com cuidado, é como se dissesse: 'Pode me dar um abraço, mãe'". Outra mãe comentou: "Sei quando minha filha não quer ser tocada pela distância que ela mantém quando estamos conversando. Se ela fica parada do outro lado da sala, não quer que mexam com ela. Mas, se chega perto de mim, está aberta para receber carinho".

Adolescentes comunicam seu estado de espírito por meio da linguagem corporal, por exemplo, pela distância em relação a você, ou ao cruzar os braços. Pais atentos observam essa linguagem corporal e aprendem quando é apropriado tocá-lo. Não é necessário entender o motivo de o adolescente não querer ser tocado em determinado momento. O importante é reconhecer e respeitar esse fato.

Na maior parte das vezes, não é boa ideia tentar tocar um adolescente quando ele está irritado. Quando sua filha adolescente está zangada com você ou outra pessoa, por exemplo, não vai querer ser tocada. Está com raiva porque, a seu ver, alguém não foi legal com ela. A raiva é uma emoção que afasta as pessoas umas das outras. Se tentar tocar um adolescente quando ele estiver bravo, é quase certo que será rejeitado. Para ele, o toque físico parece uma tentativa de controle. Afeta sua necessidade de independência e, por isso, o leva a se afastar. Em geral, portanto, não é apropriado usar o toque físico como linguagem do amor quando o adolescente estiver zangado.

Em contrapartida, existem vários outros momentos para expressar carinho dessa forma. Um deles é quando seu adolescente realiza uma conquista importante. Pode ser uma vitória no esporte, um bom recital de piano, uma bela apresentação de dança, a conclusão de um trabalho escolar feito com capricho, uma boa nota em uma prova de matemática. Nessas ocasiões, os adolescentes geralmente estão abertos para receber expressões físicas de amor dos pais. A empolgação de sua conquista deixou claro que estão no caminho para a independência e a identidade própria. Sua comemoração do sucesso deles por meio de palavras e expressões físicas de afeto pode ser recebida como reconhecimento de que estão amadurecendo.

Os momentos de fracasso na vida do adolescente também podem ser ocasiões para expressões físicas de afeto. O garoto está chateado porque tirou nota baixa em química, levou um fora da namorada ou bateu o carro. A garota está arrasada porque a melhor amiga vai sair com um menino na sexta-feira à noite, enquanto ela está "encalhada", ou pior ainda, o namorado brigou com ela e começou a se aproximar da melhor amiga. Essas são as ocasiões em que os adolescentes estão abertos para a linguagem do toque físico.

É bem provável que, no dia a dia, o adolescente esteja de bom humor e aberto para algum tipo de contato físico como expressão de afeto. Mas, se estiver de mau humor, essa linguagem do amor o irritará. Pais atentos respeitam e só expressam afeto dessa forma no momento apropriado. Por vezes, a única maneira de aprender é por meio de tentativa e erro.

> "Hoje em dia, sei identificar quando Julie quer um abraço e quando quer ser deixada em paz."

Uma mãe me contou a seguinte experiência: "Quando Julie fez 13 anos, pensei que estivesse usando drogas. Seu comportamento mudou radicalmente. Na infância, era uma criança que gostava de expressões físicas de afeto. Eu a abraçava e beijava o tempo todo, e sempre lhe massageava as costas. Mas, quando fez 13 anos, percebi que estava se afastando de mim e não queria mais que mexesse com ela. Pensei que algo terrível havia acontecido em nosso relacionamento. Mais tarde, percebi que ela era uma adolescente normal. Hoje em dia, sei identificar quando Julie quer um abraço e quando quer ser deixada em paz. De vez em quando, me engano e ela foge do meu abraço. Na maioria das vezes, porém, consigo identificar o momento certo. Julie está com 15 anos, e estou satisfeita com nosso relacionamento. Creio que a principal linguagem do amor dela é toque físico. Sei que precisa disso. Quero continuar acertando e tendo a sensibilidade de identificar o momento certo".

O lugar apropriado

Assim como há um tempo para tocar e um tempo para não tocar, também há um lugar apropriado para expressões físicas de afeto e um lugar não apropriado. Estou me referindo a lugar geográfico, e não a partes do corpo. Trataremos da questão da sexualidade mais adiante. Um menino de 10 anos recebe bem o abraço da mãe após ter jogado uma partida de futebol. Corre para onde a mãe está, esperando por palavras de incentivo e pela demonstração física de afeto. Aos 16 anos, porém, quando termina o jogo, não fica procurando a mãe e espera que ela não esteja procurando por ele. O adolescente irá celebrar a independência e identidade própria com os companheiros de time e amigos. Eles podem dar tapinhas nas costas ou na cabeça e cumprimentá-lo, mas, quando a mãe aparecer, ele pensará: *Por favor, mãe, nem pense nisso*. Na maioria das vezes em que estão em lugares públicos, não querem receber expressões físicas de afeto dos pais. É o caso especialmente quando estão com amigos. A identidade própria está atrelada à dos amigos. Quando o pai ou a mãe entram nesse mundo e expressam afeto de forma física, ameaçam a identidade do adolescente, bem como o desejo de independência. Como disse um garoto: "Eles me fazem sentir como se ainda fosse criança". Uma boa regra é não tocar o adolescente quando estiver na presença de amigos, a não ser que ele o toque primeiro.

Por vezes, adolescentes aceitam expressões físicas de afeto quando estão com outras pessoas da família, como os avós. Se você está contando aos avós sobre as realizações dele, um tapinha nas costas no final poderá ser bem recebido. Não imagine, porém, que será sempre o caso. Observe a reação dele e não insista se ele der sinais de que não quer ser tocado.

Então, qual é o lugar apropriado para falar a linguagem do amor do toque físico com o adolescente? Em geral, na privacidade de sua casa, ou quando estiver sozinho com ele. Em particular ou na presença dos membros da família, o contato físico pode ser um bom meio de comunicar amor emocional. Lembre-se de que, para alguns adolescentes, o toque físico é a principal linguagem do amor. Para esses jovens, é muito importante que os pais aprendam o lugar e o momento apropriados de expressar amor.

Jacob, 14 anos, disse que gostava muito de acampar com o pai, pois se sentia mais próximo dele nessas viagens. Quando lhe perguntei por que gostava dos acampamentos, Jacob respondeu que, nessas ocasiões, brincavam de queda de braço perto da fogueira. Também comentou que era melhor ainda quando ele vencia. Jacob recebe expressões físicas de amor emocional, e a independência e identidade própria dele são incentivadas, especialmente quando ele vence.

Jéssica, 15 anos, comentou: "Minha mãe e eu somos bem próximas. Acho que não conseguiria sobreviver sem os abraços dela. A escola está difícil este ano, mas sei que quando eu chegar em casa ela vai me abraçar". A mãe de Jéssica descobriu a principal linguagem do amor da filha e a está usando na privacidade do lar. Lembre-se, porém, de que essa linguagem deve ser reservada para o momento e o lugar apropriados. Do contrário, não será interpretada como amor.

A maneira apropriada

Seja flexível

Não estamos falando apenas dos tipos de expressões de afeto, mas do modo como as oferecemos. Existem várias maneiras de expressar afeto por meio do contato físico. Abraços, beijos, massagens, um toque com os dedos, queda de braço, todos esses são modos apropriados de falar a linguagem do toque físico ao adolescente. No entanto, o processo não é tão simples quanto parece. Adolescentes são indivíduos. Nem todos gostam do mesmo tipo de contato físico. Alguns gostam de ter as costas massageadas, outros não. Alguns gostam que você mexa no cabelo deles, outros não. Seu adolescente é singular. Você terá de aprender não apenas a linguagem do amor dele, mas também os dialetos em que ele recebe melhor o amor.

Não devemos forçar o adolescente a aceitar nossa linguagem do amor. Em vez disso, devemos aprender a linguagem dele. O que complica as coisas é o fato de as expressões de afeto que você usava quando ele era criança talvez não serem mais aquilo de que ele gosta na adolescência. Muitas vezes, essa situação é frustrante para os pais. Pensam que descobriram a principal linguagem do amor do filho e que aprenderam a usá-la. Mas agora o adolescente se afasta do mesmo tipo de carinho de que gostava antes. Isso acontece principalmente por causa de sua busca por identidade própria e independência. Quando você o toca da mesma maneira que fazia quando era criança, pode despertar sentimentos de dependência e insegurança, exatamente o oposto do que ele quer sentir. Por isso, ele se afasta dessas expressões "infantis" de amor.

Algum tempo atrás, falei sobre esse assunto em uma palestra sobre educação de filhos. Vi que uma luz se acendeu na mente de Rod. Durante o intervalo, ele veio me dizer: "Agora estou entendendo melhor meu filho Matt, de 15 anos. Quando era mais jovem, ele gostava que passasse a mão em suas costas. Mas, nos últimos dois ou três anos, não me deixa mais. Imaginei que estivesse se afastando de mim. Não conseguia entender por que tinha mudado tanto. Agora estou percebendo que esse carinho o faz lembrar a infância. Ele está buscando independência e afirmação, e não quer voltar a se sentir como criança. Faz sentido!".

Sugeri a Rod que encontrasse outras formas de expressar a Matt a linguagem do amor do toque físico. "Dê tapinhas nas costas, no ombro ou tente fazê-lo tropeçar quando ele passar por você. Se cair, brinque de luta. Quando perceber que o tanque de amor dele começou a encher, é porque você o está tratando como o jovem adulto que ele é, e não como a criança que era. Está alimentando sua sensação de independência, em vez de sabotá-la".

Se o adolescente diz: "Não gosto disso" em resposta à sua tentativa de tocá-lo, pare e procure uma alternativa. Não insista em usar determinada expressão de afeto físico só porque pensa que ele deveria gostar. A ideia fundamental das cinco linguagens do amor é aprender a falar a linguagem da outra pessoa, não a sua. A pergunta mais importante é: O que faz seu adolescente sentir-se amado? Se toque físico é a principal linguagem do amor dele, busque expressões físicas de amor que ele entenderá. O processo de amar um adolescente é complicado pelas preferências dos pais. Alguns nunca brincaram de fazer o filho tropeçar e, portanto, não conseguem imaginar que essa seja uma expressão de amor. Outros nunca os cutucaram com o cotovelo. Não digo que todos os filhos gostam desses dialetos do toque físico. Minha sugestão é que você descubra o tipo de contato físico que seu adolescente aprecia e use esse dialeto com frequência.

Evidentemente, o contexto emocional em que você usa o contato físico é de grande importância. Se você brinca de fazer seu filho tropeçar quando ele está zangado, isso não é uma expressão de amor. Se dá um tapa no ombro dele porque está frustrado com seu comportamento, ele não se sente amado. A mãe que deixa de abraçar a filha porque não aprova as amizades que ela tem corre o risco de perdê-la. Como pais, somos responsáveis por nossas atitudes. Se expressarmos afeto apenas quando nossos filhos fazem o que nos agrada, não comunicaremos amor incondicional e entraremos no traiçoeiro universo da manipulação.

Use o toque físico como forma gentil de correção

Um aspecto positivo da linguagem do amor do toque físico é que ela pode ser facilmente usada, mesmo quando o comportamento do adolescente não lhe agrada. Você pode até expressar o descontentamento diante de alguma atitude dele ao mesmo tempo que expressa amor por meio do contato físico. Márcia tocou no braço da filha adolescente e disse: "Estou muito chateada por você ter chegado em casa depois do horário combinado ontem à noite. Entendo que estava se divertindo com os amigos e perdeu a noção do tempo. Mas você entende como é difícil para mim? Combinamos que, se você fosse se atrasar, me ligaria para eu não ficar preocupada".

Em seguida, ela se volta para a filha. Coloca as duas mãos sobre os ombros dela e diz: "Querida, amo tanto você! Não quero estragar sua vida. Só quero saber se você está bem". Márcia comunica amor de maneira bastante eficaz e, ao mesmo tempo, trata daquilo que precisa ser resolvido. A linguagem do toque físico usada no momento, no lugar e da maneira certa toca fundo na alma do adolescente. O contato físico diz: "Você é importante. Estou do seu lado. Me importo com você e amo você". Todos os adolescentes precisam da linguagem do toque físico. Caso não a recebam dos pais, a procurarão em outro lugar.

Uma palavra importante para o pai

Existe uma tendência entre os pais desta geração de não tocar as filhas, principalmente quando entram na puberdade. Alguns não sabem como se portar diante das mudanças físicas pelas quais a menina está passando. Outros pensam que as filhas não querem ser tocadas por não serem mais crianças. Há pais que temem que alguém possa acusá-los de tocar a filha de forma inapropriada, ou mesmo de cometer abuso sexual. Seja qual for o motivo, evitar o contato físico é um erro grave. A filha adolescente precisa se sentir bem com sua feminilidade. Precisa perceber que é atraente para o sexo oposto. O papel do pai é ajudá-la nesse sentido. Se o pai deixa de demonstrar afeição física, existe uma tendência maior de a menina se tornar sexualmente ativa mais cedo.

Pais, quero incentivá-los a continuar falando a linguagem do amor do toque físico quando as filhas entrarem na adolescência. Elas precisam dessas expressões físicas apropriadas de afeto enquanto desenvolvem a independência e a identidade própria como mulher.

Contato físico inapropriado

Gostaria de não ter de escrever os próximos parágrafos. Gostaria que as expressões "abuso físico" e "abuso sexual" não fossem tão comuns em nossa sociedade. A realidade é que uma minoria significativa de adolescentes sofre abuso sexual dos pais. Os casos mais dramáticos aparecem nos noticiários de televisão. Mas grande parte dos adolescentes sofre silenciosamente, e algumas vezes nem mesmo aqueles que estão mais próximos ficam sabendo do abuso.

Abuso físico e raiva

Abusar fisicamente é ferir o corpo ao bater, dar tapas ou socos, chutar etc., com raiva, e não por brincadeira. A palavra-chave é *raiva*. Alguns pais de adolescentes nunca aprenderam a lidar com esse sentimento de maneira construtiva. Quando se irritam com o comportamento do adolescente, as palavras agressivas são seguidas de violência física. Dar tapas, empurrar, sufocar, segurar e sacudir são exemplos de abuso aos adolescentes. Quando o abuso ocorre, sem dúvida o tanque de amor do adolescente não fica apenas vazio, mas também esburacado. Palavras positivas e expressões de afeição física depois dessas demonstrações intempestivas de raiva sempre parecerão falsas. O coração adolescente não se recupera com facilidade do abuso físico.

Se os pais esperam que o adolescente se sinta amado depois dessas demonstrações de raiva, devem não apenas lhe pedir perdão, mas também buscar ajuda a fim de parar com o comportamento destrutivo e aprender a lidar com a raiva. Pode-se fazê-lo por meio da leitura de livros,[2] da participação em grupos de apoio e/ou de aconselhamento com psicólogos e outros profissionais capacitados para lidar com essa questão.

A raiva explosiva não desaparece sozinha com o tempo. Os pais precisam tomar a iniciativa de acabar com esses acessos de fúria destrutiva. A dor emocional do adolescente também não desaparece sozinha com o tempo. Se o pai, ou a mãe, não pedir perdão com sinceridade e mudar o comportamento, com certeza o adolescente continuará a não se sentir amado por aquele que abusa dele. Por ironia, muitas vezes o adolescente também não se sente amado pela outra parte também. Pensa: "Se meu pai/minha mãe me amasse, me protegeria e não deixaria esse abuso continuar".

Se seu cônjuge comete abuso continuamente, busque aconselhamento profissional e fortaleça-se emocionalmente. Aprenda a proteger a si mesmo e seu adolescente. Ao permitir que o comportamento abusivo persista, você não está servindo à causa do amor. Você precisa da ajuda de um psicólogo, conselheiro ou pastor que lhe mostre como tornar-se agente de mudança verdadeira na família.

Abuso sexual

Abusar sexualmente consiste em aproveitar-se do papel de pai ou de mãe para obter favores sexuais do adolescente a fim de satisfazer os próprios desejos sexuais. O abuso sexual é praticado, com mais frequência, pelo pai, padrasto ou namorado da mãe. E, em geral, as vítimas são meninas. Ainda que o abuso homossexual algumas vezes aconteça na família nuclear, é menos comum que o abuso heterossexual. Com frequência, o abusador procura convencer o adolescente de que essas investidas são expressões de amor. Mas o adolescente percebe que há algo de errado nessa história. Muitas vezes, porém, reluta em falar sobre as experiências sexuais à mãe ou a outro adulto. Alguns se calam por sentirem vergonha, mas o silêncio geralmente é decorrente de medo.

É comum serem ameaçados pelo abusador. Uma adolescente de 15 anos relatou: “Meu pai disse que se eu contasse à minha mãe ou a outra pessoa o que estava acontecendo entre nós ele negaria tudo, e minha mãe acreditaria nele e não em mim. Ele providenciaria para que eu fosse castigada por mentir”. Quando perguntaram a uma garota de 17 anos por que não contou à mãe que o padrasto abusava sexualmente dela desde os 13 anos, ela respondeu: “Se contasse à minha mãe, sabia que meu padrasto me mataria. Em várias ocasiões ele me disse que seria fácil se livrar de mim. Sabia que estava falando sério e não queria morrer”. Só quando esse padrasto foi preso por ter cometido outro crime ela conseguiu contar a um conselheiro o que havia acontecido.

Deveria ser óbvio para todo mundo que a intimidade sexual entre o adolescente e o pai ou a mãe não é uma expressão de amor. Na verdade, é uma busca por satisfação pessoal, o oposto do amor. O adolescente se sente usado e abusado. Com o tempo, esse abuso gera amargura, ódio, raiva e, com frequência, depressão. Além disso, o abuso tem forte efeito negativo sobre o desenvolvimento emocional, social e sexual do adolescente.

Como lidar com o abuso sexual

Se você tem um envolvimento sexual com um adolescente, o primeiro passo é reconhecer o quanto esse comportamento é errado. O segundo passo é procurar ajuda psicológica, relatar o problema a um profissional e começar o processo de tentar restaurar o relacionamento com o adolescente. Esse passo é dificílimo e terá sérias consequências; é possível que cause vergonha, afete o relacionamento conjugal, gere grande estresse e tenha repercussões diante da lei. No entanto, em longo prazo, deixar de dar esse passo será ainda pior.

Estou plenamente ciente de que a maioria dos abusadores sexuais não seguirá o conselho que acabei de dar; portanto, o outro cônjuge deve tomar providências. É claro que, com frequência, esse cônjuge não sabe o que está acontecendo. Algumas vezes, fecha os olhos para os indícios e não quer dar ouvidos ao que o adolescente tenta lhe contar. Qualquer que seja o motivo dessa insensibilidade, ela é uma traição para o adolescente. Escute-o e procure identificar qualquer declaração que se assemelhe, mesmo que vagamente, a um pedido de socorro. Mantenha os olhos abertos para quaisquer sinais de comportamento inapropriado entre seu cônjuge e seu filho adolescente.

É bom estar ciente de que, às vezes, se você fizer uma pergunta direta, o adolescente negará o abuso. Também nesse caso, a negação com frequência é resultado de vergonha ou medo. Portanto, não deixe que a reação imediata de seu filho seja a palavra final. Se você tem motivos para crer que há um comportamento sexual inapropriado entre o cônjuge e o adolescente, busque ajuda de um psicólogo ou conselheiro. Relate os indícios que você observou e deixe que essa pessoa o ajude a dar os passos corretos. O abuso sexual está prejudicando seriamente o bem-estar de seu adolescente. Se você souber do problema e não fizer nada, seu filho se sentirá vitimado não apenas pelo abusador, mas por você também. Lidar com o abuso é difícil e talvez cause vergonha; pode até destruir seu casamento ou relacionamento com o abusador, mas esse é o único caminho se você ama seu adolescente.

Com o devido aconselhamento e ajuda espiritual, pode haver restauração, mesmo depois de abuso tão prejudicial. Mas, sem aconselhamento emocional e orientação espiritual, pode acontecer de seu adolescente nunca ter uma vida adulta saudável. As dificuldades de muitos jovens adultos problemáticos de nossa sociedade têm origem no abuso sexual que sofreram na adolescência. Nem sempre, contudo, o abuso foi cometido por um dos pais ou por uma figura paterna ou materna. Muitas vezes foram outros membros da família: tias, tios, primos ou adultos que o adolescente conheceu na escola, na igreja ou em algum outro lugar. A maior parte dos casos de abuso homossexual de adolescentes acontece fora da família nuclear. Se os pais tomarem conhecimento, devem contatar imediatamente o conselho tutelar e outras autoridades pertinentes. Os adolescentes não devem ser entregues à própria sorte no meio da confusão sexual de nossos dias. O amor que sentimos por nosso filho nos leva a fazer tudo o que pudermos para ajudá-lo a desenvolver uma identidade sexual saudável e protegê-lo dos adultos que procuram abusar dele para obter satisfação sexual.

Felizmente, a maioria dos pais não abusa física ou sexualmente dos filhos adolescentes. A maioria dos pais demonstra amor por seu adolescente por meio da linguagem do toque físico. Uma pesquisa feita com adolescentes norte-americanos entre 13 e 17 anos mostra que, na opinião de 75% deles, o pai deve abraçá-los pelo menos uma vez por semana. E 55% desses mesmos adolescentes relataram que o pai os abraçava.[3]

O que dizem os adolescentes

A fim de se sentirem amados pelos pais, os adolescentes precisam ser tocados por eles. Para alguns, o contato físico é a principal linguagem do amor. Fala ao seu coração de modo mais profundo e rápido que as outras quatro linguagens. Veja o que dizem estes adolescentes cuja principal linguagem do amor é toque físico.

Victória, 16 anos, vive apenas com a mãe: "Adoro quando minha mãe massageia minhas costas. Todos os meus problemas parecem sumir".

Joel, 17 anos: "Sei que meu pai me ama. Ele sempre faz de conta que briga comigo. Dá uma cutucada com o cotovelo quando estamos juntos assistindo a um jogo e bate no meu ombro ou tenta me fazer tropeçar quando passo perto dele. Às vezes, não quero que encoste em mim, e meu pai respeita isso.

Mas, no dia seguinte, ele esbarra em mim quando passo por perto. É muito legal!".

Meredith, 15 anos: "Meu pai não me abraça tanto como fazia antigamente. Talvez ele pense que agora sou adulta e não preciso mais. Mas sinto falta. Seus abraços sempre fazem com que eu me sinta especial".

Barrett, que teve dificuldades com matemática na escola este ano: "A melhor parte da lição de casa é quando minha mãe chega perto e massageia meus ombros. Eu esqueço a matemática por um momento, relaxo e, depois, me sinto melhor".

Jéssica, 17 anos: "Sei que algumas vezes é difícil conviver comigo. Meus pais têm que aguentar minhas mudanças de humor. Acho que é coisa normal de adolescente, mas quando eles me abraçam ou mesmo tocam em meu braço, parece que tudo vai ficar bem. É uma espécie de calmante. Sei que me amam de verdade".

Se a linguagem do amor de seu filho for TOQUE FÍSICO:

Precisa de mais sugestões? Tente uma ou mais destas ideias com seu filho esta semana:

- Deem as mãos durante a oração em família.
- Desenvolvam um aperto de mão ou cumprimento só para vocês dois. Usem-no com frequência para se despedir ou ao se reencontrar.
- Se seu adolescente está passando por uma situação estressante, passe a mão de leve na cabeça dele enquanto ele conta o que está acontecendo.
- Enquanto seu adolescente permitir, abrace-o e beije-o todos os dias antes de ele ir para escola, mas seja sensível às ocasiões em que ele talvez não queira essas expressões de carinho, especialmente em público.

- Logo depois de disciplinar seu adolescente, abrace-o para mostrar que a disciplina foi resultado de uma escolha incorreta dele, mas que não foi voltada contra ele como pessoa.
- Cumprimente seu adolescente quando ele fizer algo de bom.
- Presenteie seu adolescente com algo que seja associado aos sentidos, como um travesseiro macio, um cobertor ou um agasalho.
- Pratique esportes e jogos que envolvam toque físico. Desse modo, vocês dois poderão passar tempo juntos e haverá a oportunidade de expressar afeto físico sem parecer forçado.
- Quando seu adolescente tiver um dia difícil, ofereça fazer uma massagem nos ombros dele.
- Para pai e filho, brincar de luta pode ser uma forma de expressar amor, mas somente se o adolescente gosta dessa brincadeira.
- Dê um tapinha nas costas para comunicar amor quando ele conseguir cumprir uma tarefa importante. (Também pode ser útil expressar amor dessa forma quando ele não alcançou seu objetivo. Procure demonstrar afeto de modo incondicional.)
- Se perceber que seu adolescente já foi se deitar, entre no quarto e ajeite o cobertor dele.

5

Terceira linguagem do amor: Tempo de qualidade

Às 23h45, entrei no quarto de meu filho adolescente. Tinha passado o dia inteiro dando aconselhamento e me sentia física e emocionalmente esgotado. Pensei que meu filho diria apenas: "Boa noite, amo você". Em vez disso, ele declarou:

— Pai, não entendo as meninas.

Sentei-me no chão, ao lado de sua cama, e perguntei:

— O que o fez chegar a essa conclusão?

Foi o início de uma conversa que durou duas horas. Na época, Derek tinha 17 anos; hoje tem mais de 40. Ele continua a não entender as garotas. E eu também não as entendo. Mas sempre fomos próximos o suficiente para conversar, e é isso que importa.

Dar tempo de qualidade significa dar a seu adolescente uma parte de sua vida. O verdadeiro tempo de qualidade implica atenção exclusiva. Naquele momento, nada mais importa. Esse é um meio eficaz de comunicar o amor emocional.

Infelizmente, tempo de qualidade é uma linguagem do amor muito mais difícil de ser expressa que palavras de afirmação ou toque físico, por um motivo muito simples: é mais demorada. É possível tocar alguém de modo significativo em um segundo; é possível dizer palavras de afirmação em menos de um minuto. Tempo de qualidade, porém, exige horas. Em nosso mundo sempre corrido, muitos pais de adolescentes têm dificuldade de falar essa linguagem. Como consequência, muitos adolescentes, mesmo vivendo em casas cheias da tecnologia mais moderna, estão com o tanque de amor vazio.

Muitas vezes, sentem como se fossem apenas mais um item da coleção de objetos dos pais.

Pais muito ocupados, mas que desejam que os filhos se sintam amados, devem criar tempo para lhes dar atenção exclusiva. O psiquiatra Ross Campbell escreveu: "Sem atenção exclusiva, o adolescente experimenta cada vez mais ansiedade, pois sente que todas as outras coisas são mais importantes do que ele. Torna-se, então, menos seguro e fica prejudicado em seu crescimento emocional e psicológico".[1]

Verdadeira proximidade

O aspecto fundamental do tempo de qualidade é a proximidade. Não estou falando de simples proximidade física. Estar na mesma casa com o adolescente não é o mesmo que lhe dar tempo de qualidade. Quando você está no mesmo ambiente que seu filho, está fisicamente próximo dele, mas não está necessariamente junto dele. A verdadeira proximidade significa ter contato um com o outro. Pai e filho assistindo a um jogo na televisão ou mesmo no estádio podem ou não experimentar proximidade. Se o adolescente chega ao fim desse momento sentindo-se solitário e pensando: "Para meu pai, os esportes são mais importantes que eu", não houve verdadeira proximidade. Mas, se a mensagem que o pai transmite nesse período é: "A coisa mais importante deste jogo é estar com você. Gosto quando participamos juntos de atividades", pai e filho formaram uma ligação, e o filho se sente amado. O objetivo deste capítulo é ajudá-lo a experimentar verdadeira proximidade quando vocês estiverem fisicamente perto um do outro.

> Proximidade significa ter contato um com o outro.

O que significa ter contato com o adolescente? Em essência, quer dizer que, naquele momento, ele percebe que é o foco de sua atenção. Não significa que precisam ter conversas longas e profundas sempre que estiverem juntos. Mas você precisa, intencionalmente, procurar se comunicar por meio de contato visual, palavras, toque e linguagem corporal, deixando bem claro que o adolescente é mais importante que o acontecimento.

Clint, 15 anos, ilustrou esse fato ao dizer: "Meu pai pensa que está me fazendo um favor quando me leva para pescar. Chama de 'nosso tempo de camaradagem', mas nunca conversamos sobre nós. Só falamos de pescaria ou de coisas da natureza. Mas eu não quero saber de pescaria e natureza. Queria conversar com meu pai sobre meus problemas, mas ele não parece ter interesse por mim".

Conheci o pai de Clint, e posso lhe garantir que ele pensava estar fazendo uma coisa boa ao levar o filho para pescar. Não tinha ideia de que não estava em contato com o filho. O problema era o foco do pai na atividade, e não no filho. Ele ficou extremamente surpreso ao saber mais tarde, em nossa sessão de aconselhamento, que o filho saía dessas pescarias se sentindo vazio e rejeitado. O pai de Clint tinha muito que aprender sobre como falar a linguagem do amor de tempo de qualidade.

Conversas de qualidade

Assim como palavras de afirmação e toque físico, o tempo de qualidade também tem vários dialetos. Um dos mais usados é o das conversas de qualidade. Quando falo em conversas de qualidade, quero dizer aquele diálogo entre pais e adolescentes em que cada um sente liberdade de compartilhar experiências, ideias, sentimentos e desejos em um ambiente amigável e acolhedor. Exige que os pais aprendam a *conversar com* o adolescente e não *falar para* o adolescente.

Perguntar e ouvir

As conversas de qualidade são bem diferentes da principal linguagem do amor. Palavras de afirmação focalizam o que dizemos, enquanto a conversa de qualidade focaliza o que ouvimos. A fim de expressar amor com tempo de qualidade e dedicar esse tempo a conversar, sua prioridade precisa ser demonstrar interesse e ouvir de modo solidário o que o adolescente diz. É preciso fazer perguntas, não de modo insistente, mas com desejo sincero de entender os pensamentos, sentimentos e desejos do filho. A maioria dos pais precisará se exercitar nessa prática, pois é uma mudança no estilo de comunicação.

Quando nossos filhos eram pequenos, dávamos instruções e ordens, mas se continuarmos com esse tipo de comunicação na adolescência eles dirão: "Você está me tratando como criança". E estarão corretos. Devemos aprender a tratar os filhos como adolescentes, lembrando-nos da independência que ele está formando e incentivando-os a desenvolver sua própria identidade.

Isso significa que devemos permitir que tenham seus próprios pensamentos, emoções e sonhos, e possam dividi-los conosco sem receber nossa análise não solicitada. Precisamos aprender a ajudá-los a avaliar suas ideias e entender suas emoções e dar passos realistas para realizar seus sonhos. E precisamos aprender a fazê-lo em um ambiente de diálogo, e não de declarações dogmáticas de monólogo. *Para a maioria dos pais, esse é um dos grandes desafios na educação do adolescente.* Muitos pais se irritam ao longo do processo de aprendizado.

"Não sei como educar um adolescente", Marlene me disse. "Pensei que estivesse me saindo razoavelmente bem até que Katie fez 16 anos. Agora, acordo e descubro que sou uma 'boba desconectada do mundo real' e que tenta controlar a vida dela. Me sinto frustrada e desvalorizada por minha filha. Tudo o que digo é errado. Não sei mais como falar com ela."

Conhecia Marlene havia muitos anos e sabia que o estilo de comunicação dela era o que chamo de "falar sem pensar" (acabava dizendo tudo o que passava pela cabeça, sem refletir). Expressava tudo o que via, ouvia ou sentia sem refletir se outras pessoas estavam interessadas em ouvir os pensamentos, sentimentos ou ideias dela. Na infância, Katie havia considerado isso normal, mas agora estava tentando descobrir a própria identidade e obter certa medida de independência da mãe. Não aceitava mais as palavras de Marlene como se fossem "sagradas". Agora tinha algumas ideias próprias e as expressava livremente, como a mãe.

Eu sabia que, para Marlene, seria difícil aprender. Mas também sabia que, se ela não desenvolvesse um novo modo de se comunicar com Katie, o relacionamento carinhoso que tinham no passado se deterioraria. Marlene precisava descobrir como diminuir o ritmo das próprias palavras e também aprender a nova arte de ouvir ativamente e manter um diálogo solidário.

Como ter uma conversa de qualidade

Aqui estão oito dicas para ouvir melhor e ter um diálogo verdadeiro. As cinco primeiras têm a ver com aprender a escutar o adolescente. Saber ouvir é um pré-requisito para os passos 6 a 8. Estas diretrizes ajudaram Marlene a aprender a ter conversas de qualidade. Coloque-as em prática, e o diálogo com o adolescente irá melhorar.

1. *Procure olhar nos olhos dele quando estiverem conversando.* Desse modo, a mente não divagará, e o adolescente perceberá que você está lhe dando toda a sua atenção. Evite revirar os olhos, em sinal de reprovação, fechá-los quando ele der um golpe baixo, olhar acima da cabeça dele ou para o chão enquanto ele estiver falando.

2. *Não faça outra coisa enquanto ouve o adolescente.* Lembre-se de que dar tempo de qualidade significa dedicar atenção total a alguém. Se estiver assistindo a algum programa na TV, lendo ou envolvido em qualquer atividade da qual não possa desviar a atenção imediatamente, diga a verdade. Uma forma positiva de fazê-lo pode ser: "Sei que você quer falar

comigo agora, e estou interessado em ouvi-lo. Quero lhe dar minha total atenção, mas não posso fazer isso no momento; se você me der dez minutos para terminar o que estou fazendo, sentaremos juntos e ouvirei o que você tem a dizer". A maioria dos jovens respeita um pedido desse tipo.

3. *Procure identificar os sentimentos.* Pergunte a si mesmo: "Que emoções meu adolescente está sentindo neste momento?". Quando parecer que descobriu, confirme. Diga-lhe, por exemplo: "Tenho a impressão de que você está decepcionado porque me esqueci de...". Com isso, o adolescente tem a oportunidade de esclarecer os sentimentos dele. Também é uma forma de mostrar que você está ouvindo com atenção o que ele diz.

4. *Observe a linguagem corporal.* Punhos cerrados, mãos trêmulas, lágrimas, testa franzida e movimentos dos olhos podem fornecer pistas do que o jovem está sentindo. Algumas vezes, a linguagem corporal diz uma coisa enquanto as palavras dizem outra. Peça um esclarecimento para entender o que ele está pensando e sentindo.

5. *Não interrompa.* Pesquisas indicam que, em média, as pessoas ouvem dezessete segundos antes de interromperem para inserir as próprias ideias na conversa. No caso de pais de adolescentes, talvez levem menos tempo ainda! Muitas vezes, essas interrupções encerram a conversa antes que ela comece de fato. Nesse momento, seu objetivo não é se defender nem corrigir o adolescente, mas entender os pensamentos, sentimentos e desejos dele.

6. *Faça perguntas que repitam o que ele disse.* Quando você concluir que entendeu o que ele está dizendo, confirme repetindo a frase (como você a entendeu) em forma de pergunta: "Você está dizendo que... É isso mesmo?" ou "Você quer dizer que...?". Conversas com esse tipo de repetição resolvem mal-entendidos e esclarecem sua percepção do que o adolescente está dizendo. Lembre-se de que seu objetivo é tentar identificar o que seu adolescente está pensando, o que está sentindo

e o que deseja de você. Não compartilhe suas ideias com ele enquanto essas questões não estiverem claras em sua mente.

7. *Expresse compreensão.* O adolescente precisa saber que você ouviu e entendeu. Suponha que, como pai, você faça a seguinte pergunta: "Você está dizendo que quer ir à praia com três amigos. Além disso, gostaria que eu pagasse a passagem e o hotel, pois nenhum de vocês tem dinheiro suficiente. É isso que você está me pedindo?". Se o adolescente responder "sim", então você pode dizer que entendeu o pedido dele: "Sei o quanto gostaria que isso acontecesse. Tenho certeza de que vocês se divertiriam um bocado na praia". Ao expressar entendimento, você reforça a percepção de valor próprio do jovem e mostra que o trata como uma pessoa que tem desejos. Agora você está pronto para o oitavo passo.

8. *Peça permissão para compartilhar seu ponto de vista.* Diga: "Você gostaria de saber como vejo essa situação?". Se o adolescente concordar, compartilhe com ele pensamentos, ideias e sentimentos. Caso diga "não", então a conversa acabou e a viagem para a praia não será patrocinada. Se você mostrou que entendeu os pensamentos, sentimentos e desejos de seu filho, é bem provável que ele se mostre aberto para ouvir seu ponto de vista. Mesmo que não concorde com você, ele o ouvirá.

Rumo a um relacionamento melhor

Para alguns pais, a ideia de pedir permissão para compartilhar seu ponto de vista é absurda, ou mesmo insultante. Um pai me perguntou: "Por que deveria pedir permissão ao meu filho para falar?". A questão não é se os pais têm ou não o direito de falar ao adolescente, pois eles têm. A questão é: você quer que ele escute o que você tem a dizer? Pedir permissão é uma forma de reconhecer que o adolescente é um indivíduo que pode escolher escutar ou não o que está em sua mente e em seu coração. É reconhecer seu adolescente como indivíduo e criar as condições para dialogar com empatia. Sem dúvida, os pais têm a liberdade de dar um sermão sem pedir permissão, mas os adolescentes também têm a liberdade de se fazer de surdos. Muitos escolhem esse caminho porque sentem que os pais os tratam como crianças. Quando você pede permissão para expor seu ponto de vista, o adolescente percebe que está sendo tratado como um jovem em processo de amadurecimento.

Os pais ainda têm a palavra final e decidem, por exemplo, se vão pagar pela viagem para a praia, ou mesmo se permitirão que o filho vá ou não. Não estamos tratando de autoridade dos pais, mas de relacionamento entre os pais e o filho adolescente e de como os pais expressarão sua autoridade. Você pode escolher ser um tirano. É quase certo que seu filho se sentirá rejeitado e não amado. Em contrapartida, pode se relacionar com seu filho demonstrando, como mãe ou pai amoroso, que procura promover a transição saudável dele para a vida adulta.

Evidentemente, essas conversas de qualidade tomam tempo. Você passa duas vezes mais tempo escutando o adolescente que falando com ele. Os benefícios, porém, são enormes. O adolescente se sente respeitado, compreendido e amado — o sonho de todos os pais. Mas esse sonho não se torna realidade ao simplesmente continuar como sempre. É preciso aprender novas formas de comunicação mais apropriadas para o período de desenvolvimento da adolescência.

Aprenda a conversar

Falar é parte importante do diálogo significativo com o adolescente. No entanto, o modo como você fala é crucial. A conversa eficaz focaliza a troca de ideias, sentimentos e desejos, e não condena o que o adolescente sente, deseja e pensa. Os pais criam um relacionamento hostil quando começam a conversa condenando as ideias do adolescente. É muito melhor usar uma abordagem positiva para expressar perspectivas, ideias, sentimentos e desejos.

Declarações com "eu"

A maneira mais fácil de aprender essa abordagem é começar frases com "eu" em vez de "você". "*Eu* penso... *Eu* sinto... *Eu* quero..." Essas declarações revelam ao adolescente o que se passa dentro de você. Em contrapartida, "*Você* está errado", "*Você* não entende", "*Você* está entendendo mal a situação", "*Você* não está sendo racional", "*Você* está dificultando minha vida" são afirmações que comunicam culpa e acusação. Quase sempre resultam em discussões explosivas ou em retraimento e depressão, dependendo da personalidade do adolescente.

Frases que começam com "você" interrompem o fluxo do diálogo, enquanto frases que começam com "eu" abrem caminho para sua continuidade. Pode demorar algum tempo para aprender esse novo modo de falar. Se perceber que está começando suas frases com "você", pare. Diga ao adolescente que está buscando uma nova forma de falar. Reformule a frase de modo a iniciá-la com "eu".

Por exemplo, se você se pegar dizendo: "*Você* me deixa zangado quando", pare e diga: "Deixe-me tentar de novo. *Eu* fico zangado quando". Então diga: "Você entendeu por que estou tentando aprender uma nova maneira de me comunicar? Não quero condená-lo. Quero entendê-lo e, ao mesmo tempo, quero que você entenda meus sentimentos e pensamentos".

A maioria dos jovens dará valor ao esforço dos pais para aprender novas maneiras de se comunicar.

Ensine em vez de passar sermão

Outro princípio importante ao conversar com o adolescente é ensinar em vez de passar sermão. Cresci na zona rural do sul dos Estados Unidos, onde professores e pastores eram extremamente respeitados. A diferença entre os dois não estava no conteúdo, pois secular e sagrado andavam juntos, até mesmo na escola. Também não estava no local. É verdade que o pastor pregava na igreja e o professor ensinava na escola, mas também é verdade que o professor normalmente ensinava na igreja e o pastor algumas vezes pregava na escola. A diferença estava no modo de transmitir as informações. O pregador era mais enfático; algumas vezes falava mais alto, outras vezes baixava o tom de voz. Também chorava, ou ria, sempre de forma intensa e dogmática. O professor, por sua vez, usava um tom mais próximo do diálogo, ensinando o conteúdo com naturalidade. Empolgava-se com o conteúdo, mas nunca de modo muito evidente. Os pais de adolescentes que desejam se comunicar de modo eficaz devem imitar o professor em vez do pastor.

Quando os pais falam em voz alta e/ou usam gestos teatrais, normalmente forçam o adolescente a buscar conselhos em outro lugar. Em contrapartida, aqueles que aprendem a trocar ideias de maneira calma e arrazoada têm filhos que lhes pedem conselhos com frequência. Não quero dizer que os pais não possam ser dogmáticos sobre convicções profundas. Antes, o dogmatismo deve ser moderado por abertura para a opinião dos outros, especialmente de seu filho. "Vou lhe explicar quais são minhas convicções a respeito desse assunto e por que acredito que estão corretas. Depois você me diz o que pensa, pois tenho interesse em ouvir suas observações." Essa estratégia permite aos pais expressar fortes convicções, mas também facilita para o adolescente compartilhar as ideias dele, mesmo que sejam divergentes. Os pais devem buscar promover esse tipo de ambiente.

Lembre-se de que os adolescentes estão começando a pensar de forma abstrata e em sequência lógica. Estão avaliando as crenças com as quais cresceram e definindo seu próprio sistema de valores. Os pais que desejam influenciar esse processo precisam aprender a ser professores, e não pregadores. Desenvolva a arte de fazer perguntas. Quem aprende a perguntar incentiva o filho a falar. Não me refiro a um interrogatório, do tipo: "Aonde você foi? Quanto tempo ficou lá? Com quem estava?". Refiro-me a perguntas que o levem a expressar sua opinião. Por exemplo: "Como você acha que a maioria dos adolescentes reagiu quando aqueles alunos da universidade fizeram o protesto contra o governo semana passada?". Escute com atenção e ouvirá não apenas a opinião do adolescente sobre outros jovens, mas também o que ele pensa sobre o assunto. O interesse legítimo pela opinião do adolescente, expresso por meio de perguntas refletidas, também pode levá-lo a pedir sua opinião. Perguntas não geram apenas respostas, mas também outras perguntas.

Apresente motivos

Outra sugestão para conversar com os adolescentes é substituir "Porque eu estou mandando" por "Deixe-me explicar o motivo". Adolescentes querem saber os motivos. Estão desenvolvendo a capacidade de raciocínio e reagem de modo positivo a pessoas que têm motivos lógicos para suas convicções ou opiniões. Os pais que usam somente autoridade, sem expressar os motivos, interrompem o fluxo do diálogo solidário com os filhos. Como consequência, os filhos se sentem rejeitados pelos pais, e o tanque de amor permanece vazio.

> Em vez de dizer "Porque eu estou mandando", diga "Deixe-me explicar o motivo".

Os pais que aprendem a arte de ouvir e falar de modo proveitoso comunicam amor com mais eficácia em nível emocional. Conversas de qualidade são uma das melhores maneiras de demonstrar esse tipo de amor.

Atividades de qualidade

Adolescentes geralmente são ativos. Muitas das melhores conversas de qualidade acontecem junto com uma atividade. Algumas dessas atividades fazem parte do ritmo normal da vida: escola, esportes, música, dança, teatro, vida na comunidade e na igreja. Adolescentes podem atuar em todos esses âmbitos.

Pais que desejam usufruir tempo de qualidade com os filhos descobrirão que essas atividades geram muitas oportunidades. No caso dos adolescentes mais jovens, é possível que os pais gastem tempo levando-os para as atividades. Essas horas de transporte não precisam ser cheias de discussões, desde que os pais sigam as oito diretrizes apresentadas acima para falar e ouvir. Muitas vezes, os próprios eventos oferecem oportunidades de ter tempo de qualidade com o adolescente. Entender que você está ali para vê-lo participar, que você se interessa pelas atividades dele e que nada é mais importante para você naquela tarde que o evento dele tem um forte impacto positivo.

Uma garota de 14 anos comentou: "Meu pai sempre assiste às minhas apresentações. Ele não é músico, mas me incentiva. É muito legal". Outra adolescente, que tocava na mesma orquestra, declarou: "Sei que meu pai me ama, mas nunca deixa de trabalhar para assistir às minhas apresentações. Sempre arranja tempo para jogar futebol com os amigos, mas nunca tem tempo para mim". A segunda adolescente acredita apenas intelectualmente que o pai a ama, mas está vivendo com o tanque de amor emocional vazio.

Os adolescentes sabem que dedicar seu tempo para assistir a uma das atividades deles é dedicar uma parte de sua vida, e esse fato comunica amor de forma profunda. Em contrapartida, quando os pais não reservam tempo para assistir às atividades das quais os filhos participam, a mensagem é: "Você não é tão importante quanto as outras coisas que tenho para fazer".

Adolescentes conseguem lidar melhor com os desafios normais dessa fase de desenvolvimento quando os pais se envolvem com seu dia a dia. O interessante é que, quando pesquisadores perguntaram a 5 mil adultos o que menos gostavam nos pais quando eram adolescentes, a resposta em primeiro lugar foi: "Eles não estavam envolvidos com minha vida".[2] A verdade é que os jovens desejam o envolvimento dos pais. Essa participação não apenas cria memórias para o futuro, mas aprofunda os laços de amor no presente. Ajudá-los na lição de casa, assistir a suas apresentações, levá-los ao *shopping* e fazer compras juntos são oportunidades de ter tempo de qualidade com eles. Esse envolvimento dos pais lhes diz: "Seus interesses são importantes para mim".

O ambiente certo

Os pais também precisam aprender a criar ambientes para ter tempo de qualidade com os adolescentes ao planejar e realizar atividades fora da rotina semanal. Isso requer tempo, esforço e, por vezes, dinheiro, mas os benefícios são imensos. Acampamentos, caminhadas, passeios de barco, pescaria, assistir a um evento esportivo, musical ou teatral em outra cidade, ou visitar museus e lugares históricos são apenas algumas das maneiras de dedicar tempo de qualidade a seu adolescente.

Escolha atividades das quais seu adolescente goste

A chave para criar bons ambientes é observar os interesses de seu filho. Planejar uma viagem baseada em seus próprios interesses, sem levar em consideração os dos filhos, provavelmente resultará em uma experiência negativa. Descubra o que o adolescente gosta de fazer e seja criativo ao planejar coisas que o motivem a passar bons momentos com você.

Lembro quando nosso filho Derek, então com 17 anos, começou a escutar as músicas de Buddy Holly, um cantor da década de 1950 que morreu ainda jovem em um acidente de avião. Fui à biblioteca e li tudo o que consegui encontrar sobre a vida de Holly. Também li as letras de todas as suas músicas. Mais tarde, puxei assunto com Derek sobre essas letras. Ele ficou surpreso de eu as conhecer. Tempos depois, quando agendei um curso para casais em Fort Worth, Texas, perguntei a Derek se gostaria de ir comigo. E acrescentei: "Depois do curso, vamos de carro para Lubbock, conhecer a terra de Buddy Holly". Nunca esquecerei o olhar dele quando respondeu: “Sério, pai? Vai ser o máximo”. (Eu não tinha ideia de como Fort Worth era longe de Lubbock. Tivemos tempo de qualidade de sobra.)

Atravessando todo o oeste do Texas, falamos sobre o que esperávamos encontrar em Lubbock. Conversamos também sobre a vida de Derek e suas perspectivas para o futuro. Vimos torres de poços de petróleo, cercas de arame farpado, a ferrovia e a vegetação típica de deserto. Mas a tônica da viagem foi a conversa.

Quando chegamos a Lubbock, fomos ao centro turístico e recebemos quatro páginas de informações sobre Buddy Holly. Visitamos o lugar onde o cantor havia nascido (na verdade a casa não estava mais lá; mesmo assim, tiramos uma foto do terreno). Fomos à estação de rádio que tocou suas primeiras canções. Funcionários de lá nos convidaram para entrar e nos mostraram o toca-discos usado para seu primeiro álbum. Também conhecemos a casa em que ele morou quando gravou o primeiro disco. Tirei uma foto de Derek na frente dela. A dona da casa saiu e nos cumprimentou. Explicamos o que estávamos fazendo, e ela respondeu que já estava acostumada. Em seguida, passamos em frente ao clube em que Buddy Holly fez sua primeira apresentação. (Hoje em dia é uma revendedora de carros usados, mas a velha placa enferrujada do “Cotton Club” continua lá.) Fomos à escola em que estudou e tirei outra foto de Derek junto ao prédio com tijolos beges. Também visitamos a pequena igreja batista em que ele se casou e onde foi seu funeral. O pai do coordenador do grupo de jovens era o pastor na época em que Buddy estava vivo, e o coordenador nos contou detalhes do casamento e do funeral do cantor.

Por fim, fomos quase até o fim da cidade para visitar a sepultura de Buddy. Vimos a pedra de mármore e a guitarra de bronze. Saí de perto para deixar que Derek tivesse um tempo a sós. Então, voltamos lentamente para o carro e fomos embora. Depois de sairmos de Lubbock, conversamos sobre Buddy

Holly. O que teria acontecido se não houvesse morrido tão jovem naquele acidente? Quais eram as crenças religiosas dele? Visto que algumas pessoas morrem ainda jovens, o que é verdadeiramente importante na vida? Conversamos ao longo de todo o caminho de volta para Fort Worth. Foi uma experiência de tempo de qualidade inesquecível para nós dois.

Imagine nossa surpresa anos depois quando tivemos outra oportunidade de tempo de qualidade, dessa vez em Londres, onde assistimos ao musical "Buddy". Todos os atores eram ingleses, mas falavam com sotaque do Texas. Foi incrível! Ainda me lembro de quando, mais tarde, Derek começou a escutar Bruce Springsteen. Não vou contar todos os detalhes, mas fomos até a cidade de Freeport, em New Jersey, para conhecer a terra natal de Bruce.

Crie um ambiente adequado para o tempo de qualidade

Na tentativa de aproveitar as oportunidades geradas pelos interesses de Derek, planejei uma viagem por ano para fazer com ele durante sua adolescência. Recomendo essa abordagem como meio eficaz de criar um ambiente propício para ter tempo de qualidade. Até hoje Derek se lembra de nossas viagens. Estaremos sempre unidos por essas lembranças, resultantes de experiências baseadas em tempo de qualidade durante o qual construímos memórias.

Quero incentivá-lo a pensar em formas de viver experiências de tempo de qualidade com seu adolescente. Não precisa ser algo tão dispendioso ou demorado, como ir a Londres, Lubbock ou Freeport. Pode ser algo rápido e barato como viajar cinquenta quilômetros para fazer algo do interesse de seu filho. Essas atividades planejadas criam situações para falar a linguagem do amor do tempo de qualidade. Mesmo que essa não seja a principal linguagem do amor dele, você terá oportunidade de conhecê-lo melhor, formar lembranças significativas e duradouras e mostrar para seu filho que o ama.

"Meu adolescente não quer falar"

Uma reclamação comum quando o filho entra na adolescência é a de que ele para de falar. "Meu filho se recusa a dialogar. De que adianta tentar uma conversa de qualidade?" É verdade que os adolescentes precisam de mais privacidade que as crianças. Ter pensamentos e sentimentos diferentes dos pais faz parte do processo de desenvolver independência. Algumas vezes, não querem falar sobre um assunto porque desejam resolver a questão sozinhos. Nessas ocasiões, é melhor não forçá-los a falar. O importante é mostrar que estamos disponíveis se quiserem conversar.

Por vezes, os filhos não querem falar com os pais porque, quando tentaram em ocasiões anteriores, sentiram-se humilhados ou rejeitados. Como pais, devemos ficar atentos para o que dizemos e para o modo como dizemos. O adolescente volta para casa desanimado porque não se saiu bem em um trabalho na escola. Quando ele começa a contar o que aconteceu, você diz: "O que você fez de errado desta vez?". A conversa acaba e ele se afasta, sentindo-se incompreendido.

Algumas vezes, os pais usam frases feitas, sem verdadeiro sentido: "Não fique desse jeito. Na semana que vem você nem se lembrará do que aconteceu hoje". Em outras ocasiões, nos apressamos em dar conselhos: "Ficar emburrado não vai adiantar nada. Por que você não vai jogar futebol ou fazer alguma outra coisa?".

Essas reações impedem o fluxo de comunicação. Revelam uma atitude de superioridade e não expressam interesse algum por aquilo que o adolescente está sentindo naquele momento. Alguns adolescentes não falam porque sabem o tipo de resposta que receberão. Por que se dar o trabalho?

Como pais, podemos ajudar a abrir as portas da comunicação se formos sensíveis aos estados de humor do adolescente. "Parece que você teve um dia difícil hoje. Quer conversar sobre o assunto?" Esse é um convite que muitos adolescentes aceitam. "Você parece animada hoje. Aconteceu alguma coisa boa?" Esse comentário incentivará a filha adolescente a conversar. Escutar com empatia (como vimos anteriormente) e usar perguntas que não tenham um tom ameaçador são práticas que deixam o adolescente mais à vontade para falar. Lembre-se de que seu filho não tem a obrigação de compartilhar todos os sentimentos e pensamentos dele. Algumas vezes, será uma escolha dele. Tentar obrigá-lo a falar nessas ocasiões é negar sua individualidade e independência. Apenas diga que está à disposição para conversar se ele quiser.

Às vezes, os adolescentes estão dispostos a falar, mas não na hora que os pais preferem. Pode acontecer de quererem conversar quando é conveniente para eles, talvez tarde da noite, na privacidade do quarto ou na cozinha, depois que todo o restante da família foi dormir. Pais atentos e sensíveis aproveitam essas oportunidades quando elas surgem. Duas horas a mais de sono não farão grande diferença para os pais, mas duas horas de tempo de qualidade com o filho podem ajudá-lo a ir dormir sentindo-se amado, e não sozinho e rejeitado.

"Meu adolescente não quer minha companhia"

Reconheça a necessidade de amigos

Outra queixa dos pais que procuram ter tempo de qualidade é: "Meu adolescente não quer minha companhia".

Claro que, na adolescência, seu filho desenvolverá relacionamentos com pessoas de fora da família. Os sociólogos chamam isso de "turma" do adolescente. O dr. Eastwood Atwater define a "turma" como "pessoas que tratam umas às outras como iguais por causa da idade, série em que estudam ou outro divisor especifico".[3] De acordo com ele, as turmas têm quatro papéis essenciais na vida do adolescente:

1. Ajudam na transição para a vida adulta ao lhe proporcionar apoio social e emocional.

2. Fornecem modelos que o adolescente pode usar para avaliar seus próprios comportamentos e suas experiências.
3. Dão ao adolescente a oportunidade de desenvolver relacionamentos interpessoais e aptidões sociais.
4. Fornecem um contexto em que ele pode desenvolver seu senso de identidade própria.[4]

Sair com alguns amigos depois do culto, da aula ou de outras atividades, ir ao cinema ou ao *shopping*, passar a noite na casa um do outro, conversar por telefone ou mensagem de texto são atividades que se tornam mais frequentes à medida que a criança entra na adolescência. "A turma recém-descoberta ajuda a satisfazer a necessidade de companhia e diversão, além de dar apoio emocional, entendimento e intimidade", comenta o conselheiro Gary Smalley. "Eles ainda precisam receber tudo isso da família e de outros adultos, mas é fundamental para seu desenvolvimento que tenham essas interações com os amigos."[5]

Muitas vezes, os pais interpretam equivocadamente o maior interesse do filho pelos amigos como desinteresse pela família. Partem do pressuposto de que o garoto de 15 anos não vai querer acampar com o pai, fazer compras com a mãe ou participar de um piquenique com a família. No entanto, pesquisas mostram que a maioria dos adolescentes gostaria de passar mais tempo (e não menos) com os pais.[6]

Consulte o adolescente quando fizer planos

Parte do problema é que, algumas vezes, os pais planejam atividades sem incluir o adolescente nesse planejamento. Consequentemente, ele já tem algo divertido para fazer com a turma e não quer sair com a família. Os pais interpretam isso como rejeição ou falta de vontade de ficar com a família. Mas, se tivessem reconhecido que o adolescente é uma pessoa (alguém com independência e identidade própria) e o tivessem consultado antes de fazer os planos, talvez ele tivesse interesse em acompanhar a família. Quando tratamos nossos adolescentes como crianças e fazemos planos para eles, em vez de os tratarmos como pessoas que estão se tornando independentes, temos a impressão de que eles não querem estar com a família.

Brandon, 17 anos, comentou: "Meus pais dizem que estão magoados porque não quero ir com eles nas viagens que planejam. O problema é que nunca perguntam como está minha agenda. Fazem planos e avisam um dia antes. A essa altura, combinei algo com os amigos, e meus pais ficam chateados porque não quero desistir de meus compromissos para ir com eles".

Leve em consideração os interesses dos adolescentes

Outro motivo pelo qual o adolescente por vezes não se envolve nas atividades é que os pais não levam os interesses dele em consideração. Que mãe ou pai nunca passou pela seguinte experiência?

— Vamos visitar o tio Bob e a tia Clara no sábado e gostaríamos que você fosse conosco — diz a mãe. O adolescente responde:

— Não quero ir.

— Por quê?

— É muito chato lá. Não tem nada pra fazer.

— Você pode conversar com seu primo.

— Mãe, ele ainda é criança. Eu já sou adolescente. Não é mais a mesma coisa.

Se os pais estiverem cientes dos interesses do adolescente, podem planejar uma atividade nessa visita que a torne mais atraente para ele. Não estou dizendo que os adolescentes nunca devem ser obrigados a acompanhar a família para visitar os parentes. Mas creio que, se esse tipo de visita for imposta, não se pode esperar que seja tempo de qualidade para vocês e para ele. Seria melhor pensar nos interesses e na agenda do adolescente e planejar atividades que tenham valor para todos.

O QUE DIZEM OS ADOLESCENTES

Permita-me repetir o que já disse no começo deste capítulo. A linguagem do amor do tempo de qualidade é muito mais difícil de ser expressa que palavras de afirmação ou toque físico. Mas tempo de qualidade é uma das cinco linguagens do amor. Para alguns adolescentes, é sua principal linguagem do amor. Sem tempo de qualidade com os pais, esses adolescentes não se sentirão amados, mesmo que os pais falem outras linguagens do amor. É essencial que os pais reservem tempo para lhes proporcionar atenção total. Veja o que dizem adolescentes cuja principal linguagem do amor é tempo de qualidade.

Marissa, 14 anos, está aprendendo a pescar: "Adoro quando meu pai me leva para pescar. Para dizer a verdade, não gosto daquelas coisas fedorentas. Mas gosto de estar com o papai. Conversamos sobre um monte de assuntos, e adoro acordar cedo. É o melhor tempo que passo com ele".

Mônica, 14 anos, mora com a mãe e tem pouco contato com o pai: "O que mais gosto em minha mãe é que podemos conversar sobre tudo. Não temos segredos. Sinto-me bem próxima dela. Ela me ajudou a enfrentar uma porção de problemas. Sei que sempre posso dizer o que está me chateando e que ela me ajudará".

Jennifer, 18 anos, está se preparando para começar a faculdade no próximo semestre: "Vou estudar em outra cidade. Acho que a coisa da qual vou sentir mais falta é das conversas com meus pais. Às vezes, temos longas conversas tarde da noite. Sei que posso sempre contar com eles. Poderemos conversar por telefone quando eu for para a faculdade, mas não será exatamente a mesma coisa".

Se a linguagem do amor de seu filho for TEMPO DE QUALIDADE:

O maior compromisso de demonstrar amor a um adolescente que deseja tempo de qualidade é o compromisso de mudar sua agenda pessoal. Às vezes, é suficiente conversar no carro depois da escola ou do treino esportivo, mas aqui estão várias outras ideias criativas para que vocês passem tempo juntos.

- Faça perguntas específicas a respeito do dia de seu adolescente que não possam ser respondidas apenas com "sim" ou "não".
- Pare o que você estiver fazendo para olhar seu filho nos olhos enquanto ele conta algo importante.
- Peça a seu adolescente que use o telefone para fazer vídeos de acontecimentos importantes. Depois, assistam aos vídeos juntos para ver as lembranças que ele registrou.
- Pergunte a seu filho quais são alguns lugares que ele gostaria de visitar e por que gostaria de conhecê-los. Depois, surpreenda-o ao deixar que ele escolha um desses lugares ou ao planejar com bastante antecedência uma visita a um deles.
- Desligue seu programa de televisão para assistir com seu adolescente ao programa de que ele mais gosta.
- Se seu adolescente já dirige, façam uma viagem juntos a um lugar que ele escolher.
- Preparem juntos algo para um lanche, por exemplo, biscoitos ou bolo.
- Encontre motivos bobos para dar risada e ria com gosto.
- Prepare um lanche para você e seu adolescente e, enquanto comem, converse sobre o dia dele.
- Se você tem mais de um filho, providencie para que alguém cuide dos outros enquanto você leva seu adolescente à padaria para tomar café da manhã antes de ele ir para a escola ou vá à sorveteria com ele depois da aula.

- Chegue alguns minutos mais cedo para buscar seu filho do treino esportivo ou de outra atividade. Separe tempo para conversarem sobre o envolvimento dele nessa atividade e para conhecer outras pessoas do grupo, como colegas de time, treinadores, professores. Diga ao treinador ou professor que você valoriza o empenho dele.
- Se os membros de sua família têm talento musical, cantem ou toquem instrumentos juntos em casa em vez de assistir televisão. Melhor ainda, criem um "momento musical semanal" e transformem-no em tradição.
- Anote na agenda o tempo que você reservar para seu adolescente e priorize esses compromissos.
- Surpreenda seu adolescente com passagens ou ingressos. Uma viagem para acampar, um jogo de basquete ou um passeio no *shopping* pode resultar em boas lembranças para o resto da vida. Tire fotos dessa atividade para reforçar esse tempo juntos.
- Se possível, leve seu adolescente a seu local de trabalho um dia. Apresente-o a seus colegas, inclua-o em suas reuniões e descreva como é trabalhar na empresa.
- Crie "tradições" com seu adolescente, como tomar sorvete no mesmo lugar cada vez que saem para caminhar juntos ou fazer um lanche em determinado parque.
- Escolha um ou dois jogos de cartas ou de tabuleiro para jogarem juntos com frequência.
- Nas férias em família, priorize o tempo com seu filho em vez de planejar um grande número de atividades separadas para ele.
- Façam caminhadas ou passeios de bicicleta juntos. Procure oportunidades de passar tempo com seu filho que também incluam atividade física.
- Façam refeições em família à mesa. Tornem a hora do jantar uma ocasião especial com muita conversa agradável sobre o dia. Orações em família também podem fortalecer essa prática.
- Não deixe de dar boa noite para seu adolescente. Talvez você não leia mais histórias para ele, mas vocês ainda podem conversar sobre o dia ou orar juntos.

- Faça a lição de casa com ele. Pode ser uma forma de melhorar as notas e criar tempo de qualidade adicional (e, quem sabe, você pode aprender algo novo).
- Plantem algo juntos. Para os adolescentes que gostam de atividades ao ar livre, passar tempo juntos cuidando do jardim, da horta ou do quintal pode criar boas lembranças para o resto da vida.
- Façam juntos álbuns de fotos ou de recortes em papel ou no computador. Enquanto trabalham no álbum, conversem sobre suas recordações conjuntas.

6

Quarta linguagem do amor: Atos de serviço

"A coisa que mais me fez sentir amado na vida foi a maneira como meus pais se empenharam em me ajudar em tudo." Fazia pouco tempo que Mark tinha começado a trabalhar no primeiro emprego de período integral e estava pensando em se casar no futuro próximo. Ao falar da adolescência, começou a se recordar de coisas específicas: "Lembro-me das refeições que minha mãe preparava, mesmo trabalhando fora. E também da vez em que meu pai passou a noite toda me ajudando a estudar para uma prova de matemática. Nas coisas pequenas e grandes, eles faziam o possível para me ajudar".

Agora com 24 anos, Mark continuou a falar de suas memórias: "Hoje entendo melhor do que antes. Mesmo naquela época, porém, sabia que estavam se esforçando para me ajudar e sempre valorizei isso. Espero que, um dia, consiga fazer o mesmo por meus filhos". Mark descreveu pais que souberam falar bem a linguagem do amor de atos de serviço.

Criar filhos é uma vocação que requer serviço. No dia em que você decide ter um filho, assume um contrato de serviço de longo prazo. Quando o filho se tornar adolescente, fará treze anos que você estará falando essa linguagem do amor. Se você quer se sentir bem a respeito de si mesmo, separe alguns minutos para calcular o número de fraldas que trocou, refeições que preparou, roupas que lavou, dobrou e/ou passou, curativos que fez, brinquedos que arrumou, lençóis que ajeitou, vezes que lavou e penteou cabelos etc. Por favor, não mostre essa lista ao adolescente. Mas, na privacidade de seu quarto, leia-a em voz alta, principalmente naqueles dias em que estiver se sentindo um fracasso como mãe ou pai. Essa lista é evidência palpável e irrefutável de que você ama seu filho.

Agora que ele se tornou adolescente, é preciso aprender alguns dialetos novos se deseja falar de modo eficaz a linguagem do amor dos atos de serviço. Não existem mais fraldas para trocar, mas há vários botões para pregar, vestidos para consertar, refeições para preparar, pneus de bicicletas para encher, camisetas para lavar e passar, uniformes para alvejar, além de se preparar para bancar o motorista do "táxi particular" dos filhos (pelo menos até que tenham idade para dirigir), e assim por diante.

A poderosa linguagem do serviço

Todo esse trabalho árduo parece mais nobre quando você entende que atos de serviço são expressões fortes de amor emocional por seu adolescente. Alguns pais realizam atos de serviço de modo rotineiro, por senso de dever. De tão preocupados com as árvores, não enxergam a floresta. Minha esperança é que, nas páginas seguintes, possamos remover a névoa da trivialidade para vislumbrar o sol do verdadeiro amor e dar mais clareza para a educação de seu filho.

A história está repleta de exemplos de homens e mulheres que aprenderam a falar a linguagem do amor conhecida como atos de serviço. Quem nunca ouviu falar da Madre Teresa? O nome dela é sinônimo de atos de serviço. Na África, havia Albert Schweitzer e, na Índia, Mahatma Gandhi. A maioria das pessoas que estuda com atenção a vida de Jesus de Nazaré, o fundador do cristianismo no primeiro século, concorda que a vida dele pode ser resumida no simples ato de lavar os pés dos apóstolos. Ele disse que não veio para ser servido, mas para servir e

> A verdadeira grandeza é expressa por meio do serviço.

dar sua vida em resgate por muitos.[1] E instruiu seus seguidores: "Quem quiser ser o líder entre vocês, que seja servo".[2]

A verdadeira grandeza é expressa por meio do serviço. Atos de serviço prestados espontaneamente pelos pais para os adolescentes são expressões autênticas de amor emocional.

Serviço prestado voluntariamente

Uma vez que servir o filho é algo que se estende por tantos anos e divide espaço com tantas outras obrigações, é fácil os pais esquecerem que as pequenas coisas rotineiras são expressões de amor que terão efeito no longo prazo.

Servir com amor não é ser escravo. O serviço escravo é algo imposto e feito com relutância. O serviço amoroso é o desejo interiormente motivado de dedicar sua energia a outros. É um presente, não uma necessidade, e é realizado de modo voluntário, não por imposição. Quando os pais servem aos filhos com espírito de amargura e ressentimento, as necessidades físicas dos adolescentes podem ser supridas, mas o desenvolvimento emocional será seriamente prejudicado.

Uma vez que o serviço é uma ocorrência diária, até mesmo os melhores pais precisam fazer uma pausa para refletir sobre as próprias atitudes de vez em quando e ter certeza de que os atos de serviço estão comunicando amor. Lembro-me de um garoto que comentou: "Meu pai me ajuda a fazer a lição de casa só quando insisto. Ele me deixa com a sensação de culpa e faz parecer que não mereço sua ajuda. Normalmente nem peço".

Esse ato de serviço do pai não comunica amor. As mães também podem demonstrar pouco amor no que fazem. "Gostaria que minha mãe me ajudasse nos trabalhos da escola, mas ela parece estar sempre ocupada demais", disse Julie, que está no primeiro ano do ensino médio. "Quando lhe peço alguma coisa, tenho impressão de que ela atende só para que eu não a incomode mais." Para que os atos de serviço dos pais sejam entendidos como amor pelo adolescente, devem ser realizados espontaneamente, de boa vontade.

Manipulação não é amor

É possível usar atos de serviço para manipular o adolescente. "Levo você ao *shopping* para sair com seus amigos se você limpar o quarto." Essa é uma tentativa de fazer uma negociação, uma espécie de contrato: "Eu faço... se você fizer...". Não estou dizendo que nunca devemos definir condições para os adolescentes, mas não podemos considerar isso uma expressão de amor emocional. Levar um adolescente ao *shopping* como pagamento por serviços prestados (ele limpou o quarto) é uma estratégia para que o adolescente faça algo que você deseja, mas não é uma expressão de amor.

Atos de serviço que sempre exigem algo em troca são manipulação. E manipulação nunca é uma expressão de amor. O amor não pode ser conquistado. É um presente expresso voluntariamente. Devemos amar os adolescentes de forma incondicional. Talvez não estejamos contentes com todos os seus comportamentos. Mesmo assim, podemos continuar a falar a linguagem do amor dos atos de serviço. Na verdade, o adolescente se sentirá mais profundamente amado quando perceber que seu amor por ele é incondicional.

A estratégia de tentar mudar o comportamento do adolescente com a promessa de dar algo em troca é chamada *modificação de comportamento*. Consiste em recompensar aquilo que os pais consideram um bom comportamento com algo que o adolescente deseja ou deixar de fazer algo quando o comportamento não for satisfatório. Esse método de educação era comum na década de 1970, mas, em minha opinião, não é uma forma saudável de educar uma criança, e certamente não é a melhor maneira de se relacionar com adolescentes.

Não estou dizendo que as modificações de comportamento nunca devam ser usadas como forma de educar. Elas podem ser úteis principalmente para quebrar padrões arraigados de comportamento que os pais consideram irresponsáveis. Algumas vezes, a recompensa oferecida será suficiente para motivar o adolescente a modificar um comportamento que ele não se sentiria motivado a mudar por si mesmo. Infelizmente, essas mudanças nem sempre são permanentes, a não ser que você continue a recompensá-lo. (Falaremos mais sobre isso ao tratarmos de amor e responsabilidade.)

Em contrapartida, os pais precisam ficar atentos para o fato de que, algumas vezes, o adolescente também tentará manipulá-los por meio dos atos de serviço. Se o adolescente deseja algo, talvez se ofereça para fazer alguma coisa que lhe foi pedida no passado. Bradley, 16 anos, disse: "Se quero que minha mãe faça alguma coisa por mim, só preciso arrumar meu quarto. Depois disso, ela faz qualquer coisa que eu pedir". Bradley aprendeu a manipular a mãe. Se ela considerar que atender ao pedido do filho será benéfico para ele, é possível que concorde com esse contrato. Mas os pais nunca devem concordar com algo que lhes parece imprudente só porque o adolescente concordou em fazer o que eles desejam.

Alguns adolescentes são mestres na arte da manipulação. "Se você me ama..." é a declaração máxima de manipulação deles. O filho usa o desejo dos pais de lhe dar uma boa educação como meio para conseguir que façam o que ele quer. A melhor resposta que os pais podem dar é: "Eu o amo tanto que não vou fazer algo que, em minha opinião, será prejudicial para você, não importa o quanto você queira". Manipulação não tem nada a ver com amor e tudo a ver com controle. Não é uma boa abordagem para o relacionamento entre pais e filhos.

Amor recíproco

Seja exemplo e oriente

Os dois maiores desejos de pais atenciosos são amar e ser amados. Queremos que os adolescentes sintam nosso amor para que possam manter o tanque de amor cheio, mas também queremos que aprendam a amar outros. Os pais às vezes perguntam: "Se eu continuar a realizar atos de serviço por meu filho, como ele aprenderá a fazer as coisas sozinho e a servir outros?".

A resposta para essa pergunta reside na ideia de *ser exemplo* e *orientar*. Damos exemplo de amor incondicional quando fazemos para o adolescente aquilo que ele gostaria que fizéssemos, desde que seja algo benéfico para ele. No entanto, devemos escolher esses atos de serviço com sabedoria. Caso contrário, criaremos um adolescente dependente, que sabe receber, mas não sabe doar. Por exemplo, preparar uma refeição é um ato de serviço, mas ensinar ao adolescente como preparar essa mesma refeição é um ato de serviço ainda maior. Sem dúvida, é mais fácil preparar uma refeição sozinho que ensinar o adolescente a prepará-la. Mas qual é o ato que demonstra mais amor?

Um bom referencial é usar atos de serviço para coisas que os adolescentes não têm como fazer sozinho. Quando eles eram crianças, você lavava as roupas deles; agora que são adolescentes, você os ensina a lavá-las. Os pais que não aprendem a fazer essa distinção podem, em nome do amor, comprometer o amadurecimento do filho. Isso não significa que você nunca irá lavar as roupas dele, mas significa que nem sempre o fará. Na verdade você irá além, servindo de exemplo e orientando-o até que ele saiba agir de modo independente e maduro.

Oriente da maneira correta

Creio que é proveitoso os pais explicarem verbalmente para os adolescentes o que estão fazendo. Por exemplo, a mãe diz para Patrick, 13 anos: "Agora que é adolescente, quero compartilhar algumas ideias com você. Quando você era menor, eu fazia uma porção de coisas por você porque o amava muito. Preparava todas as suas refeições, lavava suas roupas, limpava seu quarto etc. Poderia continuar a fazer essas coisas todas até você terminar o ensino médio, mas não creio que seria a melhor forma de expressar amor por você. Continuo a amá-lo muito e, portanto, quero ensiná-lo a fazer tudo isso sozinho. Não quero que termine o ensino médio e depois saia de casa sem saber como se virar por conta própria".

Ela continua: "Fiz uma lista do que decidi lhe ensinar, Patrick. Você pode ler e acrescentar aquilo que gostaria de aprender. Também quero que escolha a sequência de aprendizado. Não vou exigir que vá além dos seus limites, mas, quando estiver pronto, gostaria de começar a ensiná-lo a fazer essas coisas".

A mãe de Patrick lhe explicou como pretende amá-lo por meio de atos de serviço. E ele provavelmente reagirá de forma positiva, pois a mãe o deixou escolher algumas aptidões que deseja adquirir e a sequência em que deseja aprender. Patrick e seu pai podem fazer uma lista parecida de coisas que o pai gostaria de ensinar e daquilo que Patrick gostaria de aprender com ele.

O adolescente cujos pais usam essa abordagem é afortunado. Não apenas se sentirá amado pelos pais, mas também se tornará um adulto responsável, que sabe cuidar de si mesmo e sabe amar os outros por meio de atos de serviço.

Com essa abordagem, os pais não apenas falam a linguagem do amor de atos de serviço, mas também orientam o adolescente de modo que adquira as aptidões necessárias para servir outros de modo eficaz. Essa orientação requer ensino (instrução por meio de palavras) e treinamento (aprender ao fazer). Pais que usam esse método dão instruções verbais a respeito de determinada aptidão. Em seguida, mostram como o procedimento deve ser realizado e, por fim, deixam que o adolescente coloque a mão na massa.

Por exemplo, o pai que deseja ensinar o filho a lavar o carro da família e, no futuro, o próprio carro, começa com instruções verbais: "Lembre-se de sempre molhar o carro primeiro para remover partículas de sujeira, pois assim não arranhará a pintura quando ensaboar. Em seguida, comece a esfregar o teto e o capô, depois as laterais, lavando apenas uma parte de cada vez, e enxaguando rapidamente para que o sabão não seque e manche a pintura". Na sequência, o pai mostra o que acabou de dizer e deixa que o adolescente o ajude. Talvez tenham de lavar o carro juntos mais um ou dois finais de semana. Então o pai deixará que o filho lave sozinho. A partir desse dia, poderão lavar o carro juntos, ou o pai lavará sozinho num dia e o filho no outro, dependendo da vontade. Quando o filho lavar o carro sozinho, o pai deve elogiar e expressar gratidão. O adolescente aprendeu não só a lavar o carro, mas também a amar o pai.

Ajude seu adolescente a desenvolver identidade e independência

Na sociedade agitada de hoje, alguns pais não ensinam aos filhos algumas aptidões básicas. Como consequência, muitos jovens só descobrirão depois de casar que nem eles nem seus cônjuges sabem como limpar o banheiro, passar o aspirador, preparar a comida ou lavar a roupa. Não têm aptidões básicas para servir um ao outro. Os pais não os ensinaram a falar a linguagem do amor dos atos de serviço.

> Todo mundo gosta de uma pessoa que serve outros.

É óbvio que a transição da fase em que os pais realizavam todos os serviços para a fase em que ensinarão o adolescente a realizá-los exigirá um bocado de tempo e energia dos pais. No entanto, poucas coisas são mais importantes para o bem-estar emocional e social do adolescente. Se ele aprender a realizar atos de serviço, se sentirá bem consigo mesmo, o que contribuirá para sua identidade própria. À medida que servir pessoas de fora da família, terá um retorno positivo. Todo mundo gosta de uma pessoa que serve outros, o que contribuirá ainda mais para sua identidade própria.

Além disso, depois de adquirir essas aptidões ele será capaz de cuidar de sua própria vida e se sentirá mais independente. Pais que seguem esse caminho contribuem de modo importante para o processo de desenvolvimento do filho. Pais que não seguem esse caminho têm filhos entediados, que não se sentem realizados, sofrem de baixa autoestima e têm dificuldade de se sociabilizar. O amor alimenta os filhos quando são pequenos, mas os ensina a se alimentarem sozinhos quando são adolescentes.

Concentre-se em atos de serviço

Os atos de serviço são a principal linguagem do amor de alguns adolescentes. Quando os pais demonstram amor por meio desses atos, o tanque de amor do adolescente se enche rapidamente. Foi assim com Scott. Quando ele tirou a carteira de habilitação, os pais lhe compraram um carro. No entanto, segundo eles, "Foi a pior coisa que poderíamos ter feito". Seis meses depois Scott estava em meu consultório, pois, se não viesse, os pais tomariam o carro de volta (um perfeito exemplo de manipulação, mas provavelmente a única maneira de Scott vir falar comigo). Os pais de Scott tinham conversado comigo na semana anterior e falado de suas preocupações. Desde que tinha recebido o carro, o filho havia se mostrado totalmente irresponsável. Já havia recebido duas multas por excesso de velocidade e se envolvido em um pequeno acidente.

Os pais consideravam a atitude de Scott "extremamente hostil" em relação a eles. "Agora que tem carro, não quer mais ficar em casa", disse o pai. "Trabalha em uma lanchonete por duas horas todas as tardes só para pagar pelo combustível. Depois, quer passar o resto do dia com os amigos. Come na lanchonete e, portanto, não vê necessidade de jantar em casa. Já ameaçamos tomar o carro, mas não sabemos se é uma boa ideia. Na verdade, não sabemos o que fazer. Por isso viemos pedir orientação." Os pais de Scott são pessoas altamente motivadas. Têm bons empregos, e o garoto é filho único.

Em minhas conversas com Scott ao longo de várias semanas, descobri que ele tinha pouco respeito pelos pais. Ele disse: "Meus pais se preocupam com a carreira deles, mas não se importam comigo". Descobri que o casal não voltava para casa antes das 18h ou 18h30. Antes de Scott ter o carro e o trabalho na lanchonete, normalmente chegava da escola por volta de 15h30, fazia a lição de casa, falava com os amigos ao telefone e usava o computador. Quando os pais chegavam, eles jantavam juntos. "Na maioria das vezes, passavam em algum lugar e pegavam comida pronta. Minha mãe não gosta de cozinhar, e meu pai não sabe fazer nada na cozinha. Depois do jantar, conferiam se eu tinha terminado a lição de casa. Meu pai fazia coisas de trabalho e assistia TV. Minha mãe lia alguns papéis e fazia telefonemas. Normalmente, eu ia para meu quarto e conversava com meus amigos por telefone, mas era um tédio. Não tinha nada para fazer."

Em outras conversas com Scott, descobri que, em várias ocasiões, ele havia pedido aos pais que o ajudassem nas tarefas da escola, mas em sua opinião "eles nunca tinham tempo". Comentou: "Quando tinha 13 anos, pedi a meu pai que me ensinasse esqui aquático, mas ele disse que era muito perigoso e que eu era jovem demais. Quando quis aprender a tocar violão, ele me disse que eu não tinha jeito para música e que seria jogar dinheiro fora. Também pedi a minha mãe que me ensinasse a cozinhar; ela concordou, mas nunca rolou".

Ficou evidente para mim que Scott se sentia traído pelos pais. Tinham provido comida, casa e roupas, mas não haviam suprido a necessidade profunda de atenção e amor emocional. Tudo indicava que os atos de serviço eram a principal linguagem do amor dele. Mas os pais nunca tinham aprendido a falar seu dialeto. Haviam suprido as necessidades físicas básicas do filho, mas não tinham sido sensíveis aos interesses dele, e se esforçaram pouco para desenvolver as aptidões necessárias para levar adiante esses interesses. Como resultado, Scott sentia-se rejeitado e pensava que não era amado. O comportamento dele era um simples reflexo dessas emoções.

Gostaria de dizer que as coisas mudaram de imediato entre Scott e os pais. Mas, antes de isso acontecer, elas pioraram muito. Compartilhei com os pais de Scott minhas opiniões, e creio que entenderam e fizeram um esforço sincero para tentar se aproximar do filho. No início, porém, ele não reagiu da forma desejada. Quase todos os esforços dos pais eram rejeitados. A atitude de Scott parecia indicar que estavam fazendo muito pouco e tarde demais.

Passou-se um ano inteiro antes que mudanças significativas acontecessem. Visitei Scott no hospital, depois de um acidente de carro no qual quebrou o quadril e uma perna e machucou o tornozelo. Durante a recuperação, por fim ele se reaproximou emocionalmente dos pais. Eles pediram perdão por não terem suprido as necessidades dele no passado, e Scott admitiu que os havia deixado de fora de sua vida porque tinha se sentido rejeitado.

Depois dessa restauração dos vínculos emocionais, as coisas melhoraram consideravelmente. Enquanto Scott ficou engessado, os pais tiveram muitas oportunidades de expressar amor por meio de atos de serviço. O mais importante, porém, foi terem descoberto quais eram os interesses do filho naquele momento e terem tomado providências para ajudá-lo a desenvolver esses interesses. Ele passou por grande sofrimento físico, mas também redescobriu verdadeira proximidade emocional com os pais. Ficou em casa durante os dois anos seguintes, estudando em uma faculdade na própria cidade, o que também deu aos pais inúmeras oportunidades de demonstrar afeto por meio de atos de serviço.

Eles se envolveram com os estudos do filho. Ele e o pai passaram vários fins de semana juntos no lago. Scott não estava mais interessado em esqui aquático, mas aprendeu a pilotar o barco do pai e se tornou craque no *jet ski*. Na faculdade, seus interesses se ampliaram, e os pais aproveitaram todas as oportunidades de servir o filho ao ajudá-lo a explorar esses interesses. Hoje Scott tem 27 anos, é casado e fala a linguagem de atos de serviço com seu filho.

Os pais de Scott, como muitos pais, eram sinceros. Amavam o filho imensamente, mas não tinham conseguido descobrir qual era a principal linguagem do amor dele nem a tinham aprendido. Quando finalmente entenderam isso, tentaram usá-la, mas Scott não reagiu de imediato. Essa é uma ocorrência normal quando o adolescente se sentiu sozinho e rejeitado por muito tempo. No entanto, os pais não devem desistir. Se forem insistentes em falar a principal linguagem do amor do adolescente, mais cedo ou mais tarde esse amor ultrapassará a barreira da dor emocional do filho e permitirá que restaurem os vínculos emocionais.

O que dizem os adolescentes

Essa restauração dos vínculos será o início da mudança de relacionamento, principalmente quando seguida de esforços contínuos para falar a principal linguagem do amor do adolescente. Veja os comentários destes adolescentes para os quais os atos de serviço são a principal linguagem do amor.

Gray, 13 anos, mora com a mãe e a irmã mais nova. O pai saiu de casa quando Gray tinha 7 anos: "Sei que minha mãe me ama porque lava as minhas roupas, prepara o jantar todas as noites e me ajuda na lição de casa, mesmo quando não peço. Ela trabalha um bocado como enfermeira para termos comida e roupa. Acho que meu pai me ama, mas ele não faz muita coisa para nos ajudar".

Krystal, 14 anos, é a mais velha de quatro filhos: "Sei que meus pais me amam porque fazem uma porção de coisas para mim. Minha mãe me leva aos ensaios das líderes de torcida e a todos os jogos. Meu pai me ajuda nas lições de casa, principalmente matemática, que eu odeio".

Todd, 17 anos, fez serviços de jardinagem nas férias passadas e, pouco tempo atrás, comprou o primeiro carro: "Tenho o melhor pai do mundo. Ele me ensinou a cortar a grama, a começar meu próprio negócio e a ganhar dinheiro para comprar um carro. Na semana passada, me mostrou como trocar as velas do carro".

Kristin, 13 anos: "Sei que minha mãe me ama porque sempre tem tempo para me ensinar algo. Na semana passada, ela me ensinou a fazer tricô. Este ano, eu mesma vou fazer os presentes de Natal para minha família e meus amigos".

Se a linguagem do amor de seu filho for ATOS DE SERVIÇO:

Embora este capítulo trate da necessidade de treinar seu adolescente para que ele cresça e sirva outras pessoas, há muitas ocasiões em que um simples ato de serviço seu pode exercer grande impacto. Eis várias maneiras de expressar amor sem desconsiderar a necessidade de seu adolescente ser responsável.

- Uma forma de reconhecer a personalidade singular de seu adolescente é sair junto com ele para comprar tinta para o quarto dele e ajudá-lo a pintar as paredes.
- Ajude seu adolescente a treinar para a modalidade esportiva que ele pratica. Treinem juntos saques de vôlei, arremessos de basquete, dribles de futebol e assim por diante.
- Ajude-o com uma lição de casa difícil.
- Prepare o lanche predileto de seu filho quando ele estiver tendo um dia difícil.
- Realize uma tarefa doméstica que geralmente seria responsabilidade dele quando ele estiver muito cheio de lições de casa ou na semana de provas na escola.

- De vez em quando, acorde meia hora antes para preparar algo especial para o café da manhã dele (certifique-se de que ele terá tempo de comer o que você preparou!).
- Comece a ensinar a seu filho a importância de servir outros por meio do envolvimento em um grupo da comunidade ou ministério da igreja. Se ele é o do tipo independente, deixe que pesquise oportunidades e escolha um lugar para servir.
- Quando ele estiver atrasado para a aula ou outro compromisso, ajude-o a terminar rapidamente o que precisa ser feito para que chegue a tempo.
- Se ele ficar doente, faça algo para agradá-lo, como assistir juntos ao filme predileto dele ou preparar sua sopa favorita.
- Coloque-o em contato com um amigo ou parente seu que possa ajudá-lo em uma área de interesse, como aulas de dança, aulas de piano ou treino de futebol.
- Tome a firme decisão de sempre servir seu adolescente em determinada área além das expectativas normais (por exemplo, certificar-se de que ele sempre tem lanche para a escola ou fazer a sobremesa predileta dele com frequência).
- Comece uma tradição de "jantar de aniversário" em que você prepara o prato que ele escolher para o aniversário dele.
- Ajude seu adolescente a criar cartões para memorizar a matéria das provas. Trabalhe junto com ele até que esteja seguro de que sabe o conteúdo.
- Se ele telefonar para você no horário de trabalho e estiver passando por uma situação de crise, sacrifique mais tempo que o habitual para ouvir o que ele tem a dizer.

7

Quinta linguagem do amor: Presentes

Certa vez, ministrei um curso para casais em um lugar inesquecível: a base aérea da OTAN, em Geilenkirchen, na Alemanha. A maioria dos soldados passava pelo menos dois anos ali, por isso esposa e filhos moravam com eles na base. Durante o intervalo da tarde no curso, fiquei observando Alex, um garoto de 13 anos que fazia sua lição de casa em uma mesa de piquenique. Parecia um típico adolescente norte-americano, com calças *jeans* e um moletom verde desbotado. Tive a impressão de que ele não se importaria de ser interrompido, portanto me apresentei, e começamos a conversar. A certa altura, comentei sobre a medalha de São Cristóvão que ele usava numa corrente. Ele disse:

— Papai me deu em março, quando completei 13 anos. Disse que quando ele estivesse longe de casa, a trabalho, queria que essa medalha me ajudasse a lembrar dele. Eu a uso o tempo todo.

— Quem foi São Cristóvão? — perguntei.

— Não sem bem. Um santo da igreja que fazia coisas boas — respondeu.

Para Alex, aquela medalha não tinha grande significado religioso. O valor emocional, porém, era incalculável. Era um lembrete constante do amor do pai. Se eu encontrasse Alex dali a trinta anos, é provável que ele ainda estivesse usando aquela medalha em volta do pescoço.

O que faz um presente ser um presente de fato?

Presentes são provas visíveis e tangíveis do amor emocional. É importante entendermos a natureza essencial de um presente. O termo grego de onde se originou a palavra é *charis*, que significa graça ou favor imerecido. Por sua própria natureza, um presente não é algo que o adolescente merece; é ofertado porque os pais desejam mostrar amor incondicional. Alguns pais não entendem isso; pensam que estão presenteando os adolescentes quando, na verdade, estão pagando por um serviço prestado. Quando isso acontece, não estão verdadeiramente falando a linguagem do amor dos presentes.

Por exemplo, Beverly disse a Amanda, sua filha de 15 anos: "Se arrumar seu quarto, assim que acabarmos de jantar vamos ao *shopping* comprar aquele vestido que você quer". Na verdade, Beverly estava tentando manipular Amanda para que fizesse aquilo que ela desejava ou estava tentando fazer um acordo com a filha: "Se você... então eu lhe darei um vestido". Ou talvez estivesse cansada de ser incomodada pelos pedidos insistentes de Amanda por um vestido, e encontrou essa maneira de ceder à pressão da filha e, ao mesmo tempo, levar Amanda a realizar uma tarefa necessária. De qualquer maneira, esse vestido *não* será um presente. Será pagamento pela arrumação do quarto. Beverly definiu essa condição. Pode até pensar que está demonstrando amor por Amanda ao lhe dar o vestido, mas a filha o verá como algo que ela merece, e não como um presente.

Para alguns pais, quase tudo o que chamam de "presentes" são, na verdade, tentativas de manipulação, uma troca por algo que desejam ou um pagamento pelo trabalho do adolescente. A única ocasião em que alguns adolescentes recebem presentes é no Natal e no aniversário. As outras coisas que recebem não são presentes de verdade. Não me entenda mal. Não estou dizendo que os pais nunca devem recompensar os adolescentes por serviços prestados. Estou dizendo que esses pagamentos não devem ser considerados presentes. O adolescente provavelmente poderia fazer um trato semelhante com um desconhecido. Porém, mesmo que os pais lhe ofereçam algo melhor do que ele poderia conseguir na rua, ainda é um trato e não um presente.

Pode ser útil se perguntar: "Qual foi o último presente verdadeiro que dei a meu adolescente?". Quando tiver a resposta em mente, questione: "Pedi algo em troca antes de lhe dar o presente?". Se a resposta for afirmativa, desconsidere-o, pois não foi um presente genuíno. Alguns pais chegarão à conclusão de que o último presente que deram foi no Natal ou no aniversário do filho.

Os adolescentes não são avessos a esse tipo de negociação com os pais. Aliás, muitos deles gostam desse sistema. Já se tornou o meio habitual de conseguirem o que desejam. Se não obtêm algo por insistência verbal, podem consegui-lo por meio da "negociação". Essa é a norma em muitas casas, mas não tem nada a ver com presentear nem com falar a principal linguagem do amor de seu filho.

O presente e a cerimônia

O ato de presentear deve envolver certo grau de cerimônia. Pense em um presente importante que você recebeu no passado. O que era? Quem lhe deu? Como estava embrulhado? Como foi entregue? Foi acompanhado de palavras, toques ou outras expressões de amor? É provável que, quanto mais caprichados foram o pacote e a apresentação, mais amor você sentiu. O propósito de dar presentes não é passar um objeto da mão de uma pessoa para outra. É expressar amor emocional. Queremos que a pessoa sinta lá no fundo que estamos dizendo: "Eu me importo com você. Eu o considero importante e o amo". Essas mensagens emocionais adquirem novo significado quando se dá atenção à cerimônia que acompanha a entrega do presente.

Pais de adolescentes devem se lembrar disso. Quando minimizamos a cerimônia, também diminuímos o poder emocional do presente. Johnny pede um par de tênis. A mãe ou o pai o leva ao *shopping* e compra o calçado. O filho já sai da loja com os tênis nos pés, e tudo acaba por aí. Não houve nenhuma cerimônia. Muitos adolescentes se acostumaram com esse procedimento. Esses presentes comunicam pouquíssimo amor emocional. Se esse for o modo habitual de presentear, criará no adolescente a mentalidade de que ele tem direito aos presentes: "Sou adolescente. Meus pais têm de me dar tudo o que eu quiser". Ele não dará muito valor, e o presente terá pouco significado emocional.

Mas, se o par de tênis é levado para casa, embrulhado de maneira criativa e entregue na presença de outros membros da família, como uma expressão de amor, acompanhado de palavras de afirmação e toque físico, transforma-se numa forte maneira de comunicar amor emocional. Se você costuma dar presentes sem se importar com a cerimônia, sugiro que avise a seu adolescente que decidiu incluir mais celebrações na vida da família e que, no futuro, haverá uma nova maneira de presentear. O adolescente pode rir, ou até ficar irritado com seu esforço para mudar, mas lhe garanto que, muito em breve, começará a ver seus presentes de modo diferente. Também aprenderá a falar a linguagem do amor dos presentes, o que será muito útil quando for adulto.

Presentes e materialismo

Pais sinceros me perguntam com frequência: "Se eu der muitos presentes a meu filho adolescente, não estarei incentivando o espírito de materialismo tão difundido em nossa cultura?". Nossa sociedade é, em grande medida, materialista, e não é preciso procurar muito para encontrar confirmações desse fato.

Tanto adultos como adolescentes estão ocupados colecionando "brinquedos". Se temos o último modelo, o melhor, com a tecnologia mais avançada, somos bem-sucedidos. Enquanto os adultos aumentam a coleção de casas maiores, carros mais caros, eletrodomésticos mais sofisticados e computadores de última geração, adolescentes colecionam carros mais velozes, aparelhos de som mais potentes, roupas de marca e *smartphones* com mais funções, além de adotarem a última moda para provar que são diferentes dos pais. Na verdade, todos nós dançamos conforme a mesma música. Só colecionamos brinquedos diferentes.

Como pais, é prudente perguntarmos: "É isso que desejo ensinar a meu adolescente?". Também devemos perguntar: "É isso que desejo fazer com minha vida? Será que não existe algo mais importante que adquirir brinquedos e brincar com eles?". A maioria dos adultos acredita na existência de algo mais, porém muitos não têm a capacidade de identificar esse elemento transcendente.

A meu ver, a resposta se encontra em dois âmbitos. O primeiro consiste em desfrutar as coisas simples e o segundo, em aprender a compartilhar com outros. Por milhares de anos, homens e mulheres viveram sem esses "brinquedos" que só se tornaram acessíveis após a revolução industrial e tecnológica dos séculos 19 a 21. Sem eles, as pessoas desfrutavam as coisas simples da vida: alimento, sono, trabalho, música, arte e o contato com a natureza. E dividiam essas coisas com outros. Além dos vínculos com a família mais ampla, também havia a ideia de comunidade com as pessoas ao redor. Para muitos, essa ligação também se estendia na direção de Deus. Ele era visto como o Criador e Sustentador de tudo o que existe, a fonte da lei moral que regulava a relação entre os seres humanos.

O materialismo do mundo ocidental começou quando as pessoas passaram a crer que, com seus próprios esforços, conseguiriam alcançar uma utopia. Os avanços industriais e tecnológicos as convenceram de que não precisavam mais de leis, e de que as leis morais não eram divinas e podiam ser alteradas. A razão humana tomou o lugar de Deus, e aquilo que as mãos dos homens confeccionaram se tornou objeto de idolatria. O materialismo é o culto prestado a esses ídolos criados. A desvantagem mais fundamental de adorar ídolos é que, quando mais precisamos deles, não podem fazer coisa alguma. Quando os relacionamentos se rompem em decorrência da desumanidade, quando drogas e doenças sexualmente transmissíveis destroem nossos adolescentes, quando o divórcio desintegra o casamento e doenças acometem o corpo, os brinquedos que colecionamos não podem nos dar uma palavra sequer de apoio ou de consolo. Os ídolos nos abandonam em nosso momento de necessidade.

Enquanto o país vive uma realidade econômica difícil, muitos adultos de nossa sociedade estão chegando à conclusão de que o materialismo é um substituto inadequado para as coisas simples da vida e para o compartilhamento dessas coisas com outros. Muitos estão procurando novamente elementos espirituais em lugar de bens materiais para suprir os anseios profundos do coração e descobrir o significado essencial da vida. Se você concorda com essas conclusões, certamente também se preocupa em não promover um espírito de materialismo em seu adolescente ao usar os presentes de modo excessivo ou indevido. Isso não significa que podemos ou devemos fugir do mundo das máquinas e da tecnologia. Mostra, contudo, que os presentes que escolhemos dar e a maneira como os damos são influenciados pelo nosso compromisso com essas realidades mais profundas.

Permita-me sugerir duas áreas que os pais devem considerar com grande cautela ao falar a linguagem do amor dos presentes.

Dar dinheiro

O valor do dinheiro

Em sociedades ocidentais, os adolescentes são grandes consumidores e representam uma fatia importante de um mercado de muitos bilhões de dólares. As companhias investem parte considerável do orçamento para publicidade em anúncios voltadas para essa faixa etária. De onde os adolescentes tiram dinheiro? Na grande maioria dos casos, ele vem dos pais. Poderíamos concluir que, se presentear é uma das principais linguagens do amor, e se os pais dão todo esse dinheiro aos adolescentes, então o tanque de amor deles deve estar cheio. Provavelmente não.

Esse raciocínio tem dois aspectos problemáticos. Primeiro, a maior parcela desse dinheiro não é dada como presente. Faz parte da estrutura de funcionamento da família e das expectativas dos adolescentes. Segundo, visto que o adolescente não trabalhou para obter esse dinheiro, não dá valor a ele. Portanto, receber dinheiro dos pais não comunica amor em um nível emocional profundo. Então, como os pais devem tratar essa questão?

Duas abordagens para dar dinheiro

Acredito que podemos abordar esse problema de duas maneiras. Primeiro, devemos incentivar o adolescente a trabalhar pelo dinheiro. É a única forma de ele entender o valor dos recursos financeiros. Se ele trabalhar para receber a quantia que está prestes a gastar em uma peça de roupa de grife, terá alguma ideia do esforço necessário para adquirir aquele bem. Será obrigado a perguntar: "Esse objeto vale o esforço?". Pode tornar-se, desse modo, um consumidor discernente. Se tiver de trabalhar para receber dinheiro, também precisará fazer escolhas. Se não puder adquirir tudo o que quer, precisará usar de bom senso para decidir o que deseja mais. Evidentemente, esse processo também o preparará para o mundo real da vida adulta.

Se os pais se preocupam que trabalhar algumas horas depois da aula impedirá o filho de praticar esportes, fazer teatro, aprender música, dançar, exercitar-se ou realizar outras atividades, talvez devam pensar em pagar o filho por seus esforços nessas atividades, do mesmo modo que ele seria pago ao trabalhar em uma lanchonete. Todas essas atividades exigem o mesmo nível de esforço que um emprego depois da aula. Dar uma mesada ao adolescente para que ele as realize gera os mesmos benefícios de um emprego de meio período. A tônica da questão é que, para evitar o materialismo, os pais não devem dar uma quantia ilimitada, e os filhos não devem esperar recebê-la.

A segunda abordagem é dar dinheiro para fins específicos. Por exemplo: para um treino esportivo, um acampamento da igreja, um *show* de música ou aulas de fotografia, arte e assim por diante. Podem oferecer esses recursos como um presente, seguindo as dicas dadas anteriormente. Ou seja, o presente em dinheiro deve ser incondicional, apresentado com cerimônia, acompanhado de palavras de afirmação, toque físico, e, sempre que possível, na presença de outros membros da família.

Visto que o adolescente trabalhou e agora entende um pouco melhor o valor do dinheiro, a quantia recebida como presente também poderá ser valorizada do ponto de vista emocional. O adolescente agora tem ideia de quanto tempo se leva para ganhar aquela quantia que os pais estão lhe dando.

Quando os pais simplesmente distribuem dinheiro — vinte reais aqui, quarenta reais ali, cem reais acolá — sem seguir essas instruções, os presentes monetários podem ser pouco valorizados e não suprirão a necessidade emocional de amor do adolescente. A grande maioria dos pais de adolescentes não aprendeu a tornar o dinheiro um meio eficaz de comunicar amor emocional. Acredito que as sugestões dadas acima os ajudarão nesse aspecto.

Presentear

Considere o bem-estar do adolescente

Quando se trata de dar presentes que não sejam dinheiro, é preciso fazê-lo de modo refletido. Lembre-se de que o propósito do presente é comunicar amor emocional. Portanto, os pais precisam se perguntar: "Temos certeza de que esse presente visa o bem-estar de nosso filho?". Se a resposta for negativa, não há como dá-lo com a consciência tranquila. Obviamente, não estamos falando de dar drogas ilegais aos filhos, mas talvez precisemos excluir vários tipos de presentes mais comuns.

Os pais precisam se perguntar: "Temos certeza de que esse presente visa o bem-estar de nosso filho?".

Vejamos uma situação específica que ocorre com frequência. Cada vez mais na classe média norte-americana, os pais dão um carro ao filho assim que ele recebe a carteira de habilitação. Não estou dizendo que isso é sempre ruim para o adolescente. Mas os pais precisam perguntar: "O carro será um bom presente para ele?".

Temos de considerar vários fatores para responder a essa pergunta. Um deles é o nível de maturidade e responsabilidade do adolescente. Alguns jovens não estão emocionalmente preparados para ter um carro assim que atingem a idade em que podem dirigir. Outros não demonstram um nível de responsabilidade em outras áreas que justifique dar um carro de presente.

Caso os pais tenham concluído que o carro será algo bom para o filho, a segunda pergunta é: "Dar o carro é o ideal? Não seria melhor que ele trabalhasse para pagar o valor total ou uma parte dele? Isso não o incentivaria a usar o carro de modo mais responsável do que se simplesmente o ganhasse de presente?". Pais que têm consideração pelos filhos precisam responder a perguntas desse tipo. Não há uma fórmula que se aplique a todos os pais e a todos os adolescentes. No entanto, quem não reflete sobre essas questões tem maior probabilidade de tomar decisões imprudentes a esse respeito.

Dúvidas semelhantes surgem quando falamos em proporcionar ao adolescente o melhor ensino superior possível. É esperado que os pais, tendo condições de pagar, assumam a responsabilidade pela faculdade do filho? Novamente a pergunta é: "O que é melhor para o adolescente?". Os pais desejam fazer escolhas que demonstrem amor pelo filho e promovam o seu bem. É uma demonstração maior de amor deixar que o adolescente arque com uma parte das despesas de estudo? Se os pais escolherem bancar a faculdade, o que podem ou devem esperar do filho? Devemos pensar em um presente incondicional ou em ensinar responsabilidade ao filho? Pode não ser o momento certo de desembolsar uma pequena fortuna ao longo dos próximos quatro anos. Pode não ser a hora de falar a linguagem do amor dos presentes, mas sim de o adolescente aprender a falar a linguagem do amor dos atos de serviço; ou talvez seja necessária uma combinação dessas duas linguagens. O importante é saber o que estamos fazendo e entender nossas motivações.

Caso você escolha dar ao adolescente um presente incondicional, como, por exemplo, todas as despesas pagas durante o primeiro ano da faculdade, não importando o que ele faça, essa será sua escolha consciente. Talvez deva limitar o presente apenas ao primeiro ano e observar como o filho se comporta no processo de aprendizado, em vez de lhe dar um presente incondicional durante quatro anos.

Se, como pai, entendo o que estou fazendo e por que o estou fazendo, é menos provável que fique decepcionado mais adiante. No entanto, se lidarmos com essas questões de carro e faculdade sem refletir, criaremos a situação ideal para uma desilusão. Muitos pais acabam dizendo mais tarde: "Paguei os quatro anos da faculdade dele, sem impor qualquer condição, e ele não deu valor ao meu presente". É possível que os pais não tenham refletido com a devida atenção ao dar esse tipo de presente. Algumas vezes o jovem raciocina: "Eu não precisava fazer faculdade, mas meus pais disseram que gostariam de me ver formado. Achei tudo muito chato, fiquei lá só fazendo festa. Foram eles que me impuseram esse curso. Por que agora estão chateados comigo?". Além de não dar valor ao esforço feito pelos pais para pagar pela faculdade e se mostrar ingrato, ele também se sente rejeitado. O tanque de amor dele fica vazio, e o presente dos pais não é eficaz.

Leve os interesses dele em consideração

Outro elemento fundamental ao presentear é o próprio adolescente. Quais são os interesses dele? Pense em um presente que você recebeu de alguém e que não teve muita utilidade ou que você não queria. Você sabe que a pessoa que o presenteou gastou uma soma considerável. Apesar de ser grato porque ela se lembrou de você, o presente em si não foi significativo. Pode acontecer de darmos presentes desse tipo para o adolescente. Se quisermos que nossos presentes sejam meios eficazes de comunicar amor a nosso filho, precisamos levar em conta os interesses dele. Em vez de comprar algo de que você gosta, por que não comprar algo que agrade o adolescente?

Não tem segredo. Apenas pergunte: "Você pode fazer uma lista de duas ou três coisas que gostaria de ganhar? Seja bem específico. Anote nome, cor, marca etc.". A maioria dos adolescentes não terá problema algum em atender a esse pedido. (A maioria das esposas gostaria que os maridos lhes fizessem o mesmo pedido de vez em quando.) Se as informações que seu filho der não forem claras, não há nada de errado em pedir que ele o acompanhe até o *shopping* e mostre o que gostaria de ganhar, caso você resolva presenteá-lo. Volte em outra ocasião para comprar o presente e siga as dicas anteriores para embrulhar e oferecer o presente. Por que você compraria um livro que seu filho nunca vai ler, uma camiseta que nunca vai usar ou um vestido que sua filha vai achar horrível?

Tesouros entregues em particular

Nem todos os presentes devem ser dados na presença da família. Alguns presentes são mais valorizados quando dados em particular. Quando minha filha Shelley tinha 13 anos, convidei-a para caminhar comigo até Old Salem (uma vila restaurada em estilo morávio, em nossa cidade). A caminhada até lá não foi novidade, pois percorríamos o trajeto com frequência. Nessa ocasião, porém, sentamos junto a um lago e dei para ela uma corrente de ouro com um pendente em forma de chave. Fiz o que, a meu ver, foi um belo discurso sobre quanto a valorizava e como estava feliz por suas realizações. Disse que aquela era a chave de seu coração e seu corpo, e que meu desejo era que se mantivesse pura e, um dia, entregasse aquela chave ao marido.

Foi um momento profundamente afetuoso para nós dois. Para desespero dela, alguns anos depois perdeu a chave de ouro, mas guardou para sempre a lembrança do que eu tinha lhe dito. O presente em si desapareceu, mas o simbolismo por trás dele continuou no coração e na mente dela ao longo dos anos. Agora, ela tem uma filhinha chamada Davy Grace, e não ficarei surpreso se algum dia Davy receber uma chave de ouro do pai dela.

Além dos presentes dados em particular, existem presentes que são verdadeiros tesouros. Toda família tem alguns. Não são, necessariamente, de grande valor monetário, mas são tesouros por causa do que representam para a família. Pode ser um anel, um colar, uma faca, um livro, uma caneta, uma Bíblia, uma coleção de selos ou qualquer outra coisa que tenha significado especial para o pai ou a mãe. Podem ser objetos que tenham passado de uma geração para a outra, ou simplesmente algo comprado com o propósito específico de ser entregue ao adolescente. São presentes aos quais atribuímos valor emocional. Podem ser dados em particular ou na presença de outros membros da família. Mas, sem duvida, devem ser entregues com uma cerimônia especial, incluindo um breve discurso sobre seu significado e simbolismo. Também podem ser acompanhados de expressões de afeição verbais e físicas.

Esses tesouros se tornam, ao longo da vida, símbolos de amor no coração do adolescente. Quando passa por períodos difíceis, esses presentes estão no quarto dele, como lembranças do amor verdadeiro dos pais. Muitas vezes, quando olha para esses tesouros, recorda-se das palavras de afirmação dos pais. Todo adolescente precisa desses presentes preciosos.

Falsificações

Existe um tipo de presente do qual nenhum adolescente precisa. Chamo-o "falsificação". Seu objetivo é substituir o amor verdadeiro. Esse tipo de presente é dado por pais ocupados e, por vezes, ausentes, tão envolvidos com suas rotinas atarefadas que têm pouco tempo para falar as linguagens do amor de tempo de qualidade, atos de serviço, palavras de afirmação e toque físico; por isso, tentam compensar pelas omissões com coisas materiais e caras.

Uma mãe separada me disse: "Toda vez que minha filha de 16 anos vai visitar o pai, volta para casa com a mochila cheia de presentes. Ele não se dispõe a me ajudar nas despesas médicas e dentárias, mas sempre tem dinheiro para dar presentes. Dificilmente fala com ela ao telefone, e passam apenas duas semanas juntos nas férias. Mas, de algum modo, os presentes supostamente devem resolver tudo". Esse tipo de presente, dado por pais que não têm a guarda do filho, se tornou comum. O adolescente os recebe, agradece e volta para casa com o tanque de amor vazio. Quando os presentes servem de substitutos para o amor verdadeiro, o adolescente logo os vê como algo falso e superficial, e é exatamente isso que são.

> Quando os presentes servem de substitutos para o amor verdadeiro, o adolescente logo os vê como algo falso e superficial.

Esse fenômeno ocorre não só quando os pais são divorciados, mas também quando ambos vivem com o adolescente porém têm empregos que exigem muito deles. Têm bons salários, mas pouco tempo. O adolescente prepara o próprio café da manhã, vai para a escola sozinho, volta para uma casa vazia e faz o que quer até os pais voltarem completamente esgotados no fim do dia. A família reunida faz uma refeição rápida, depois da qual cada um vai para seu computador. No dia seguinte, o processo se repete. O adolescente recebe dinheiro e presentes com frequência e facilidade. Tem tudo o que deseja, exceto o amor dos pais. O presente falso nunca enche o tanque de amor do adolescente solitário e, em última análise, não remove a culpa dos pais que não se envolvem com o filho.

Esta é uma boa ocasião para reforçar o que eu disse no início da conversa sobre as cinco linguagens do amor. O adolescente precisa receber amor dos pais em todas as cinco linguagens. Não é o propósito deste livro ensinar você a falar apenas a linguagem principal e ignorar as outras quatro. A principal linguagem do amor do adolescente falará de modo mais profundo e poderá encher mais rapidamente o tanque de amor dele. Mas precisa ser complementada pelas outras quatro. Uma vez que o adolescente recebe uma quantidade suficiente de amor em sua linguagem principal, as outras quatro se tornam ainda mais significativas. No entanto, se os pais ignoram a linguagem principal, as outras dificilmente conseguirão encher o tanque de amor.

Se presentes forem a principal linguagem do amor de seu adolescente, os princípios deste capítulo serão extremamente importantes para você. Em muitos aspectos, essa é a linguagem mais difícil de os pais usarem. Poucos pais conseguem falar essa linguagem de maneira fluente. Muitos se equivocam quando tentam comunicar amor emocional por meio de presentes. Se você tem a impressão de que presentes são a principal linguagem do amor de seu adolescente, sugiro que não apenas releia este capítulo, mas também converse a respeito dele com seu cônjuge, para que, juntos, possam avaliar a maneira como costumam presentear seu filho.

O QUE DIZEM OS ADOLESCENTES

Ao tentar identificar deficiências na maneira habitual de presentear seu filho e ao procurar colocar em prática algumas das sugestões deste capítulo, você aprenderá a falar a linguagem do amor dos presentes. No próximo capítulo, conversaremos sobre como você pode descobrir a principal linguagem do amor de seu filho. Primeiro, porém, veja os depoimentos destes adolescentes, para os quais os presentes parecem ser a principal linguagem do amor.

Alguém perguntou a Michelle, 15 anos, como ela sabia que os pais a amavam. Sem hesitar, ela apontou para a blusa, a saia e os sapatos e disse: "Eles me deram tudo o que tenho. Para mim, isso é amor. Eles não me deram apenas as coisas de que eu precisava, mas muito mais".

Serena, que está concluindo o ensino médio, comentou sobre os pais: "Eu olho em volta em meu quarto e vejo lembranças constantes do amor de meus pais. Os livros, o computador, os móveis, as roupas, todas essas coisas foram presentes de meus pais ao longo dos anos. Ainda me lembro da noite em que me deram o computador. Meu pai já o havia conectado, e minha mãe o embrulhou em um papel dourado. Quando cortei a fita, na tela do computador estava escrito: 'Feliz aniversário, Serena. Nós amamos você'".

Ryan, 14 anos, disse: "Acho que sei que meus pais me amam porque me dão uma porção de coisas. Muitas vezes eles me surpreendem com algo que sabem que eu gostaria de ter. Não é apenas o que me dão, mas o modo como o fazem. Minha família tem todo um ritual para me presentear, e nem precisa ser meu aniversário".

Jeff, 18 anos, está orgulhoso de seu carro. Explica: "Este carro é um esforço coletivo de minha família. Comprei-o com a ajuda de meu pai, que pagou metade. Os acessórios foram todos presentes. Minha irmã deu os tapetes para celebrarmos a compra do carro. Papai e mamãe me deram o aparelho de som no meu aniversário. Minha mãe deu as calotas das rodas, uma por semana, durante quatro semanas, sempre em uma noite diferente, para que fosse uma surpresa".

Sean, 15 anos, que está na oitava série, tem tido problemas de saúde e, por isso, acabou perdendo muitas aulas. "Sei que tenho problemas. A grande maioria dos garotos da minha idade está jogando bola ou algo do gênero. Na escola, estou um ano atrasado. Mas, em minha opinião, sou o garoto mais sortudo do mundo, pois meus pais se amam e amam a mim e minha irmã. Estão sempre me surpreendendo com coisas. Entendo de computadores, mas de algum modo meu pai encontra alguns programas novos antes de mim. Quando vejo uma vela acesa em cima da mesa, sei que depois do jantar haverá uma comemoração. Normalmente é porque papai comprou um novo programa para mim. Fazemos uma festa e comemoramos".

Se a linguagem do amor de seu filho for PRESENTES:

Quando se trata de presentear, muitos pais precisam ser lembrados de que o amor por trás desse gesto é tão importante quanto o presente em si. E, quando se trata de presentear seu adolescente, criatividade é mais importante que dinheiro.

- Escolha presentes que correspondam aos interesses de seu adolescente, coisas que ele considerará apropriadas.
- Quando sair para comprar algo, defina com seu adolescente o valor que você está disposto a pagar por aquilo que ele escolher.
- Mantenha alguns presentes baratos guardados para seu adolescente. Entregue um de cada vez, em momentos em que você perceber que são necessários.
- Carregue balas ou chicletes e dê como um pequeno presente quando estiverem fora de casa.

- Faça uma refeição especial de que seu adolescente gosta, leve-o a um restaurante ou faça a sobremesa predileta dele.
- Comece uma coleção de caixas e papéis de presente com personalidade. Use-os para embalar até os presentes mais simples.
- Quando estiver em viagem, envie uma pequena encomenda para seu adolescente com o nome dele em letras grandes.
- Mantenha uma "sacola de presentes" com objetos pequenos e baratos dentre os quais o adolescente pode escolher um como recompensa por fazer algo positivo. Você pode incluir "cupons" para privilégios especiais, como convidar três amigos dele para passar o fim de semana em sua casa ou escolher o restaurante da próxima vez que a família sair para fazer uma refeição.
- Presenteie seu filho com uma canção que você criou para ele ou que escolheu porque faz você se lembrar dele.
- Crie uma caça ao tesouro para encontrar um presente. Use mapas e dicas para mostrar o caminho até a surpresa.
- Esconda pequenos presentes no bolso do casaco de seu filho junto com um bilhete com palavras de incentivo.
- Se passar alguns dias longe de seu filho, deixe um pequeno pacote para cada dia com um presente especial e um bilhete para lembrá-lo do quanto você o ama.
- Em vez de gastar dinheiro com um presente maior no aniversário, faça uma festa com os amigos dele em que cada convidado traz um presente ou cartão.
- Pense em um presente duradouro, como plantar uma árvore juntos, um jogo de tabuleiro para jogarem juntos no futuro ou uma pintura para pendurarem no quarto.
- Compre uma corrente ou um anel para seu adolescente como presente pessoal seu.
- No Natal ou aniversário, saiam juntos para comprar um presente especial. Permita que seu filho dê a opinião dele. O presente especial, em conjunto com o envolvimento pessoal de seu filho na decisão, pode se tornar extremamente significativo.

- Na época de Natal, saiam juntos para comprar presentes para alguém necessitado. Procurem uma ONG de sua confiança que possa intermediar sua doação.
- Dê dicas de um presente que o adolescente receberá no futuro. Uma "contagem regressiva" com bilhetes como: "Faltam só quatro dias para você receber seu presente" ajuda a criar expectativa e é uma forte expressão de amor para quem gosta de ser presenteado.
- Envie flores ou doces para ele, com um cartão no qual você reconhece uma realização acadêmica ou extracurricular.

8

Como descobrir a principal linguagem do amor de seu adolescente

"Não sei como conseguirei identificar a principal linguagem do amor dela", comentou Kristin sobre sua filha Kayla, 14 anos. "Dá a impressão de que muda a cada dia. Se ontem ela parecia gostar de algo, hoje não quer mais. É temperamental. Nunca sei o que esperar."

Descobrir a principal linguagem do amor dos adolescentes não é tão fácil como descobrir a principal linguagem do amor das crianças mais novas. Os adolescentes são como Kayla: estão em uma fase de transição radical. Nesse momento, as coisas exteriores estão mudando enquanto o universo interior de pensamentos, sentimentos e desejos está em desequilíbrio. Isso significa que, a cada situação, as reações são diferentes.

O desafio

Adolescentes temperamentais

A maioria dos adolescentes fica nesse estado de desequilíbrio por vários anos. Há ocasiões em que essa instabilidade emocional é mais intensa. Por isso, com frequência, são imprevisíveis em seu modo de reagir a determinada situação. Como adultos, pensamos que se, no mês passado, um colega de trabalho recebeu bem o tapinha nas costas que lhe dei, terá uma reação parecida neste mês. Embora seja algo comum entre adultos, o mesmo não se aplica a adolescentes. A reação deles é fortemente influenciada pelas variações de humor, ou seja, pode mudar diversas vezes durante o dia. A expressão de amor que ele aceitou depois do café da manhã pode ser rejeitada após o jantar.

Visto que o adolescente está em transição, as atitudes dele mudam rapidamente, em geral motivadas por emoções. Os desejos também variam de forma considerável. Ontem a coisa mais importante do mundo era ganhar um par de tênis de basquete de certa marca. De tanto ele insistir, você desistiu do que havia planejado para aquela noite e foi ao *shopping* comprar os tênis. Alguns dias depois, ele sai para jogar basquete usando os tênis velhos. Você balança a cabeça e diz a si mesmo: "Não entendo esse garoto". A experiência de Kristin com Kayla reflete a frustração típica de relacionar-se com uma adolescente normal, que, por vezes, pode não parecer nem um pouco normal.

Adolescentes independentes

Além das variações de humor, desejos e comportamento, o desenvolvimento da independência é outro motivo pelo qual é difícil para os pais identificar a principal linguagem de amor do filho. Falamos sobre isso várias vezes nos capítulos anteriores. O processo normal, durante a adolescência, é separar-se dos pais e definir a identidade pessoal. Kayla não quer mais ser conhecida apenas como filha de Kristin. Está tentando definir uma identidade distinta da mãe. Conquistar a independência é um passo importante para o desenvolvimento da própria identidade.

Uma vez que a busca por identidade própria também está em andamento, Kayla tenta decidir se quer ser conhecida como "A estrela do basquete", "A estudante nota dez", "A amiga preocupada", "A garota de cabelo loiro e curto" ou "A dançarina". Uma vez que ainda não definiu quais ou quantas dessas identidades quer assumir, varia entre diversos aspectos que a identificam. Quando pensa em ser a estrela do basquete, talvez não se interesse em ter tempo de qualidade em companhia da mãe. Mas, quando se vê como a amiga preocupada, talvez reaja bem a tempo de qualidade. Portanto, a independência e a identidade própria que o adolescente está desenvolvendo tornam extremamente difícil a tarefa de identificar sua principal linguagem do amor.

Adolescentes reclusos ou zangados

Algumas vezes, o adolescente parece fugir de todas as expressões de amor. Você usa palavras de afirmação, e ele diz: "Não seja sentimental" ou "Está me deixando sem graça". Você tenta abraçá-lo, e ele se ouriça como se fosse um cacto espinhoso. Você lhe dá um presente, e recebe apenas um "obrigado" automático. Pergunta se pode levá-lo para jantar fora e ouve: "Estou saindo para jantar com os meus amigos". Quando se oferece para pregar os botões da jaqueta dele, recebe como resposta: "Não preciso de botões". Você tenta todas as cinco linguagens do amor e é rejeitado.

Em algumas ocasiões, ele se afasta do amor dos pais por causa de uma raiva não resolvida entre os pais e ele. (Trataremos desse assunto nos capítulos 9 e 10.) Na maioria das vezes, porém, a rejeição de todas as demonstrações de amor dos pais pode ser explicada pelas variações de humor, pensamentos, desejos e pelo desenvolvimento de independência e identidade própria. Em resumo, o adolescente está simplesmente sendo adolescente.

Felizmente, a maioria tem momentos de sanidade em que reage de forma positiva às expressões de amor dos pais. Não é uma causa perdida. *É possível* identificar a principal linguagem do amor de seu adolescente.

A principal linguagem do amor dele mudou?

Suponho que muitos dos pais que estão lendo este livro também tenham lido *As 5 linguagens do amor das crianças*. Talvez, quando seu adolescente era criança, você identificou a principal linguagem do amor dele e a falou fluentemente por vários anos. Agora você se pergunta: "A linguagem do amor de meu filho mudou?". A boa notícia é que a linguagem do amor dele não mudou quando se tornou adolescente. Sei que alguns de vocês estão dizendo: "Estou fazendo a mesma coisa que fazia quando ele era criança, mas ele não reage". Entendo sua situação e falarei a esse respeito daqui a pouco. Primeiro quero lhe garantir que a principal linguagem do amor não muda quando a criança entra na adolescência.

Por que a principal linguagem do amor parece mudar?

Há vários motivos pelos quais às vezes concluímos que a principal linguagem do amor do adolescente mudou. *Primeiro, ele talvez rejeite a principal linguagem do amor que, antes, parecia encher seu tanque de amor*. Essa resistência pode ser explicada pelos motivos que acabamos de mencionar: variações de humor, pensamentos e desejos, desenvolvimento de independência e identidade própria. Aliás, o adolescente pode se afastar temporariamente não só de sua principal linguagem do amor, mas também de todas as expressões de amor.

Há mais um motivo pelo qual a principal linguagem do amor do adolescente parece ter mudado desde a infância. *Quando uma pessoa recebe o suficiente da principal linguagem do amor, sua linguagem secundária se torna mais importante.* Jared, 15 anos, entende expressões de amor por meio de toque físico. Quando ele tinha 10 anos, seus pais identificaram que essa era sua principal linguagem do amor. Descobriram que é uma linguagem fácil de falar e, portanto, fazem uso dela desde a infância de Jared. Ultimamente, porém, ele tem reclamado: "Sabe, dou um duro danado aqui em casa, mas parece que ninguém valoriza o que faço". Jared está pedindo palavras de afirmação. Não é a primeira vez que os pais ouvem essa queixa. Estão se perguntando se a linguagem do amor do filho mudou. Na realidade, para Jared, palavras de afirmação são sua linguagem do amor secundária. Se querem suprir a necessidade do filho de amor emocional, os pais precisam lhe dar mais palavras de afirmação, enquanto continuam a usar a principal linguagem do amor: toque físico.

> Quando uma pessoa recebe o suficiente da principal linguagem do amor, sua linguagem secundária se torna mais importante.

A terceira possibilidade é a de que os pais tenham identificado incorretamente a principal linguagem do amor do filho. Não é algo difícil de acontecer, pois os pais tendem a enxergar os filhos por sua própria perspectiva, em vez de se colocar no lugar dele. É fácil pensar que, se nossa linguagem é toque físico, a do filho também será. Somos propensos a chegar à conclusão que desejamos, que nem sempre corresponde à realidade do ponto de vista da criança. Enquanto os pais expressaram amor ao filho nas cinco linguagens, ele recebeu o suficiente de sua principal linguagem do amor e o tanque de amor permaneceu cheio. Na adolescência, porém, visto que os pais se sentiram repelidos, talvez tenham deixado de falar uma ou mais linguagens e ainda estejam se concentrando na linguagem que acreditavam ser a principal. Nesse caso, a principal linguagem dele não mudou. O problema foi o diagnóstico incorreto.

Hora de aprender um novo dialeto

E quanto aos pais que dizem: "Estou fazendo a mesma coisa que fazia quando ele era criança, mas agora ele não reage"?

Essa foi a experiência de Patti: "De longa data, sei que as palavras de afirmação são a principal linguagem do amor de Teddy. Sempre o elogiamos verbalmente, mas agora que está com 14 anos ele diz: 'Mãe, não diga isso', 'Mãe, pare de falar assim', 'Mãe, não quero ouvir'. Estou confusa".

Pedi a Patti que desse exemplos de palavras de afirmação que usa com Teddy. Ela respondeu: "Digo coisas como: 'Você é o máximo', 'Tenho orgulho de você', 'É tão inteligente!', 'É um garoto lindo'. As mesmas coisas que sempre disse".

Aí está o problema. Patti está usando as palavras de sempre. Dificilmente os adolescentes querem continuar a ouvir o dialeto que ouviam quando eram crianças. Visto que essas eram as palavras que escutavam quando crianças, eles as associam à infância. Estão tentando ser independentes, e não querem ser tratados como crianças.

Pais que desejam que seus filhos se sintam amados precisam aprender novos dialetos. Sugeri a Patti que eliminasse os dialetos que havia usado ao longo dos anos e começasse a empregar novas expressões verbais de amor, com palavras mais adultas, como: "Admiro sua postura em relação ao garoto que está sofrendo *bullying* na escola", "Gostei do trabalho que você fez no jardim", "Confio em você porque sei que respeita os direitos dos outros". Essas declarações expressam grande consideração pelo adolescente, mas não parecem infantis. Também sugeri que começasse a chamá-lo de Ted em vez de Teddy. Ela ficou surpresa: "Sabe, Teddy me disse a mesma coisa. É difícil chamá-lo de Ted para quem o chamou a vida inteira de Teddy". Patti tinha uma tarefa árdua pela frente, mas eu estava certo de que ela faria as mudanças necessárias.

Roger também demonstrou a necessidade de aprender novos dialetos quando me contou as respostas que ouvia do filho que agora era adolescente. Comentou: "Faz tempo que sei que atos de serviço são a linguagem do amor de Brad. Quando era mais jovem, ele trazia os brinquedos para eu consertá-los. Talvez imaginasse que eu fosse capaz de consertar qualquer coisa. Quando consertávamos o brinquedo ou terminávamos a lição de casa com ele, dava para ver que Brad se sentia amado. Tinha um brilho nos olhos. Mas, desde que entrou na adolescência, notei que não me pede mais ajuda. Outro dia, ele estava tentando arrumar a bicicleta; ofereci-me para ajudar, e ele disse: 'Obrigado, pai, mas sei fazer sozinho'. Agora, dificilmente pede ajuda para fazer a lição de casa. Não me sinto mais tão próximo dele; queria saber se ele se sente próximo de mim".

Se os atos de serviço são a linguagem do amor de Brad, pode não estar sentindo o amor do pai tanto quanto antes. É óbvio, porém, que não quer receber de Roger a mesma ajuda que quando era criança. Aprendeu a fazer as coisas sozinho, o que alimentou sua independência e o ajudou a amadurecer sua identidade própria.

Roger precisa aprender novos dialetos de atos de serviço. Sugeri que pensasse em coisas que Brad ainda não sabe fazer e se oferecesse para ensiná-las. Claro que o filho quer fazer as coisas sozinho, pois reforça sua sensação de maturidade. Se Roger se oferecer para ajudar Brad a trocar as velas ou o óleo do carro, construir uma estante para os livros ou qualquer outra coisa pela qual Brad se interesse, é provável que Brad se mostre receptivo para esses atos de serviço. A proximidade emocional com Brad aumentará, e ele se sentirá seguro do amor do pai.

Pode ser difícil aprender novos dialetos. Todos nós formamos hábitos. É natural continuarmos a expressar amor pelo adolescente das mesmas formas que fazíamos quando ele era criança. Sentimo-nos à vontade com essa rotina. Pode exigir tempo e esforço, mas se quisermos que nossos adolescentes se sintam amados precisamos estar dispostos a dedicar energia para aprender os novos dialetos de sua principal linguagem do amor.

Como descobrir a principal linguagem do amor do adolescente

Se este livro é seu primeiro contato com o conceito de linguagem do amor — se não tentou descobrir qual é a principal linguagem do amor de seu filho quando ele era criança — e você não faz ideia de como descobrir a principal linguagem do amor dele agora que é adolescente, permita-me sugerir três passos. Primeiro, faça perguntas; segundo, faça observações; terceiro, faça tentativas. Você poderá empregar os seguintes métodos para cada passo.

1. Faça perguntas

Se quer saber o que se passa na mente do seu filho, precisa fazer perguntas. "Esqueça", disse-me um pai. "Não importa que pergunta eu faça, sempre recebo uma destas três respostas: 'Não sei', 'Tá bom' ou 'Tanto faz'. Essas respostas explicam qualquer coisa, tudo e nada." Entendo a frustração desse pai. É verdade que, às vezes, adolescentes usam grunhidos em vez de falar. Mas a única maneira de saber ao certo o que o adolescente está pensando e sentindo é ele revelar seus pensamentos e sentimentos. Portanto, não desista.

Existe uma probabilidade maior de eles contarem o que se passa se você fizer perguntas. Poucos adolescentes começam a conversa dizendo: "Vou lhe contar o que estou pensando. Quero lhe falar dos meus sentimentos". É mais provável que digam: "Vou lhe dizer o que quero". Adolescentes compartilham desejos com mais facilidade do que pensamentos e emoções. Muitas vezes, pensamentos e emoções só tomam forma quando os pais fazem a pergunta certa.

Na tentativa de descobrir a principal linguagem do amor do adolescente, as perguntas podem ser seu maior aliado. Andrea disse a Kerstin, sua filha de 15 anos: "Li alguns livros sobre educação de filhos e sei que não sou perfeita. Minhas intenções são boas, mas, algumas vezes, fiz e disse coisas que a magoaram. Além do mais, não sei se você percebe que estou aqui quando precisar. Quero lhe fazer uma pergunta séria: *Em sua opinião, o que poderia melhorar nosso relacionamento?*".

Andrea sempre se lembrará da resposta de Kerstin: "Mãe, se você realmente quer saber, vou lhe dizer, mas não fique brava comigo. Quando tento conversar com você, sinto que nunca está prestando atenção de verdade. Está sempre fazendo tricô, lendo, verificando as contas, assistindo TV, lavando roupa ou fazendo alguma outra coisa. Está sempre ocupada. É como se eu estivesse incomodando quando tento falar com você. De vez em quando, seria legal se pudéssemos sentar para você conversar comigo, sem fazer outra coisa ao mesmo tempo". Andrea perguntou e recebeu uma resposta que revelou a principal linguagem do amor de amor de Kerstin. Ela estava pedindo tempo de qualidade, atenção exclusiva da mãe.

Mark, marido de Andrea, fez uma pergunta diferente para Will, o filho de 16 anos, e encontrou a mesma abertura dada por Kerstin. Certa noite, quando levava o filho a um evento esportivo, Mark disse: "Ultimamente tenho pensado em algumas mudanças que preciso fazer em minha vida. Mais especificamente, tenho pensado em como posso ser um marido melhor para sua mãe e um pai melhor para você e Kerstin. Gostaria de saber sua opinião. Quero lhe fazer uma pergunta: *Se você pudesse mudar alguma coisa em mim, o que seria?*".

Will pensou durante algum tempo, que pareceu ser uma eternidade para Mark, e por fim disse: "Em vários sentidos, você é um bom pai. Sou grato pelo tanto que você trabalha e pelas coisas que me dá. Mas algumas vezes sinto que não o agrado. Não importa quanto me esforce, só recebo críticas suas. Sei que você quer que eu me dedique ao máximo, mas, quando me critica, dá vontade de desistir".

Felizmente, Mark foi sincero em fazer aquela pergunta e se dispôs a escutar. Respondeu: "Sua impressão é a de que eu o critico um bocado e não valorizo seu trabalho dedicado?". Ao que Will respondeu: "É. Não quero dizer que você não possa me criticar, pai, mas de vez em quando é bom saber que fiz algo que o agradou". Mark sentiu como se tivesse sido nocauteado pelas palavras de Will, por isso disse apenas: "Obrigado por sua sinceridade. Vou pensar no que falou e tentar melhorar". Então esticou o braço e deu um tapinha nas costas do filho, enquanto parava o carro na frente do ginásio esportivo.

Naquela noite, a palavra *crítica* não saiu do pensamento de Mark. Não tinha consciência de que criticava Will tanto assim. A seu ver, muitas das coisas que dizia nem sequer eram criticas. "Sim, eu corrijo Will", disse a si mesmo. "Mostrei para ele os lugares que continuavam sujos depois que ele lavou o carro e o lembrei de levar para fora o lixo reciclável. Isso foi criticar?" Era esse o diálogo que se desenrolava na mente de Mark enquanto ele e o filho assistiam ao jogo. "Sim, críticas. É só o que Will escuta: críticas. Ele tem a impressão de que nunca me agrada, de que nada do que faz é bom o suficiente." Mark havia quase se esquecido de que tinha feito aquela pergunta para descobrir alguma indicação da linguagem do amor de Will.

De repente, percebeu que o filho havia lhe revelado a linguagem do amor dele: palavras de afirmação. Queria ser valorizado. Mark disse a si mesmo: "Eu lhe dei palavra negativas e críticas em vez de usar palavras positivas e de incentivo. Não é à toa que algumas vezes senti que Will não queria ficar perto de mim". Prometeu a si mesmo que pediria ajuda a Andrea para identificar as ocasiões em que criticasse Will, e também para aprender a elogiar o filho. Sentiu uma lágrima se formar em seu olho e a enxugou. Enquanto a multidão ao redor gritava, voltou-se para Will e disse: "Amo você, filho. Gosto da sua companhia".

Will bateu no ombro dele, sorriu e disse: "Valeu, pai".

Com uma pergunta, Mark descobriu a principal linguagem do amor de seu adolescente.

Existem inúmeras perguntas que os pais podem fazer para incentivar o adolescente a fornecer informações que os ajudarão a descobrir sua linguagem do amor. Por exemplo: "A seu ver, quem é seu melhor amigo?". Quando o jovem diz: "É o Paul", então você pergunta: "O que ele faz que o leva a concluir que ele é seu melhor amigo?". O garoto responde: "Ele escuta quando falo e tenta entender". Seu adolescente acabou de revelar que tempo de qualidade é a principal linguagem do amor dele.

Você também pode perguntar à sua filha: "Se você quisesse mostrar para sua avó o quanto a ama, o que faria?". Perguntas desse tipo podem revelar a principal linguagem do amor da adolescente e também criar condições para mais comunicação com ela.

Não estou sugerindo que explique as cinco linguagens do amor a seu adolescente e em seguida pergunte: "Então, qual é sua principal linguagem do amor?". Primeiro, pode parecer uma espécie de jogo. Lembre-se de que o adolescente quer autenticidade e sinceridade. Segundo, caso ele entenda verdadeiramente o conceito de linguagem do amor, poderá usá-lo para manipular seu comportamento. Que pai não ouviu o filho dizer: "Se você me amasse..."? Em poucas ocasiões esse pedido revela a principal linguagem do amor dele. É bem mais provável que seja apenas uma tentativa de satisfazer um desejo momentâneo. Uma vez que esse desejo é atendido pelos pais, o adolescente raramente se sente amado. Quase qualquer outra pergunta é melhor do que: "Qual é sua principal linguagem do amor?".

Lembre-se de que o adolescente quer autenticidade e sinceridade.

2. Faça observações

Observe deliberadamente o comportamento do adolescente. Procure identificar maneiras pelas quais ele expressa amor ou apreço por outras pessoas. Anote suas observações. Se descobrir que, no mês passado, ele presenteou alguém cinco vezes, existe grande probabilidade de que os presentes sejam a principal linguagem do amor dele. A maioria das pessoas tem a tendência de falar a própria linguagem do amor. Fazem por outros o que gostariam que fizessem por elas. No entanto, nem sempre é o caso. Algumas vezes, por exemplo, o adolescente dá presentes como uma expressão de amor porque o pai a enfatiza. Lembra-se das palavras do pai: "Filho, se quer fazer uma mulher feliz, dê flores". Dá presentes não porque essa é sua própria linguagem, mas porque aprendeu a usá-la com o pai.

Fique atento, também, para as queixas do adolescente. Elas apontam para sua principal linguagem do amor. Vimos isso na resposta de Will a seu pai: "Mas algumas vezes sinto que não o agrado. Não importa quanto me esforce, só recebo críticas suas. Sei que você quer que eu me dedique ao máximo, mas, quando me critica, dá vontade de desistir". As queixas de Will revelam que palavras de afirmação são sua principal linguagem do amor. Ele reclamou não só das críticas do pai, mas também de raramente receber elogios.

Em geral, quando o adolescente se queixa de algo, os pais se colocam na defensiva. Ele diz: "Você não tem direito de entrar no meu quarto e mexer nas minhas coisas. Agora não consigo encontrar nada. Você não respeita o que é meu. Isso não está certo". Muitos pais respondem: "Se você limpasse o quarto, eu não precisaria mexer em nada. Mas, como você não faz sua parte, eu tenho que arrumar suas coisas". A conversa se transforma em uma discussão ou acaba em silêncio e distanciamento.

Se, contudo, os pais observarem as queixas do adolescente, é possível que encontrem um padrão. Não é a primeira vez que ele reclama que alguém "mexeu nas coisas dele". Talvez presentes seja a principal linguagem do amor dele. Lembre-se de que quase tudo no quarto dele foi presente. Para esse adolescente, cada coisa que ele ganhou tem um lugar especial, e quando alguém mexe nessas coisas é como se mexesse em uma expressão de amor (o que também pode ser percebido como uma agressão a sua identidade e independência).

É importante procurar padrões recorrentes nas queixas. Quando várias queixas se encaixam na mesma categoria, é provável que revelem a principal linguagem do amor de seu filho. Observe as seguintes reclamações. "Você não me ajuda mais com a lição de casa, por isso tiro notas baixas", "Se tivesse me levado ao jogo, eu poderia estar com meus amigos, em vez de ficar em casa sem fazer nada", "Não limpei atrás da escrivaninha porque você não estava aqui para me ajudar a arrastá-la", "Se você me mostrar como consertar minha bicicleta, posso usá-la para ir à escola". É provável que atos de serviço seja a principal linguagem do amor desse adolescente. Cada uma das queixas pede aos pais que façam algo por ele.

Fique atento, também, para os pedidos. Aquilo que uma pessoa pede com mais frequência indica sua principal linguagem do amor. Renee pergunta à mãe: "Pode caminhar comigo hoje à tarde? Quero lhe mostrar as flores que vi perto do lago". Renee está pedindo tempo de qualidade. Se ela pede com frequência para fazer atividades que permitam ficar junto da mãe, a principal linguagem do amor dela é tempo de qualidade. De modo semelhante, quando Peter, de 13 anos, pergunta: "Pai, quando vamos acampar juntos novamente?", "Quando vamos pescar de novo?" ou "Podemos jogar bola agora?", ele está revelando que sua principal linguagem do amor é tempo de qualidade.

Se os pais observarem como o adolescente expressa amor e apreço por outros, do que ele se queixa e quais são os pedidos que faz com mais frequência, é bem provável que descubram sua principal linguagem do amor.

3. Faça tentativas

A terceira forma de descobrir a principal linguagem do amor do adolescente é experimentar usar uma das cinco linguagens do amor a cada semana. Passe uma semana oferecendo mais *toque físico* que o normal. Procure ter contato físico várias vezes por dia.

Na semana seguinte, evite tocá-lo, mas use *palavras de afirmação*. Passe algum tempo a cada dia pensando em novas expressões de afirmação para usar quando o adolescente estiver em casa.

Na outra semana, use o maior número possível de *atos de serviço*, especialmente aquilo que você sabe que o adolescente gostaria que fizesse. Prepare uma refeição especial. Passe aquela camisa difícil de alisar. Dê uma ajuda extra em matemática. Dê banho no cachorro dele (com uma atitude positiva). Faça tudo o que puder por seu filho.

Na próxima semana, faça um esforço para oferecer *tempo de qualidade*. Caminhem e joguem bola. Se ele pedir para realizar com você uma atividade que exige tempo, aceite. Passem o maior tempo possível juntos. Converse sobre assuntos profundos tanto quanto ele lhe permitir. Dê atenção exclusiva.

Na última semana, concentre-se nos *presentes*. Compre alguns dos itens mais importantes de uma lista que você organizou previamente com os pedidos dele. Embrulhe-os em papel colorido e entregue-os ao adolescente na presença de outros membros da família. Transforme o ato de presentear em uma cerimônia. Faça uma festa todas as noites.

Durante a semana em que falar a principal linguagem do amor do adolescente, perceberá uma mudança na atitude dele. Estará enchendo o tanque de amor dele, e ele reagirá de maneira mais carinhosa que o habitual. Provavelmente se perguntará o que está acontecendo com você, e por que você anda tão esquisito. Não é preciso se explicar, apenas diga que está tentando ser uma mãe ou um pai melhor.

Outra experiência é deixar que o adolescente escolha entre duas opções e manter um registro do que ele escolher. Por exemplo, um pai diz ao filho de 13 anos: "Tenho um tempo livre hoje à tarde; você prefere jogar bola comigo ou ir à loja comprar a bateria para sua máquina fotográfica nova?". A escolha é entre tempo de qualidade e um presente. O pai faz aquilo que o filho escolher e registra se ele optou por presentes ou tempo de qualidade. Três ou quatro dias depois, dá ao adolescente outra escolha: "Como estamos só nós dois em casa hoje, você prefere comer fora (tempo de qualidade) ou quer que eu prepare sua *pizza* favorita (atos de serviço)?". Na semana seguinte, diz: "Se você estivesse desanimado e eu quisesse ajudá-lo, o que preferiria: que eu escrevesse um bilhete lembrando você de todas as coisas positivas que fez ou lhe desse um abraço bem apertado?". A escolha é entre palavras de afirmação e toque físico.

Ao anotar as escolhas do adolescente, verá que provavelmente elas formam um padrão que revelará a principal linguagem do amor dele. Sei que algumas dessas sugestões parecem trabalhosas, e é bem possível que saiam de sua rotina, mas valem a pena. Adapte as experiências à sua realidade e faça tentativas!

Depois que descobrir a principal linguagem do amor de seu filho, é importante procurar aprender o maior número possível de dialetos (maneiras diferentes de falar essa linguagem). A ideia é usar essa linguagem com frequência, lembrando-se de que, por vezes, pode acontecer de o adolescente não querer nem mesmo sua principal linguagem do amor. Respeite a vontade dele. Nunca imponha expressões de amor indesejadas. Por exemplo, se você sabe que a principal linguagem do amor do adolescente é toque físico, mas quando colocou o braço em volta dele percebeu que se afastou, não é a hora de tentar lhe dar um abraço apertado. É o momento de se manter afastado e respeitar o fato de que ele não deseja ser tocado. Procure não levar as coisas para o lado pessoal.

Tente um tipo diferente de toque no dia seguinte. Quando o adolescente expressar desejo de contato físico, dê o que ele precisa. Se você falar a principal linguagem dele sempre que possível, manterá cheio o tanque de amor. Mas, se parar de usar toque físico porque não gostou de se sentir rejeitado, com o tempo o tanque de amor do adolescente se esvaziará, e ele ficará ressentido. Para amar o adolescente de modo eficaz, os pais precisam falar a principal linguagem do amor dele com frequência, e também quaisquer dialetos que comuniquem essa linguagem.

Falar as cinco linguagens

Os benefícios para o adolescente

Permita-me enfatizar algo que disse antes. Não estou sugerindo que fale *apenas* a principal linguagem do amor de seu adolescente. Ele precisa receber amor em todas as cinco linguagens, e também precisa aprender a falar todas elas. Os jovens aprendem melhor quando os pais dão exemplo. Minha sugestão é que você dê doses maciças da principal linguagem do amor dele e também fale as outras quatro linguagens sempre que possível. Se ele tem uma linguagem secundária clara, os pais também devem usá-la em doses generosas. Quando os pais usam as cinco linguagens do amor com o filho, ele aprende a usá-las com outros.

Trata-se de algo fundamental para os relacionamentos futuros do adolescente. Na vida adulta, terá vizinhos, colegas de trabalho, amigos, namorado(a) e, mais adiante, provavelmente, cônjuge e filhos aos quais precisará expressar apreço e amor. Se tiver fluência nas cinco linguagens, seus relacionamentos serão muito melhores. Se, em contrapartida, limitar-se a apenas uma ou duas, seus relacionamentos serão limitados. Não conseguirá formar vínculos emocionais com algumas pessoas. Talvez sejam pessoas importantes, com as quais gostaria de ter um relacionamento duradouro e significativo. O jovem que aprender a falar as linguagens do amor de modo fluente estará em situação de vantagem em todos os relacionamentos futuros.

Para o pai ou a mãe que não aprendeu a usar as cinco linguagens do amor, pode ser um desafio e tanto. Sugiro que leia novamente os capítulos que tratam de cada linguagem do amor, especialmente aquelas que você tem dificuldade de falar. Observe as dicas de como usar essa linguagem específica e pratique-as não só com o adolescente, mas também com os outros membros da família. Desse modo, aprenderá a falar cada uma delas. Poucas coisas são mais gratificantes que expressar amor pelos outros em uma linguagem que supra as necessidades deles de amor emocional.

Benefícios para o casamento

Enquanto se esforçavam para amar o filho adolescente de modo mais eficaz, alguns casais viram seu próprio relacionamento ganhar novo fôlego. Nunca é tarde demais para aprender (ou reaprender) a principal linguagem do amor de seu cônjuge. Para casais que aprenderam a usar a principal linguagem do amor um do outro, o clima emocional do casamento muda radicalmente em pouco tempo.

Um marido comentou: "Estamos casados há 33 anos, mas os últimos 25 anos foram terríveis. Um amigo me deu seu livro, *As 5 linguagens do amor*. Quando o li, as luzes se acenderam e me dei conta de que, durante todos esses anos, não havia falado a linguagem do amor de minha esposa, nem ela a minha. Ela também leu o livro, conversamos sobre o assunto e concordamos em começar a usar a principal linguagem do amor um do outro. Se alguém tivesse me dito que nosso casamento seria transformado em dois meses, eu não teria acreditado. Voltamos a sentir carinho um pelo outro. Nossa relação mudou completamente. Agora queremos compartilhar essa ideia com nossos filhos casados".

Uma vez que o amor é nossa principal necessidade emocional, quando ela é suprida por outra pessoa, passamos a sentir carinho por ela. O clima emocional do casamento e da família pode melhorar muito quando seus membros aprendem a falar a principal linguagem do amor uns dos outros.

9

A raiva e os adolescentes

Os adolescentes ficam com raiva dos pais, e os pais ficam com raiva dos adolescentes. Essa declaração não é surpreendente para ninguém. Um pai comentou comigo: "Só senti raiva intensa quando me casei. E só senti raiva *extremamente* intensa depois que meus filhos se tornaram adolescentes".

Muitos de nós nos identificamos com ele. Como reagir com amor a nosso adolescente cheio de raiva? Como ajudá-lo a lidar com a raiva de forma positiva? E, igualmente importante, como lidar com a nossa própria raiva?

Eu, meu adolescente e a raiva

Dificilmente ensinaremos a nossos adolescentes algo que nós mesmos não aprendemos. Embora a raiva surja em todas as áreas da vida, por vezes é mais intensa em relação a membros da família e, especialmente, aos adolescentes.

Por que os adolescentes nos irritam

Por que muitos de nós nos aborrecemos mais com os adolescentes que com os filhos mais novos? Isso se deve principalmente às mudanças pelas quais eles estão passando, como vimos em capítulos anteriores. A maior aptidão intelectual dos adolescentes de raciocinar e pensar de modo crítico lhes permite questionar nosso discernimento de uma forma que não faziam quando eram crianças. Esse crescimento intelectual é acompanhado de um movimento em direção à independência e à formação de uma identidade própria e pode levar o adolescente não apenas a nos questionar, mas também a não fazer o que pedimos. Além de pensar por conta própria, também começa a decidir por conta própria. Esse fato muitas vezes gera conflito e irrita os pais de uma forma que não acontecia quando o filho era pequeno.

Para os pais, o comportamento do adolescente parece desafiador, rebelde ou irresponsável. Raciocinam: "Isso não é bom para meu filho. Vai estragar a vida dele. Não posso permitir que essa atitude continue". A raiva motiva os pais a tomarem providências. Infelizmente, se não considerarem que estão lidando com um adolescente, e não com uma criança, essas providências podem piorar a situação.

Por que a mudança precisa começar em nós

Quando o adolescente não atende de imediato à solicitação dos pais para que mude sua forma de agir, muitas vezes os pais recorrem a ordens frias e severas. "Faça isso ou então...", anunciam em alta voz. O adolescente, que não quer agir como criança, escolhe o "ou então...", e a batalha entre eles se intensifica. Antes de o combate terminar, pai e adolescente terão lançado palavras duras e críticas um contra o outro, como soldados inimigos lançam granadas. Ambos sairão do campo de batalha feridos, sentindo-se rejeitados e não amados. A situação piorou consideravelmente por não saberem lidar com a raiva. Explosões verbais e/ou agressões físicas por parte dos pais nunca produzem resultados positivos.

> Dificilmente ensinaremos a nossos adolescentes algo que nós mesmos não aprendemos.

Ao longo de anos aconselhando casais e famílias, muitas vezes chorei quando adolescentes relataram as palavras cruéis e o comportamento destrutivo dos pais resultantes de raiva descontrolada. Uma situação ainda mais trágica é a dos jovens adultos que sofreram agressões na adolescência e que agora tratam os filhos da mesma forma que foram tratados pelos pais. Nunca me esquecerei das palavras de Eric, 17 anos: "Dr. Chapman, pensava que meu pai me amava, mas agora sei que não me ama. Só pensa em si mesmo. Se faço tudo o que ele quer, do jeito que quer, as coisas ficam bem. Mas como vou crescer se não tenho o direito de pensar e tomar minhas próprias decisões? Às vezes gostaria que um de nós morresse. De um jeito ou de outro, essa dor acabaria".

As expressões indevidas de raiva muitas vezes são transmitidas de uma geração para outra. Esses padrões recorrentes precisam ser quebrados. É difícil colocar em palavras o quanto me preocupo com esse assunto. Como pais, temos a obrigação de entender a realidade de nossa raiva e de lidar com ela de forma responsável e positiva. Do contrário, colocaremos em risco todos os nossos bons esforços para educar os filhos. O adolescente que é agredido verbal ou fisicamente por pais cheios de raiva não se lembrará mais dos atos de serviço, das palavras de afirmação, do tempo de qualidade, dos presentes e do toque físico recebidos na infância. Só se recordará das palavras cortantes de repreensão e condenação e dos gritos dos pais. Não sentirá amor, apenas rejeição dolorosa.

Se você percebe que não sabe lidar com a raiva, peço encarecidamente que leia este capítulo com atenção até o final e tome as medidas difíceis, porém necessárias, para restaurar o relacionamento com seu adolescente.

Os hábitos negativos do passado podem ser quebrados. Não precisamos ser escravos da raiva descontrolada para sempre. Se você estiver disposto, poderá transformar suas atitudes destrutivas em gestos de amor.

Como mudar as atitudes destrutivas

Permita-me sugerir os seguintes passos para mudar atitudes destrutivas e estabelecer atitudes amorosas ao lidar com a raiva.

1. Reconheça a verdade

A primeira coisa que precisamos fazer é reconhecer a verdade. Não mudaremos de rumo enquanto não admitirmos que estamos indo pelo caminho errado. Reconheça para você mesmo, para Deus e para os membros da família: "Não sei lidar com minha raiva. Perco o controle com frequência. Fiz e disse coisas erradas. Minhas palavras não foram gentis e, com certeza, não foram amáveis, mas sim destrutivas e prejudiciais. Com a ajuda de Deus, quero mudar". Não hesite em incluir Deus no processo. Você precisará de toda ajuda possível.

Escreva as palavras acima em um papel. Modifique-as se quiser expressá-las com suas próprias palavras. Em seguida, leia-as em voz alta para si mesmo e reconheça a dura verdade: "Não sei lidar com minha raiva". Reconheça esse fato para Deus, confesse seu erro e peça perdão.

Numa ocasião em que todos os membros da família estiverem reunidos, diga que há algo que você precisa compartilhar. Pegue o papel e leia-o. Diga que você reconheceu essa realidade para si mesmo, para Deus e, agora, para eles. Expresse seu desejo sincero de mudar. Talvez queira acrescentar algo como: "Nas próximas semanas, vou trabalhar nessa questão, mas, se perder a paciência com algum de vocês e começar a gritar, peço que me ajudem. Coloquem as mãos sobre os ouvidos, saiam do recinto e, se quiserem, deem uma volta no quarteirão. Quando retornarem, terei recuperado o controle e não continuarei a falar com raiva. Pedirei que me perdoem e seguiremos com a conversa. Talvez leve tempo, mas, com a ajuda de Deus, vou mudar". Esse discurso exigirá humildade, mas colocará você no caminho certo para uma mudança para melhor.

2. Desenvolva uma estratégia

Agora você está pronto para o segundo passo: desenvolver uma estratégia para mudar atitudes destrutivas. Reconheceu para si mesmo que seu antigo modo de agir não é mais aceitável. Mas como mudar as atitudes negativas? Você já deu o primeiro passo ao pedir que o cônjuge ou os filhos saiam de perto quando você começar a se "esquentar". No futuro, toda vez que isso acontecer, será lembrado de confessar o erro. Reconhecer que errou é algo humilhante; o simples ato de confessar o motivará a mudar de comportamento no futuro.

Mas o que fazer para controlar a raiva antes que ela o leve a explodir? Por vezes, é preciso "apertar o botão de pausa". Durante um congresso de casais, conheci um homem que reconheceu que ele "explodia e dizia coisas que magoavam" a esposa e os filhos. Eu lhe dei algumas dicas práticas para "conter a enxurrada" de palavras iradas e canalizar esse sentimento do modo mais positivo. Dois anos depois, encontrei com ele novamente em outro congresso para casais. Seu relato foi animador.

"Sabe aquela ideia de contar até cem antes de dizer qualquer coisa?", disse ele. "Tenho feito isso. Quando fico irritado, começo a contar e a caminhar, como sugeriu. Já andei debaixo de chuva, neve e sol, contando em voz alta. Se as pessoas me ouvissem, provavelmente pensariam que estava louco. Mas, na verdade, a forma como eu agia antes era loucura. Estava destruindo minha esposa e meus filhos. O exercício de caminhar e contar dá tempo para me acalmar e tentar lidar com a raiva de modo mais positivo." Ele encontrou uma estratégia para evitar atitudes destrutivas e agressões verbais.

Uma senhora me contou: "Meu marido e eu combinamos que, quando ficarmos com raiva um do outro, 'daremos um tempo' e um de nós sairá do recinto. Concordamos que, depois de no máximo cinco horas, teremos de voltar e pedir para conversar sobre o assunto. Se ficarmos irritados de novo, repetiremos o processo. Em nossa opinião, é melhor dar esse tempo que agredir um ao outro verbalmente". Outra pessoa relatou que, quando fica brava com alguém da família, vai ao jardim regar as flores. "Quando comecei a usar essa técnica, quase afoguei as petúnias. Mas é melhor que afogar minha família com palavras iradas."

3. Analise a raiva e considere as opções

O terceiro passo é analisar a raiva e considerar as opções. Pode acontecer de você continuar irritado depois de contar até cem, ou mesmo até quinhentos, mas estará calmo o suficiente para começar a analisar sua raiva.[1] "Por que estou irritado? O que a outra pessoa fez de errado? Estou julgando o comportamento dela sem saber de todos os fatos? Entendi, de verdade, quais são os motivos? Meu filho se comportou mal ou eu é que estou sendo sensível demais? Será que minhas expectativas são altas demais para o nível de desenvolvimento de meu filho?" (Alguns pais se irritam com o adolescente que simplesmente age como tal.)

Depois de fazer uma pausa e analisar a situação, então poderá decidir que linha de ação será construtiva. Entre as várias opções, apenas duas são reações positivas à raiva. Uma é abrir mão dela ao se dar conta de que o problema está em você e não nos outros. Talvez seu problema seja resultante de uma atitude negativa, estresse intenso, falta de sono, um pavio curto, ou vários outros fatores.

Seja qual for a razão, reconheça que a raiva é um problema seu e abra mão dela. Você pode dizer em voz alta ou para si mesmo: "Minha raiva revela meu egoísmo; escolho abrir mão dela, pois sei que é uma reação distorcida. O membro da família não fez nada de errado. Simplesmente me irritei com seu comportamento". Às vezes é proveitoso declarar suas conclusões para Deus em forma de oração: "Senhor Deus, percebo que minha raiva não é justificada. Fui egoísta e exigi demais de minha família. Perdoa minha atitude errada. Entrego minha raiva a ti. Ajuda-me a ser amável com os membros de minha família. Amém". Desse modo, você toma a decisão consciente de abrir mão da raiva e confessa suas falhas.

Pode acontecer, porém, de sua raiva ser justificada. Um membro da família talvez o tenha tratado de forma injusta. Você tem o "direito" de estar com raiva. Contou até quinhentos, saiu para caminhar, analisou a raiva e sabe que é preciso tratar da questão. Não há como desconsiderá-la. Alguém errou, você ficou magoado e o assunto precisa ser resolvido. A segunda atitude positiva é tratar da questão com a outra pessoa. Antes de conversar com ela, porém, é melhor pensar de que maneira abordará a situação.

Reconheça com honestidade o que está acontecendo com seu adolescente. Explique para ele por que você está zangado, garanta que não terá um acesso de raiva e reconheça a necessidade de tratar da questão. Se não for um momento apropriado para conversar, marque um horário para fazê-lo.

4. Converse com o membro da família

O quarto passo consiste em conversar com a pessoa, ou seja, apresentar o assunto para ela a fim de que possa ser discutido. Procure escolher um momento em que vocês estejam a sós, e não na presença de outros membros da família. Talvez seja necessário esperar por uma hora e um lugar apropriados. Se você insistir em tratar da questão de imediato, condenará a conversa ao fracasso antes mesmo de começá-la.

Depois que encontrar o momento e o lugar certos, sugiro que diga algo do tipo: "Quero lhe contar como estou me sentindo, pois valorizo nosso relacionamento. Talvez tenha entendido ou interpretado a situação de forma incorreta. Quero lhe dizer, porém, qual foi o meu ponto de vista e como me senti. Depois, quero que você me diga como você vê a situação. Talvez minha perspectiva esteja errada e eu precise de sua ajuda para entender o que se passa".

Ao falar sobre as preocupações, seja o mais específico possível. Descreva o que viu e ouviu, como interpretou essas informações, como se sentiu e por que está aborrecido.

Limite-se a conversar sobre a situação em questão. Não traga à baila situações semelhantes do passado. Buscar mais exemplos no passado é uma forma de fazer a outra pessoa se sentir acusada. Ela provavelmente reagirá de forma agressiva para se preservar, e o diálogo se transformará em uma discussão. A maioria de nós é capaz de lidar com um incidente, mas ficamos sobrecarregados quando todas as nossas falhas anteriores são colocadas diante de nós.

Depois de falar sobre o problema em questão, diga: "Acho que você me entendeu. Quero lhe dizer novamente que talvez eu tenha compreendido ou interpretado a situação de forma incorreta. Gostaria de ouvir o que você pensa". Com essa declaração, fica mais fácil a outra pessoa ser aberta e honesta com você. Ao ouvir a opinião dela, evite interromper. Se ela disser uma frase e você se apressar em retrucar: "Não é bem assim", desencadeará uma batalha em vez de promover um tratado de paz.

Quando você chama um membro da família de mentiroso, desperta fortes emoções negativas dentro dele. Em vez de reagir, ouça com atenção o que o outro tem a dizer. Use frases que reflitam o que você ouviu a fim de procurar compreender melhor. Por exemplo: "Pelo que entendi, você está dizendo que...". Seu objetivo é levar o outro a se abrir mais e indicar que você está se esforçando para entender os pensamentos e sentimentos dele sobre o assunto em questão.

Se, de fato, você discordar da percepção da outra pessoa, não há problema em dizer: "Parece que enxergamos a situação de formas bem diferentes. Imagino que seja porque somos pessoas diferentes. Que lição podemos aprender para melhorar as coisas para nós dois no futuro?". Essa abordagem provavelmente levará a uma solução positiva. Se, contudo, você insistir que sua percepção está correta e que a da outra pessoa está errada, você ganhou e ela perdeu, mas nenhuma solução foi alcançada. A distância entre vocês não diminuiu.

Em contrapartida, se insistir em buscar uma solução e aprender algo positivo com a experiência, ambos saem ganhando. A raiva é trabalhada e os resultados são positivos. Essa é a forma de lidar com sua raiva que dá ao adolescente um exemplo positivo para trabalhar com a raiva dele também.

Dois elementos fundamentais para relacionamentos: amor e raiva

Evidentemente, não podemos esperar até termos desenvolvido perfeitamente nossa capacidade de lidar com a raiva antes de começarmos a ensinar essa aptidão a nossos adolescentes. Se fosse dessa forma, a maioria de nós teria de esperar um bocado. Aliás, alguns pais só percebem que têm dificuldade de lidar com a raiva quando veem seu comportamento espelhado no adolescente. Quando você o vê gritar furioso, a pergunta lógica a fazer é: "Onde ele aprendeu isso?". É provável que esteja seguindo o exemplo do pai ou da mãe. É assustador pensar que "meu adolescente pode se tornar alguém como eu". E é essa ideia que motiva muitos pais a começarem a mudar suas formas de lidar com a raiva, ao mesmo tempo que ensinam essa lição ao adolescente.

Duas das aptidões mais importantes que um adolescente pode adquirir para se relacionar são expressar amor e trabalhar a raiva. Não são duas coisas separadas. Se ele se sentir amado, será mais fácil aprender a lidar com a raiva de modo positivo. Mas, se o tanque de amor dele estiver vazio, é quase certo que não conseguirá trabalhar a raiva de modo positivo. É fundamental, portanto, que os pais aprendam a principal linguagem do amor do adolescente e usem-na com frequência.

Um tanque de amor cheio não significa que o adolescente saberá automaticamente como lidar com a raiva.

Infelizmente, um tanque de amor cheio não significa que o adolescente saberá automaticamente como lidar com a raiva.

A aptidão para trabalhar esse sentimento de forma positiva precisa ser adquirida. Pais que amam os filhos adolescentes geralmente estão em situação ideal para lhes ensinar essa aptidão. O que podem fazer, então, para ser bem-sucedidos nessa parte da educação?

Primeiro passo: começar onde ele está

Primeiro, e mais fundamental, os pais devem começar onde os adolescentes estão no momento. Quando a criança chegar à puberdade, já terá desenvolvido métodos para lidar com a raiva. Uma mãe perguntou tempos atrás: "Dr. Chapman, como fazer o adolescente falar sobre sua raiva? Quando minha filha de 15 anos fica brava, ela se fecha. Quando pergunto o que há de errado, ela se recusa a conversar sobre o assunto. Não sei como posso ajudá-la se ela não quer conversar". Outra mãe disse: "Tenho o problema oposto. Todo mundo sabe quando minha filha está irritada. Ela se torna agressiva. Grita e esperneia, como uma criança de 2 anos tendo um acesso de birra". Essas mães experimentaram os dois extremos da mesma situação. A maioria dos adolescentes recorre a uma dessas abordagens destrutivas: implosão ou explosão.

Uso o termo *implosão* para a atitude do adolescente que se cala, pois, quando guarda a raiva sem trabalhá-la, ela o corrói por dentro. Lembre-se de que o adolescente sente raiva quando, a seu ver, os pais ou alguma outra pessoa o tratam de modo injusto. Essa sensação de injustiça com frequência gera ressentimento, solidão, isolamento e, por fim, depressão. A raiva implosiva também pode resultar em um comportamento passivo-agressivo: o adolescente é passivo por fora e se recusa a lidar com a raiva, mas expressa ressentimento crescente ao se comportar de maneiras que certamente magoarão a pessoa com quem ele está bravo, geralmente os pais ou ele mesmo. O comportamento passivo-agressivo por vezes inclui desinteresse em coisas que antes eram importantes (talvez estudos ou esportes), ou talvez se manifeste no uso de drogas ou no comportamento sexual; todas essas atitudes são expressões agressivas de raiva em relação aos pais. Por vezes, depois de meses de depressão, esses adolescentes que guardaram a raiva explodem em comportamentos violentos.

Em contrapartida, vários adolescentes demonstram raiva de forma *explosiva*. Quando os pais fazem ou dizem algo que o filho considera errado, ele responde em voz alta, com palavras duras e, às vezes, até palavrões, que expressam seu descontentamento em relação ao que os pais fizeram ou deixaram de fazer. Alguns também atiram garrafas, quebram canetas e lápis, dirigem o carro em alta velocidade, "acidentalmente" derrubam a louça, passam o cortador de grama sobre a mangueira e demonstram a raiva de outras formas fisicamente destrutivas. Se essas atitudes destrutivas não forem mudadas, esses adolescentes se tornarão os adultos que agridem cônjuges e filhos física e verbalmente.

Nem todos os adolescentes vão aos extremos que descrevemos nos dois parágrafos anteriores, mas praticamente todos tomam uma destas direções: implosão ou explosão. Poucos adolescentes já aprenderam a lidar com a raiva de modo maduro e produtivo. Para alguns pais, a tarefa de ensinar seus filhos nessa área é monumental. Dificilmente você conseguirá ajudá-lo a desenvolver essa maturidade enquanto não identificar onde ele está nesse processo. Sugiro, portanto, que os pais comecem a observar o adolescente quando ele está com raiva e mantenham um registro da forma como ele trabalha esse sentimento em relação aos pais e a outras pessoas. Esse é o primeiro passo para promover mudanças positivas. Vejamos três outros passos que serão úteis para os pais ajudarem os filhos a lidar com a raiva.

Segundo passo: a difícil tarefa de ouvir

Tom veio falar comigo depois de eu dar uma palestra sobre raiva. Notei as lágrimas nos olhos dele, enquanto me dizia:

"Errei. Hoje, pela primeira vez, percebi que fiz minha filha se retrair em silêncio. Quando ela ficava com raiva de mim, eu dizia que ela era boba, que precisava amadurecer e deixar de ser tão sensível. Agora percebo que a afastei de mim. Nos últimos seis meses ela quase não conversou comigo". Como ajudar os filhos quando implodiram de raiva, afastam-se completamente e não querem comunicação alguma conosco? Quando descobrimos de que maneira nosso filho lida com a raiva, temos condições de ajudá-lo.

O passo seguinte é *realizar a difícil tarefa de ouvir*. Posso lhe garantir que não será fácil.

Trataremos da questão do adolescente implosivo (retraído) adiante; em certos aspectos, ele é mais desafiador. Comecemos, porém, com a tarefa de ouvir o adolescente explosivo. Esse é o tipo com o qual tenho mais experiência, pois nosso filho era explosivo.

Ouvir palavras furiosas e explosivas

Sou conselheiro de casais e famílias. Fui treinado para ouvir outros, mas não foi nada fácil ouvir as expressões de raiva vindas da boca do meu filho adolescente. Tinha convicção, porém, de que a única forma de exercer influência positiva sobre um adolescente furioso era escutar as colocações dele, por mais grosseiras que fossem as formas de expressão. O poema no final deste capítulo, escrito pelo meu filho muitos anos atrás, me deu a certeza de que ouvi-lo não foi trabalho perdido.

> É necessário entender por que o filho está com raiva. Aos olhos dele, o que aconteceu de errado?

Por que é tão importante ouvir as expressões de raiva do adolescente? Porque não há como trabalhar a raiva enquanto as questões que a desencadearam não forem tratadas. Por que ele está com raiva? Pelo mesmo motivo que nós, adultos ficamos com raiva: aconteceu algo que, a seu ver, foi injusto, idiota ou desumano. É verdade que a percepção dele talvez esteja distorcida, mas, em sua mente, alguém cometeu uma injustiça. Portanto, quando expressa sua ira verbalmente, mesmo que seja aos gritos, os pais devem ser gratos. Se ouvirem com atenção, existe grande probabilidade de descobrirem o que se passa na mente e no espírito dele. É necessário entender por que o filho está com raiva. Aos olhos dele, o que aconteceu de errado? Se os pais não descobrirem esse dado importante e não resolverem o assunto com o adolescente, ele guardará a raiva e perceberá que suas palavras explosivas não adiantaram nada. Mas, se os pais ouvirem e chegarem à raiz do problema, poderão se posicionar de forma inteligente.

Quando a paciência se esgota

A dificuldade é que a maioria dos pais de adolescentes reage de forma negativa às palavras explosivas dos filhos antes mesmo de ouvir suas colocações. Ficamos irritados por causa da forma como o adolescente fala conosco e, muitas vezes, perdemos a calma e gritamos com ele. Os pais dizem: "Cale a boca e vá para seu quarto. Você não vai falar comigo desse jeito". Ao agir desse modo, interromperam a comunicação. Pode ser que a casa fique quieta, mas a raiva está borbulhando dentro dos pais e do filho, uma raiva que não desaparecerá enquanto não for trabalhada.

Os pais sábios, porém, se concentram no conteúdo daquilo que o adolescente fala, e não no modo como fala. Se o adolescente está gritando com você, é porque está tentando lhe dizer algo. Os pais sábios assumem o papel de ouvintes. Sugiro que pegue papel e caneta e comece a anotar aquilo que está ouvindo seu filho dizer. Isso o ajudará a voltar o foco para a mensagem, em lugar de para como ela é comunicada. Não é hora de brigar; é hora de ouvir. Negociações e brigas podem vir depois, mas agora você está coletando informações das quais precisará para fazer um acordo de paz mais adiante.

A segunda etapa do processo de ouvir

Quando o adolescente terminar a explosão verbal inicial, repita aquilo que você entendeu da fala dele e, se tiver dúvidas, peça que ele as esclareça. Você pode dizer: "Se entendi bem, você está bravo porque eu... É isso que está dizendo?". Uma observação como essa mostra ao adolescente que você o ouviu e que deseja saber mais. Ele certamente continuará a se comunicar.

Continue a anotar o que ouvir. Resista à tentação de se defender. Lembre-se de que você está na segunda etapa do processo de ouvir.

Quando o adolescente terminar, mais uma vez repita o que você pensa ter entendido e volte a dar oportunidade para que ele o ajude a esclarecer todos os pontos. Depois que você ouvi-lo pela terceira vez, ele perceberá que você o está levando a sério. É hora de dar o terceiro passo (do qual trataremos depois de falar sobre como lidar com o adolescente silencioso).

Como lidar com o adolescente silencioso

De certa forma, é mais difícil ajudar o adolescente implosivo. A recusa dele em contar o que o incomoda e o que o levou a ficar com raiva deixa os pais sem ação. Não têm como interagir com o que está se passando na mente dele enquanto não souberem o que está pensando e sentindo. Em alguns casos, *é justamente por isso* que os adolescentes fazem greve de silêncio.

Silêncio e poder

Quando os pais são extremamente controladores e tomam todas as decisões pelo adolescente, geram dentro dele a sensação de impotência. Ele não consegue desenvolver independência e identidade própria, e acredita que o silêncio é a única maneira de se colocar em uma posição de vantagem. Com o silêncio, está no controle, pelo menos naquele momento.

Quando os pais se desesperam e lamentam porque o filho não fala ou quando explodem e gritam: "Não tenho como ajudá-lo se não me disser o que há de errado", o adolescente está vencendo a batalha, pois não está mais sob o controle dos pais.

Assim, os pais de adolescentes silenciosos precisam fazer uma introspecção difícil: "Estou sendo muito controlador? Estou dando liberdade suficiente a meu filho para que ele consiga pensar e tomar algumas decisões por si mesmo? Permito que seja um adolescente ou o trato como criança?".

Para pais excessivamente controladores, a melhor abordagem é comunicar a seguinte mensagem: "Sei que às vezes me intrometo demais em sua vida. Agora que você é adolescente, talvez não queira me contar tudo o que está pensando ou sentindo. Tudo bem. Mas, quando quiser falar, estou aqui. Quero ouvi-lo quando estiver a fim de conversar". Em seguida, demonstre amor por meio da principal linguagem dele. Essa declaração, acompanhada de uma expressão de afeto, cria um ambiente em que o filho percebe que é reconhecido. Se os pais mantiverem esse posicionamento, é quase certeza que o adolescente começará a se abrir quando ficar irritado com os pais.

Outra razão pela qual os adolescentes escolhem o silêncio quando estão com raiva é que, por experiência, sabem que, se demonstrarem a raiva, os pais explodirão. Cansados de acessos de raiva dos pais no passado, preferem ficar em silêncio a receber palavras de condenação. Não querem passar por isso de novo. É mais fácil, então, fechar a boca.

Os pais desses adolescentes nunca serão capazes de obrigá-los a se comunicar. A primeira coisa que precisam fazer é confessar seus erros passados. Derrubar o muro dos comportamentos negativos é o primeiro passo para criar um ambiente em que o filho volte a falar sobre sua raiva.

Hora de confessar

Foi o que Tom resolveu fazer. Depois de reconhecer para mim que ele havia errado, contou o que planejava fazer: "Vou para casa e vou confessar meus erros para minha filha. Talvez ela me dê outra chance". Ele pediu que eu o ajudasse a preparar uma declaração, para que não fosse levado apenas por suas emoções.

Algo parecido talvez seja útil para pais que estão tentando acabar com a greve de silêncio do filho e que estão dispostos a confessar sua responsabilidade. Esta foi a declaração que elaboramos: "Tracy, posso conversar com você por alguns minutos sobre algo que é muito importante para mim? Se não for uma boa hora, posso esperar". Tom só continuaria a falar depois que Tracy lhe desse permissão: "Outro dia, ouvi uma palestra sobre raiva e percebi que lhe fiz um desserviço no passado. Quando você expressou coisas que a estavam perturbando, fui insensível e a interrompi. Lembro-me, especificamente, das vezes em que a chamei de boba e disse que precisava amadurecer e deixar de ser tão sensível. Percebo agora que *eu* fui muito imaturo. Você estava sendo madura ao compartilhar seu ponto de vista comigo, e sinto muito pelo modo como fiz você se sentir. Quero lhe dizer que, daqui em diante, quando estiver aborrecida comigo, desejo escutá-la. Vou tentar ouvir suas observações e responder de forma positiva. Sei que às vezes você ficou chateada comigo, e com certeza ficará novamente no futuro. Mas, se me disser por que está chateada, vou tentar escutar. Vou tentar respeitar seus sentimentos enquanto resolvemos a questão juntos, está bem?".

Expliquei para Tom que talvez a filha não lhe desse uma resposta verbal imediata. Meu conselho foi que ele não a pressionasse a falar naquele momento, mas que expressasse amor por meio da principal linguagem dela. O passo que ele deu naquela noite foi o primeiro para restaurar a possibilidade de a filha conversar com ele sobre sua raiva.

Quando os adolescentes percebem que é seguro revelar o motivo da raiva aos pais, eles o fazem. Mas, quando se sentem ameaçados, intimidados, humilhados, envergonhados ou maltratados, muitos escolhem se retrair. O objetivo dos pais de um adolescente silencioso é criar um ambiente emocional em que ele sinta liberdade de falar da raiva. Quando o filho começar a procurar o diálogo novamente, devem realizar a difícil tarefa de ouvi-lo, como vimos acima.

Terceiro passo: validar os sentimentos de raiva

O terceiro passo para ensinar o adolescente a lidar com a raiva de forma positiva — depois de identificar suas próprias falhas em lidar com ela e depois de ouvir seu filho atentamente enquanto ele expressa esse sentimento — é *validar a raiva*. Posso ouvir alguns pais pensando: "Espere aí. A meu ver, muitas vezes a raiva de meu adolescente não é válida. Às vezes, ele nem sabe muito bem do que está falando. Como validar o sentimento dele se não concordo com sua percepção?".

Que bom que você perguntou! É justamente nesse ponto que muitos pais cometem um erro sério. Confundem fatos com sentimentos. Como resultado, envolvem-se em discussões com os adolescentes sobre os fatos e deixam os sentimentos de lado.

Desconsiderar os sentimentos não promove um relacionamento positivo entre pais e filhos. Por isso o terceiro passo é tão importante. Se você não souber como validar os sentimentos de seu filho, nunca o ensinará a lidar com a raiva de forma positiva. Continue a ler, pois o que vem a seguir é *extremamente* importante.

Uma das melhores formas de validar, com sinceridade, as emoções de outra pessoa é a *empatia*, ou seja, colocar-se no lugar dela e tentar ver o mundo pelos olhos dela. Para os pais, isso significa voltar à adolescência por um momento e lembrar-se das inseguranças, das variações de humor, do desejo de independência e de identidade própria, da importância de ser aceito pelos colegas e da necessidade intensa de amor e compreensão por parte dos pais. Os pais que não procurarem desenvolver empatia em relação aos filhos terão dificuldades de validar os sentimentos deles.

Um pai mostrou o poder da empatia quando me disse: "É impressionante o que aconteceu quando usei a empatia. Minha filha estava zangada comigo porque a proibi de dirigir por uma semana. Gritou comigo, disse que era uma injustiça e que ficaria com vergonha de contar para as amigas que não poderia dar carona para o cursinho naquela semana porque o pai havia 'confiscado' o carro. Em outros tempos, eu teria dito que ela devia se dar por feliz porque tirei o carro apenas por uma semana, que os amigos dela poderiam pegar carona com outra pessoa e que ela merecia se sentir envergonhada. Usei essa abordagem em outras ocasiões e só piorou as coisas. Mas, depois de ouvir sua palestra sobre empatia, coloquei-me no lugar dela e lembrei como era difícil perder algum privilégio por uma semana. Disse-lhe: 'Filha, entendo por que está chateada comigo. Sei como vai ser um 'mico' não poder levar os amigos para a aula. Se eu fosse adolescente, e um dia já fui, também ficaria aborrecido e envergonhado. Mas deixe-me explicar como me sinto como pai. Concordamos que, se você fosse multada por excesso de velocidade, não dirigiria por uma semana. Se acontecesse novamente dentro de um ano, ficaria duas semanas sem dirigir. Você estava ciente das regras e concordamos sobre as consequências. Amo muito você, e por isso preciso fazer valer as regras, embora entenda como está se sentindo agora'". O pai prosseguiu, com os olhos marejados: "Eu a abracei e saí do quarto, mas pela primeira vez senti que tinha lidado com a raiva dela de forma positiva".

Uma declaração de empatia por parte dos pais não remove o sentimento de vergonha do adolescente, mas acalma sua raiva. Quando os pais se identificam com o que o adolescente está sentindo e validam esses sentimentos, a raiva diminui, pois ele percebe que foi tratado com dignidade, e não ridicularizado. Evidentemente, o segundo passo (ouvir) é um pré-requisito para o terceiro passo (validar a raiva). É impossível os pais demonstrarem empatia verdadeira pelo adolescente se não tiverem ouvido com atenção como ele percebeu a situação.

Quarto passo: explicar seu ponto de vista e buscar uma resolução

Quando o adolescente foi ouvido com atenção e recebeu uma declaração de empatia sobre a raiva e outros sentimentos, é possível dar o passo final no processo de trabalhar a raiva: explique seu ponto de vista e busque uma solução.

Agora, e apenas agora, os pais devem apresentar ao adolescente seu ponto de vista. Se o fizerem antes de dar os três passos anteriores, o resultado poderá ser uma longa discussão que provavelmente terminará com palavras duras, das quais todos se arrependerão mais tarde. Se você ouviu com atenção e entendeu a raiva do adolescente, ele ouvirá seu ponto de vista. Talvez não concorde com você, mas o ouvirá, e a questão poderá ser resolvida.

Às vezes eles têm razão, às vezes não

Algumas vezes, depois que ouvem as explicações do adolescente, os pais percebem que ele está com a razão. Beth relatou: "Nunca vou esquecer o dia em que minha filha Christy ficou brava comigo porque arrumei sua escrivaninha. Deixou bem claro que estava com raiva de mim porque tinha invadido o espaço dela, que não tinha o direito de mexer nos objetos da escrivaninha, que tinha jogado fora algumas coisas muito importantes e que, se fizesse isso de novo, ela sairia de casa. Só então percebi o quanto a havia magoado e como era uma questão fundamental para ela. Poderia ter argumentado que tinha o direito de entrar no quarto dela e fazer o que bem entendesse. Poderia ter dito que, se ela mantivesse a escrivaninha limpa, eu não teria feito isso por ela. Em vez de dizer tudo isso, porém, simplesmente a ouvi.

"Acho que, naquele dia, percebi pela primeira vez que minha filha de 17 anos estava se tornando adulta e que não podia mais tratá-la como criança. Disse-lhe: 'Sinto muito. Eu errei. Minha intenção foi apenas limpar a escrivaninha, mas entendo o que você disse e percebo que não tinha o direito de jogar suas coisas fora. Na verdade, não tinha o direito nem de limpar a escrivaninha. Por favor, me perdoe. Prometo que não vou mais fazer isso'".

Nós, pais, não somos perfeitos, e muitas vezes cometemos erros que deixam nossos adolescentes com raiva. Se os escutarmos e formos honestos, reconheceremos nosso comportamento falho. Confessar e pedir perdão sempre é a abordagem mais positiva quando nos damos conta de que erramos. A maioria dos adolescentes perdoa os pais quando eles pedem perdão com sinceridade. Muitas vezes, porém, os pais terão um ponto de vista bem diferente, que precisa ser compartilhado de forma honesta e gentil, porém firme.

> A maioria dos adolescentes perdoa os pais quando eles perdem perdão com sinceridade.

John ouviu com atenção enquanto o filho Jacob extravasava a raiva. Estava aborrecido porque o pai não queria lhe emprestar dinheiro para pagar o seguro do carro. Quando Jacob tirou a carteira de habilitação, John comprou um carro para ele e os dois concordaram que Jacob pagaria o combustível, o óleo e o seguro. Isso foi um ano e meio atrás. O seguro tinha de ser pago a cada seis meses, e Jacob fez os dois primeiros pagamentos sem problema, mas agora estava com pouco dinheiro. A seu ver, o pai devia lhe emprestar a quantia necessária para que pudesse continuar a usar o carro. Sabia que o pai tinha dinheiro suficiente e que não seria problema emprestar.

John ouviu Jacob com atenção, tomando notas. Depois, respondeu:

— Então você acha que devo emprestar o dinheiro porque tenho recursos suficientes e não vai me prejudicar em nada?

— Isso mesmo — Jacob disse. — É pouca coisa para você, mas é muito para mim. Se não me emprestar o dinheiro, ficarei sem o carro por pelo menos duas semanas.

John ouviu novamente enquanto Jacob explicava. Então, disse:

— Entendo por que você quer que eu lhe empreste o dinheiro. Com certeza será um grande inconveniente ficar sem carro por duas semanas. Mas deixe-me dizer qual é meu ponto de vista. Como pai, minha responsabilidade é ajudá-lo a aprender a administrar o dinheiro. Concordamos desde o início que você pagaria o combustível, o óleo e o seguro. Seis meses atrás, você já sabia que o seguro iria vencer, mas, em vez de economizar, gastou o dinheiro. Foi sua escolha. Tudo bem. Não estou reclamando de como você gastou o dinheiro. Mas, por causa dessa escolha, agora não tem o suficiente para o seguro. Acho que estaria agindo mal se o livrasse das consequências. Esta é uma boa oportunidade para você aprender a administrar seu dinheiro. Nas próximas duas semanas, estou disposto a lhe emprestar meu carro sempre que possível e, quando não puder emprestá-lo, estou disposto a lhe dar carona. Mas não vou lhe dar o dinheiro para o seguro. Acho que estaria errando como pai se o fizesse. Entende o que estou dizendo?

Jacob baixou a cabeça e resmungou:

— Acho que sim.

Não estava feliz, mas entendeu o ponto de vista do pai. Mostrou-se mais disposto a aceitar porque o pai o havia escutado com atenção, entendido suas razões e expressado compreensão.

Nosso objetivo é sempre ajudar o adolescente a lidar com a raiva até chegar a uma solução. A raiva não resolvida em seu coração e em sua mente produz amargura e ressentimento. O adolescente sente-se rejeitado e não amado. Diante disso, é quase impossível receber expressões de amor. Muitos pais ficam frustrados quando os adolescentes se recusam a aceitar seu amor e, mesmo que se esforcem ainda mais, continuam a ser rejeitados. Se o filho guardou a raiva, terão de criar um ambiente propício para que compartilhe as questões que o aborreceram.

Reconhecer as falhas passadas por vezes é um dos requisitos para criar esse ambiente. Por exemplo, você pode dizer: "Sei que nem sempre o ouvi quando você ficou bravo comigo. Algumas vezes o critiquei ou disse coisas que o magoaram, e me arrependo profundamente. Tenho consciência de que não sou um pai perfeito, mas quero melhorar. Se estiver a fim, gostaria que tivéssemos uma conversa para você me dizer honestamente em que aspectos o magoei. Sei que será difícil para nós dois, mas estou disposto a ouvi-lo".

Se, com o tempo, o adolescente não responder a essa proposta, talvez seja necessário procurar aconselhamento profissional. Caso ele não esteja disposto a receber aconselhamento, os pais podem mostrar sinceridade ao buscar ajuda para eles próprios. Mais adiante, é possível que o adolescente aceite participar do processo.

Ensinar o adolescente a aceitar a raiva e trabalhá-la de modo positivo é uma das maiores contribuições que você pode fazer pela vida social, emocional e espiritual dele. O adolescente aprende a lidar com a raiva por experiência. Começamos do ponto em que ele está e o ajudamos a trabalhar seus sentimentos mesmo que, no início, precisemos ouvi-lo gritar e esbravejar. Mais adiante, poderemos lhe ensinar maneiras de expressar a ira de modo mais adequado. Não devemos permitir, contudo, que a forma de expressão do adolescente nos impeça de ouvir a mensagem por trás das palavras.

Meu filho escreveu o poema a seguir quando estava com vinte e poucos anos. É uma das razões pelas quais acredito no poder restaurador de ouvir a raiva dos adolescentes.

"Pai", por Derek Chapman

Você me ouviu até tarde da noite.
Foi isso que me deu.
Teve ouvidos para ouvir
a sinfonia explosiva de minha juventude,
palavras incisivas, sílabas cortantes.
Os outros partiram.
Você ficou
e ouviu.

Quando abri buracos no teto — disparando meus gritos,
chamas lançadas com rapidez,
rasgando as asas dos anjos,
você esperou,
remendou as asas
e, de algum modo, prosseguimos.
Até o próximo dia,
a próxima refeição,
a próxima bomba.

Quando todos correram
em busca de abrigo
e proteção,
você ficou no campo de batalha
exposto ao fogo de várias direções.
Arriscou a vida
quando me encontrou,
arriscou a vida ao me ouvir
até tarde da noite.

10

Amor em diferentes estruturas familiares

Pais que educam sozinhos os filhos

A vida de Amanda não é fácil, e não é de hoje. Ela tem dois filhos adolescentes: Marc, de 15 anos, e Julie, de 13. Amanda os criou sozinha desde que o marido os abandonou cinco anos atrás.

Ela enfrentou o trauma de um divórcio difícil e teve de lidar com sentimentos de rejeição. Em pouco tempo, contudo, retomou a vida. Com a ajuda dos pais, completou o curso de enfermagem e começou a trabalhar em um hospital. Se não fosse pelo emprego em período integral, não teria sobrevivido, pois a pensão enviada pelo ex-marido era esporádica e irrisória.

Apesar de tudo o que conseguiu realizar, hoje Amanda se sente culpada. Por causa do trabalho, não pôde passar tanto tempo quanto desejaria com os filhos. Nem sempre assistiu a suas apresentações na escola, como gostaria de ter feito. Julie tinha apenas 8 anos quando o pai saiu de casa; agora é adolescente, e Amanda ainda não tem como se dedicar aos filhos da forma como quer. Vê que Julie e Marc estão crescendo, tornando-se independentes, e se pergunta se estão prontos para encarar o futuro. Alguns dias, diz a si mesma: "Fiz o melhor que pude". Outros, diz: "Talvez não tenha feito o suficiente". Ultimamente, Marc dá respostas atravessadas e a critica com frequência. Julie quer começar a namorar, mas Amanda acha que ela é jovem demais.

Em meu consultório, Amanda diz: "Não tenho certeza se sou capaz de encarar esse desafio. Creio que até aqui conduzi bem as coisas, mas não sei se conseguirei aguentar até o fim da adolescência deles".

O que Amanda estava dizendo não era muito diferente daquilo que dizem centenas de pais que criam sozinhos os filhos: "Alguém pode me ajudar, por favor? Não sei se vou dar conta sozinho".

Felizmente, há ajuda para pais como Amanda. Algumas comunidades e igrejas têm grupos de apoio para essas famílias. A maioria das bibliotecas tem inúmeros livros escritos para pais que educam sozinhos os filhos. Também há muitos recursos valiosos disponíveis na Internet. Não quero repetir aqui as mesmas informações que podem ser encontradas em outros lugares. O objetivo deste capítulo é ajudar pais e mães sozinhos a suprir de modo eficaz a necessidade emocional de amor do adolescente.

Amor e emoção

Receber amor de um dos pais

Sei que cada família com um dos pais ausente é singular. No entanto, existem algumas características em comum que tornam a educação uma tarefa mais difícil que nos lares em que ambos os pais estão presentes. A realidade mais óbvia é o fato de que apenas um dos pais tem a guarda dos filhos. Mesmo que a guarda compartilhada (situação em que, teoricamente, a criança passa o mesmo tanto de tempo com o pai e com a mãe) por vezes funcione na infância, dificilmente é praticável na adolescência. Em geral, a mãe fica com a guarda enquanto o pai vê os filhos em intervalos regulares ou esporadicamente; em casos mais raros, nunca os vê. Por esse motivo, na experiência diária, em que o adolescente precisa se sentir amado, apenas um dos pais está disponível. O ideal é que o adolescente tenha pai e mãe que expressem amor diariamente. Em uma família com um dos pais ausentes, esse ideal é impossível. O pai que não tem a guarda raramente tem contato diário com o adolescente. O pai que tem a guarda precisa aceitar essa realidade. Esse é um dos motivos pelos quais o conteúdo deste livro é tão importante para pais sozinhos.

Se você é o único a dar amor diariamente a seu filho, é fundamental que descubra e fale a principal linguagem do amor dele. Do contrário, poderá usar atos de serviço enquanto ele necessita de palavras de afirmação. Uma mãe sozinha me disse: "Mal consigo acreditar em como minha filha mudou. Participei de um *workshop* em que o palestrante falou sobre as cinco linguagens do amor e sobre como descobrir a principal linguagem do filho adolescente. Percebi que a linguagem do amor da minha filha era tempo de qualidade. Eu costumava usar palavras de afirmação e não entendia por que ela reagia de forma tão negativa. Quando comecei a lhe dar tempo de qualidade, na maioria das vezes apenas a levava comigo para fazer compras e cuidar de outras coisas, mas ainda assim sua atitude mudou de forma impressionante. Em duas semanas, passou a ser uma pessoa diferente, e o clima em nossa casa melhorou muito".

Emoções em erupção

Sentimentos reprimidos na infância muitas vezes ressurgem na adolescência. A dor, a raiva e a rejeição que, durante a infância, raramente foram expressos, podem gerar baixa autoestima, sentimentos de inadequação, depressão, críticas e comportamento abusivo. Essas emoções e o comportamento resultante delas raramente são articulados na presença do cônjuge que não tem a guarda dos filhos. Talvez isso se deva ao fato de o adolescente acreditar que ele não entenderia ou, possivelmente, não se importaria; ou talvez não queira estragar os aspectos positivos do relacionamento com o pai ou a mãe. Quem tem a guarda do filho é que sentirá o impacto das emoções outrora adormecidas do adolescente.

Para a maioria dos pais que têm a guarda dos filhos, é uma situação extremamente difícil. Muitas vezes, sentem-se pouco valorizados e ficam com raiva do adolescente. O pai ou a mãe que trabalha com tanto esforço para tomar conta desse filho sente-se maltratado por ele.

Se é o seu caso, saiba que não é o único a sentir-se dessa forma. Essas emoções são comuns quando filhos educados por apenas um dos pais entram na adolescência. Lembre-se de que as fortes emoções dos adolescentes são relacionadas a seu desejo de independência e identidade própria. Como adulto em formação, cujos valores intelectuais, espirituais e morais ainda estão se desenvolvendo, ele é forçado a conviver com algo que lhe parece uma injustiça. Esse processo pode ser positivo. Para que o adolescente entre na vida adulta com certo nível de maturidade, as dores do passado precisam ressurgir e ser tratadas. Entretanto, o processo também pode ser doloroso tanto para o pai ou a mãe quanto para o adolescente.

Emoções e sonhos

Concentre-se nas emoções do adolescente

O importante para o pai ou a mãe que tem a guarda do filho é focalizar as emoções dele e não o comportamento, ou seja, agir de modo exatamente oposto ao que normalmente fazemos. Kim descreve da seguinte forma a frustração com seu filho, Sam: "Ele vive se depreciando. Não importa o quanto eu o elogie, continua a expressar sentimentos de inadequação. Parece deprimido a maior parte do tempo. Eu me esforço para ser alegre e animada. Tento me concentrar nos aspectos positivos da vida, mas ele continua emburrado. Nenhuma atitude minha parece fazer muita diferença".

Kim está procurando mudar o comportamento de Sam, mas não está levando em consideração os sentimentos subjacentes. Precisa entender que, por trás do comportamento do adolescente, baseado em sua depressão e baixa autoestima, há sentimentos mais profundos de dor, raiva e rejeição. Essas emoções precisam ser discutidas. Se ela continuar se esforçando para convencer o filho a melhorar a autoestima e ter atitudes positivas ao lhe dizer o quanto é inteligente e capaz, os resultados serão mínimos. Se, contudo, criar um ambiente em que Sam possa falar sobre sua infância, especialmente os sentimentos associados ao divórcio, morte ou abandono do pai, começará a ver uma mudança de atitude.

Não estou dizendo que será fácil. Não é algo que acontece depois de apenas uma conversa. O adolescente precisa expressar repetidamente as mágoas do passado, os pensamentos e as memórias resultantes dessas mágoas enquanto o pai ou a mãe que tem sua guarda ouve com empatia. Para que haja cura emocional, essas dores precisam vir à tona e ser compartilhadas.

Jessica se queixou de um problema diferente: "Minha filha de 16 anos perdeu o controle. Um dia desses, me ofendeu com palavrões. Não consegui acreditar no que estava ouvindo. Em várias ocasiões, atirou objetos, por vezes em mim, mas geralmente contra a parede. Esse comportamento é totalmente atípico". Ao conversar com a filha de Jessica, descobri que a garota havia começado a namorar fazia pouco tempo. A perspectiva de ter um relacionamento romântico com um garoto fez com que os sentimentos sobre o pai, adormecidos dentro dela, aflorassem. O pai a havia abandonado, e ela temia ser abandonada também pelo namorado. A raiva, antes escondida, veio à tona. A garota estava brava com a mãe, a quem ainda culpava, em certa medida, pelo divórcio. Também estava com raiva do pai por ter ido embora e, especialmente, por demonstrar tão pouco interesse por ela desde então. O comportamento agressivo era, na verdade, sinal inequívoco de que estava começando a lidar com as dores do passado.

Quando Jessica entendeu isso, conseguiu concentrar-se em ajudar a filha a falar sobre as emoções reprimidas, em vez de condenar o comportamento negativo. Com o tempo, o comportamento problemático desaparece à medida que a dor interior é processada quando o adolescente conversa com alguém que se solidariza com ele.

Escute e diga a verdade ao adolescente

Ao tratar as dores do coração do adolescente, cabe ao pai ou a mãe não apenas a difícil tarefa de escutar, mas também de dizer a verdade. Quando o outro cônjuge saiu de casa, aquele que ficou deu ao filho apenas explicações simples, que pareceram satisfazê-lo naquele momento. E você pensou que o assunto estivesse encerrado. Agora o adolescente volta a trazê-lo à tona. Dessa vez, porém, faz perguntas muito mais específicas. Quer saber o que aconteceu antes do divórcio; quer saber como era o casamento no início. Talvez lhe pergunte: "Se meu pai é tão horrível, por que você se casou com ele?". Se a mãe faleceu, o adolescente voltará a perguntar sobre sua doença ou acidente: "Que tipo de pessoa era a mamãe? O que ela dizia sobre mim?". Essas são perguntas típicas do adolescente; são difíceis, dolorosas e penetrantes, mas precisam ser respondidas.

Não procure, de maneira alguma, justificar o seu comportamento ou o de seu ex-cônjuge. *Diga a verdade.* Se o adolescente descobrir (o que provavelmente acontecerá) que você mentiu sobre os detalhes, perderá o respeito por você. Quando seu filho era criança, talvez tenha lhe parecido que ele não tinha condições de entender a verdade. Agora, porém, ele é adolescente, e para haver cura emocional é necessário que saiba a verdade.

Lynn, mãe de uma adolescente de 14 anos, disse: "A coisa mais difícil que precisei fazer foi responder às perguntas de minha filha. Sei que deveria ter contado antes, mas nunca parecia ser a hora certa. Então, ela começou a fazer perguntas difíceis, e tive de escolher entre mentir ou dizer a verdade. Na noite mais angustiante de minha vida, contei-lhe que nunca tinha me casado com seu pai, que o havia conhecido em uma festa na praia, feito sexo com ele e nunca mais o tinha visto.

Antes disso, sempre tinha dito que ele havia saído de casa quando ela era pequena. No início, minha filha ficou zangada. Disse que deveria ter lhe contado antes. O que mais me machucou, porém, foi sua declaração: 'Então, na verdade, você não me queria. Fui um acidente'".

Lynn prosseguiu: "Escutei suas palavras cheias de raiva e disse que entendia como ela se sentia, mas esperava que minha atitude a partir daquela noite demonstrasse que sempre a havia amado. Tivemos muitas conversas nas semanas seguintes. Choramos juntas, rimos e nos abraçamos. Nunca me senti tão próxima de minha filha. Creio que agora ela me ama de um modo mais maduro. Sempre soube que chegaria o dia em que teria de lhe contar a verdade e esperava ter a coragem de fazê-lo. Fico feliz que consegui". A verdade dói, mas também cura.

> A filha de Lynn comentou comigo: "Foram os abraços de minha mãe que me ajudaram a atravessar aquela fase".

Conhecer e falar a principal linguagem do amor do adolescente pode ser extremamente útil quando tiver de lhe contar a verdade. Um toque, uma palavra de afirmação, um presente, um ato de serviço ou tempo de qualidade ajudará a criar o ambiente necessário para o doloroso processo de cura do passado. Mais adiante, a filha de Lynn comentou comigo: "Foram os abraços de minha mãe que me ajudaram a atravessar aquela fase. Nunca havia sentido tanta dor em minha vida como no momento em que ela me contou a verdade. Queria correr, gritar, me matar. Mas, quando ela me abraçou, senti como se estivesse envolta por um 'cobertor de amor'". Sua principal linguagem do amor era toque físico e falou de modo profundo a seu coração ferido. Lynn também usou as outras linguagens. Deu à filha doses generosas de tempo de qualidade em longas conversas. Afirmou verbalmente seu amor em inúmeras ocasiões. Também lhe deu presentes especiais e atos de serviço. Todos esses elementos contribuíram para a cura da filha. Mas o toque físico foi como o "cobertor de amor" que a envolveu.

Respeite os desejos inviáveis do adolescente

Gostaria de mencionar outro desafio para mães e pais que educam sozinhos os filhos, e a forma apropriada de lidar com ele. O adolescente numa família em que um dos pais está ausente terá muitos desejos inviáveis. Talvez você ouça seu filho dizer: "Gostaria muito que papai viesse assistir aos meus jogos". Você sabe, porém, que o pai dele mora em uma cidade a mais de mil quilômetros de distância, se casou de novo e tem dois filhos. Ele não virá assistir aos jogos do filho. Sua filha de 16 anos talvez diga: "Papai vai comprar um *notebook* para mim", mas você sabe que o pai dela está endividado e que não teria dinheiro para comprar um computador mesmo que quisesse. Esses sonhos impossíveis fazem parte da imaginação do adolescente. São uma tentativa subconsciente de ter o tipo de família que ele deseja.

A reação natural de muitos dos pais sozinhos é destruir esses sonhos com uma boa dose de realidade. Em minha opinião, esse é um erro grave. É muito melhor reconhecer os sonhos do adolescente e deixar que a realidade se torne clara aos poucos. "Você quer que seu pai lhe compre um *notebook*? É uma boa ideia. Também gostaria que isso acontecesse." "Você gostaria que seu pai pudesse vir e assistir aos jogos? Também acho que seria ótimo." Ao interagir de forma positiva com os desejos irreais de seu filho, você reforça a identidade própria dele. Se lhe parecer necessário contradizer essas ideias e dizer algo negativo a respeito do ex-cônjuge, você ensinará o adolescente a não verbalizar seus desejos. Ao aceitá-los e reconhecê-los, contribuirá para que a comunicação continue a fluir.

Se ainda tiver contato com o ex-cônjuge, pode contar alguns desses sonhos do adolescente. No entanto, faça-o apenas a título de informação, e não como cobrança. Por exemplo: "Nosso filho comentou várias vezes que gostaria que você assistisse aos jogos dele. Sei que provavelmente você não tem condições de vir, mas se algum dia der certo, ele ficará bem feliz. Quem sabe da próxima vez que conversar com ele por telefone, pode perguntar como foi o jogo". Essas informações são importantes para o pai ou a mãe que não tem a guarda do filho. Outro exemplo: "Stephanie comentou várias vezes que você pretende comprar um *notebook* novo para ela. Não estou pedindo isso de você, mas achei que você gostaria de saber o que ela anda dizendo". Por vezes, contudo, é melhor que o próprio adolescente compartilhe seus desejos com a mãe ou o pai que não tem sua guarda, especialmente quando os pais têm uma relação conflituosa. Dizer a seu filho: "Talvez você devesse falar isso para seu pai" pode ser um incentivo apropriado.

Para alguns pais pessimistas por natureza, pode ser extremamente difícil fazer o que acabei de sugerir. Eles veem sempre a metade vazia do copo e transmitem seu pessimismo ao adolescente. Se, por acaso, essa é uma característica de sua personalidade, procure um conselheiro que possa ajudá-lo a ter uma perspectiva mais otimista. Sonhos, mesmo impossíveis, tornam a vida mais suportável em fases difíceis. E quem sabe o que é impossível?

Se os desejos do adolescente são inviáveis, em algum momento isso ficará evidente. No entanto, ao compartilhar esses desejos, ele fornece informações que os pais não teriam outra maneira de obter. Com frequência, muitos desses desejos são relacionados à principal linguagem do amor dele. Provavelmente, a principal linguagem do amor do adolescente que deseja que o pai assista a seus jogos é tempo de qualidade. A menina que pede um computador talvez demonstre que os presentes são sua principal linguagem do amor. Ao ouvir com atenção, descobrirá muita coisa sobre as necessidades de seu adolescente.

Para os pais que não têm a guarda dos filhos

Aqui vão algumas ideias para os pais que não têm a guarda do filho. Espero que não tenha se sentido injustiçado na primeira parte deste capítulo. A verdade é que você pode ter um papel importante na vida de seu adolescente. *Ele precisa de você.* Muitos pais que não têm a guarda dos filhos reconhecem que precisam de ajuda para saber como educá-los. Alguns veem o adolescente com frequência. Outros moram longe. Como aproveitar ao máximo a sua realidade? Vamos tratar de algumas armadilhas e, em seguida, ver algumas ideias positivas.

Uma armadilha comum é o que às vezes chamamos síndrome de "*papai Disneyworld*". Isso acontece quando você usa o tempo que passa com seu adolescente para levá-lo a eventos esportivos, fazer compras, assistir filmes ou ir a parques de diversão. Você presta mais atenção nas atividades do que no adolescente. Por causa do tempo limitado que esses pais têm com o adolescente, a tendência é planejarem cada encontro com antecedência e procurarem fazer algo divertido. No final da visita, pai e filho estão exaustos.

Não me interprete mal. Não há nada de errado em se divertir. No entanto, a vida não é feita apenas de diversão e brincadeiras. O adolescente precisa vê-lo em situações mais corriqueiras. Uma vez que você não faz parte da rotina diária de seu filho durante a semana, talvez não faça ideia do que se passa na mente e no coração dele. Para construir proximidade, é necessário um ambiente descontraído (e, por vezes, não tão descontraído). A fim de serem capazes de suprir as necessidades dos filhos, os pais precisam descobrir quais são essas necessidades.

> O pai imagina que soube expressar amor, mas o adolescente se sente rejeitado.

Não é incomum que pais e adolescentes tenham pontos de vista diferentes sobre a relação de visitação. Pesquisas indicam que, com frequência, o pai sente que cumpriu sua responsabilidade, enquanto o adolescente tem a impressão de que falta alguma coisa. O pai imagina que soube expressar amor, mas o adolescente se sente rejeitado. De acordo com um estudo, enquanto a maioria dos pais acredita ter cumprido suas obrigações, três em cada quatro adolescentes têm a impressão de que não são importantes para os pais. "A seu ver, os pais estavam presentes fisicamente, mas não emocionalmente."[1] Tudo indica que a síndrome de "papai Disneyworld" não é a melhor abordagem para educar o adolescente.

Outra armadilha é *aproveitar-se do tempo do adolescente* e/ou de sua disposição de ajudar. Uma garota de 15 anos conta que chegou à casa do pai para passar o fim de semana e ficou sabendo que ele teria de sair por causa de outro compromisso. O pai pediu que ela cuidasse dos dois meios-irmãos até que ele e a esposa voltassem. O casal retornou na noite seguinte, bem depois da meia-noite. Claro que, para aquela adolescente, essa visita não trouxe satisfação. Quando chegou a ocasião de visitar o pai novamente, ela não quis ir.

Não quero dizer que o adolescente não deva ter nenhuma tarefa durante a visita. Envolvê-lo no ritmo normal da casa pode ser uma experiência positiva. Coisas simples como ir juntos ao supermercado podem ser relevantes. Mas ele sabe quando estão se aproveitando dele. Se você estiver preocupado apenas com seus próprios interesses, seu filho não demorará a se ressentir desse comportamento.

A terceira armadilha é *supor que o adolescente está emocionalmente estável caso ele não comente sobre problemas*. Muitas vezes, o adolescente reluta em falar de suas dificuldades emocionais com o pai que não tem sua guarda. Existem várias razões para isso. Alguns temem que, se forem honestos a respeito de seus sentimentos, o pai os rejeitará e não haverá mais visitas. Aqueles que se lembram das reações violentas do pai no passado temem que ele se enfureça caso compartilhem o que se passa de fato em sua mente e em seu coração.

Outros não conseguem falar porque não querem "tumultuar as coisas". Em resumo, silêncio não é sinônimo de que tudo está bem.

A maioria dos adolescentes cujos pais são separados tem os sentimentos e pensamentos dos quais tratamos no início deste capítulo e precisa compartilhá-los com você. O pai sábio cria um ambiente em que é possível haver diálogo, sem medo de retaliação. Na maioria dos casos, o pai precisa tomar a iniciativa e dizer algo como: "Sei que o fato de sua mãe e eu termos nos separado deve ter causado muita dor e dificuldade para você. Se quiser conversar sobre isso, pode ter certeza de que estou disposto a ouvir. Se eu continuar a errar ou a fazer coisas que o decepcionem ou magoem, espero que me avise. Quero ser um pai melhor e estou aberto para sugestões". Talvez o adolescente não reaja de imediato, mas se ele concluir que você está sendo sincero, mais cedo ou mais tarde lhe falará das dificuldades dele.

Suas questões pessoais

Se você não tem a guarda do filho e passa pouco tempo com ele em razão de problemas pessoais — dificuldades emocionais ou financeiras, vícios etc. —, quero incentivá-lo a tomar providências para tratar de seus problemas. Depois de muitos anos aconselhando casais e famílias, posso dizer que chegará o dia em que se arrependerá de não ter participado mais da vida de seu adolescente. É possível evitar esse arrependimento ao tomar medidas apropriadas para tratar de suas questões e obter a ajuda necessária.

Procure um conselheiro, um pastor ou um amigo de confiança e fale honestamente sobre suas necessidades. Deixe que alguém o encaminhe para a ajuda de que você precisa a fim de tomar um rumo mais saudável. Quando você der esses passos, seu filho começará a respeitá-lo e você estará mais próximo de ter um bom relacionamento com ele.

Participe e fale a linguagem do amor do adolescente

Se, em contrapartida, você tem contato frequente com seu filho, aproveite ao máximo as oportunidades de comunicação, sejam elas pessoais ou à distância. Conte para ele o que está acontecendo em sua vida, tanto sucessos como fracassos. Seja honesto e autêntico. O adolescente busca autenticidade. Faça perguntas que o ajudarão a descobrir os pensamentos, sentimentos e desejos dele. Você não precisa ter todas as respostas. Aliás, é melhor que não tenha. O adolescente precisa aprender a pensar com a própria cabeça. Procure entrar em contato com as emoções dele. Não se limite a conversas superficiais. Peça ao ex-cônjuge sugestões para melhorar seus contatos com o adolescente.

Além disso, enquanto está com seu filho, não critique o cônjuge que tem a guarda dele. Se o adolescente se queixar dele, escute o que tem a dizer. Pergunte como pode ajudar. Seja compreensivo com as críticas do filho, mas não acrescente suas próprias opiniões.

Acima de tudo, aprenda a falar as cinco linguagens do amor. Descubra qual é a principal linguagem do amor de seu filho e use-a com frequência. A melhor maneira de contribuir para o bem-estar do adolescente é mostrar que se importa com ele e o ama. Não pressuponha que ele sente seu amor. Muitos pais usam a própria linguagem do amor e imaginam que, dessa forma, os filhos se sentirão amados. Milhares de adolescentes *não* se sentem amados. Não existe substituto para a principal linguagem do amor de seu filho.

Não importa como tenha sido o relacionamento com o adolescente até aqui, nunca é tarde demais para melhorá-lo. Uma confissão honesta das falhas do passado e um pedido de perdão podem ser o primeiro passo no longo caminho para a renovação de um relacionamento afetuoso entre vocês. A jornada talvez seja difícil para ambos, mas posso lhe garantir que vale a pena.

Diretrizes importantes

Eis algumas diretrizes importantes, tanto para os pais que têm a guarda do filho quanto para os que não têm, para demonstrar amor.

1. *Ouça o adolescente.* Não há como educá-lo devidamente se não prestar atenção ao que ele diz. Pais que não levam em consideração as declarações dos adolescentes dificilmente serão capazes de suprir suas necessidades emocionais e não terão como orientá-los devidamente. Ao ouvir seu filho, você está lhe dando tempo de qualidade e lhe dedicando toda a sua atenção. Está comunicando que ele é uma pessoa que vale a pena ser conhecida e está dedicando a ele uma parte de sua vida.

2. *Ensine-o a lidar com a raiva de forma positiva.* O primeiro passo talvez consista em trabalhar sua própria maneira de lidar com a raiva. A maioria dos pais que educam sozinhos os filhos teve de enfrentar situações que causaram raiva. Alguns aprenderam a lidar com ela de forma construtiva, enquanto outros ainda a engolem e depois explodem em seu modo de agir e falar. É pouco provável que o adolescente se abra com você enquanto não observar que você está tomando providências para aprender a lidar com sua raiva. (Veja mais ideias no capítulo 9, "A raiva e os adolescentes".)

3. *De maneira gentil, porém firme, mantenha os limites.* O adolescente precisa da segurança resultante de saber que os pais se importam com ele o suficiente para dizer não para aquilo que, na visão deles, será prejudicial. Evidentemente, essa abordagem funciona melhor se pai e mãe têm condições de conversar sobre limites e definir uma lista de regras e consequências. Essa é uma forma de mostrar ao adolescente que ambos se importam igualmente com o bem-estar dele.

4. *Acima de tudo, dê ao adolescente amor incondicional.* Bom ou mau, certo ou errado, ele precisa sentir que alguém se importa com ele e o ama de fato. As pessoas que ele mais

gostaria que o amassem são os pais. Se possível, pai e mãe devem fazer um esforço conjunto para manter o tanque de amor do filho cheio.

5. *Considere a possibilidade de participar de um grupo para pais que educam sozinhos os filhos.* Há grupos desse tipo em centros comunitários, igrejas e faculdades. Em geral, ajudam a abrir uma via de comunicação de mão dupla. Alguém já terá percorrido o caminho que você está trilhando e poderá lhe dar sugestões práticas. Outros acabaram de entrar nesse universo, e você poderá lhes dar ânimo. Esses grupos podem ser de grande ajuda na difícil tarefa de criar bem os filhos nessas circunstâncias.

6. *Peça apoio de familiares, de amigos e da igreja.* Se você tem parentes que moram por perto e que, a seu ver, poderiam ser uma boa influência para seu filho, peça ajuda deles. Se não há membros da família por perto, ou se poderiam ser uma influência negativa, busque a ajuda de amigos. Juntamente com os grupos comunitários mencionados acima, as igrejas podem ser um excelente recurso nessa situação. Além de oferecerem apoio espiritual, também são um bom ambiente para cultivar amizades saudáveis. Há igrejas que oferecem cursos para pais que educam sozinhos os filhos e, ao mesmo tempo, têm atividades interessantes para adolescentes. A participação nesses eventos pode ser assunto de boas conversas com seus filhos. Muitos pais que educam sozinhos os filhos encontraram no contexto da igreja e da família pessoas que tiveram um papel importante no desenvolvimento de seus adolescentes.

Você não precisa andar sozinho; há pessoas em sua comunidade que se importam. Continue a procurar até encontrá-las.

Mais cedo ou mais tarde, seu adolescente chegará à vida adulta e será imensamente abençoado se puder dizer, com sinceridade: "Sei que minha mãe me amou. Sei que meu pai me amou". Meu desejo sincero é que este capítulo o ajude a ouvir essas palavras algum dia.

Famílias mistas

Alguns anos atrás, trabalhei como conselheiro durante em um acampamento para jovens nas belas montanhas de Blue Ridge, na Carolina do Norte. Michael pediu para falar comigo, e eu o convidei para caminharmos até o mirante. (Descobri que os adolescentes falam mais abertamente enquanto caminham.) Estávamos andando na trilha fazia uns quinze minutos, falando de amenidades, quando perguntei a Michael sobre sua família. Ele respondeu: "É sobre isso que queria conversar com você. Não gosto de ter um padrasto. Antes de minha mãe se casar com Rod, era ótimo. Ela e eu nos entendíamos. Sentia que ela me respeitava. Agora, sinto como fosse criança outra vez. Ela e Rod começaram a impor várias regras bobas. Sei que foi ideia dele, pois minha mãe não costumava ser tão rígida. Mas agora minha mãe toma partido dele e minha vida está uma droga. Queria ir morar com meu pai".

O que Michael me disse naquele dia é repetido inúmeras vezes em clínicas de aconselhamento em todo o país. Para a maioria dos adolescentes, a vida em uma família mista (resultante de segundo casamento) é extremamente difícil. No caso de Michael, ele havia se acostumado às regras combinadas muitos anos atrás, e agora estava chateado com as mudanças por causa da nova família. Desde que o pai tinha saído de casa seis anos antes, Michael havia aprendido a conviver com a mãe e a irmã mais nova. Havia lidado com trauma de ser rejeitado pelo pai e tinha consciência dos sacrifícios e do trabalho dedicado da mãe para suprir as necessidades da família. "Eu cuidava de minha irmã durante a tarde, depois da escola, até minha mãe voltar para casa", disse, com um misto de orgulho e autoconfiança. "Também ajudava a lavar roupa e consertar coisas na casa. Minha mãe me tratava como adulto."

Depois que Rod se tornou parte da família, tudo mudou. Rod queria ajudar Michael nos serviços e lhe dava conselhos sobre como fazer pequenos reparos na casa. "Eu sei fazer essas coisas todas. Será que ele pensa que sou incompetente?", Michael perguntou.

Enquanto o escutava falar, entendi que, muito provavelmente, o padrasto era sincero e estava tentando se aproximar ao propor que fizessem juntos serviços da casa. Mas, se Rod não acordasse para o fato de que Michael era um adolescente cuja independência estava sendo ameaçada, mais cedo ou mais tarde seria rejeitado por ele. Ao mesmo tempo, era bem possível que, embora no momento a mãe estivesse tomando partido do novo marido, era uma questão de tempo até que sua preocupação pelo filho causasse conflitos entre ela e Rod. Pesquisas mostram que a principal causa de divórcio no segundo casamento é a diferença de opiniões a respeito da educação dos filhos,[2] e que a taxa de divórcio em segundos casamentos é consideravelmente maior que em primeiros casamentos.

A família mista é formada de maneira bem diferente da família biológica inicial. Na família biológica, os cônjuges tiveram algum tempo juntos antes de o primeiro filho nascer. A criança veio ao mundo como bebê, e o casal aprendeu aos poucos a educá-lo. Na família mista, em contrapartida, raramente o casal tem muito tempo a sós. Os filhos estão presentes desde o começo. Muitas vezes, são adolescentes que estão desenvolvendo sua independência e a identidade própria. Todas as dificuldades normais desse processo são intensificadas para o adolescente que, de repente, se vê dentro de uma família mista.

As percepções do adolescente e os temores dos pais

Muitas vezes, o adolescente tem a impressão de que seu processo de desenvolvimento está sendo sacrificado em troca da felicidade dos pais. Se esse ressentimento não for tratado, logo se transformará em amargura, que levará a rebeldia. Ao mesmo tempo, os pais entram no segundo casamento com três medos intensos: medo de perder o amor do filho adolescente, medo da rebeldia e medo de estragar a vida dos filhos.

Como uma mãe disse: "Acabei com a vida de minha filha, primeiro com o divórcio e depois com meu novo casamento. Como pude ser tão burra?". Esses medos com frequência levam os pais biológicos a se esquecerem dos conceitos básicos de disciplina e de como lidar com a raiva, duas questões das quais tratamos em capítulos anteriores. O pai ou a mãe procura apaziguar o adolescente e acaba afastando o novo cônjuge.

Muitos outros desafios podem surgir na família mista: brigas entre os filhos de um cônjuge e de outro, abuso sexual por parte dos meios-irmãos ou entre o adolescente e o novo cônjuge, conflitos entre a mãe ou o pai biológico e a madrasta ou o padrasto sobre "diretrizes apropriadas para a família", conflitos entre a família mista e a outra família a respeito do que é melhor para o adolescente. A lista de possíveis desafios é longa.

Meu objetivo aqui não é pintar um quadro sombrio da situação, mas sim ser realista e oferecer esperança. Acredito que entender as cinco linguagens do amor e usá-las na família mista pode contribuir de forma importante para criar um ambiente em que o sucesso é possível. Todos nós temos a necessidade emocional de nos sentirmos amados, e o amor é o lubrificante das engrenagens nos relacionamentos familiares. Por isso, se aprendermos a comunicar amor de modo eficaz, poderemos criar um ambiente saudável para a família mista. Nesse ambiente de amor, em que é possível resolver conflitos, o adolescente tem condições de continuar no processo saudável de desenvolvimento de sua independência, e os pais podem desfrutar um relacionamento conjugal cada vez mais maduro. Quando a necessidade de amor não é suprida, porém, a família entra em conflito.

Quero incentivá-lo a levar a sério os conceitos dos quais tratamos nos primeiros capítulos deste livro. Procure usar as linguagens do amor de cada membro da família, pense nos vários dialetos que podem comunicar amor ao adolescente e identifique qual é a principal linguagem do amor dele, bem como a sua própria. Leia material sobre a dinâmica de relacionamentos em famílias mistas. Entenda que o adolescente nem sempre estará aberto para expressões de amor. Não leve para o lado pessoal. Tente uma estratégia diferente no dia seguinte e aprenda com os erros.

Agora, vejamos alguns desafios comuns de amar o adolescente em uma família mista.

Sentimentos de rejeição e ciúmes

Muitas vezes, o adolescente demora a reagir ao amor do padrasto ou da madrasta. Existem várias razões para isso. Primeiro, talvez o adolescente tema ser rejeitado pelo novo cônjuge. Como padrasto ou madrasta, você talvez tenha dificuldade de entender por que o adolescente se retrai. Afinal de contas, você decidiu amá-lo e se esforça com sinceridade para relacionar-se com ele e expressar amor. É importante entender que o adolescente já sofreu o trauma da rejeição quando viu os pais se divorciarem. Talvez o divórcio tenha acontecido quando ele era criança, mas o trauma é uma lembrança dolorosa para o adolescente, algo que ele não quer que se repita. Não deseja passar por novos sofrimentos.

Segundo, o adolescente talvez tenha ciúmes do relacionamento do novo cônjuge com a mãe ou o pai biológico. É possível que veja você como uma ameaça ao relacionamento dele com a mãe ou o pai. Desde que você apareceu, talvez ele esteja recebendo menos atenção da mãe ou do pai. Além disso, talvez tenha ciúme da afeição que você demonstra a seus filhos biológicos. Outro problema comum em famílias mistas é o fato de os filhos imaginarem que estão sendo desleais à mãe se corresponderem ao amor da madrasta, ou desleais ao pai se corresponderem ao amor do padrasto.

Além disso, os adolescentes por vezes não reagem facilmente de forma positiva ao amor do padrasto ou da madrasta porque o veem como uma ameaça à independência deles. Essa questão era parte daquilo que Michael, sobre quem falamos anteriormente, estava sentindo em relação ao padrasto.

Como lidar com os sentimentos do adolescente

O que a madrasta ou o padrasto pode fazer para superar essas barreiras? *Primeiro, dê ao adolescente liberdade de ser quem ele é.* Os sentimentos e medos que acabamos de ver são reais para o adolescente, mesmo quando não são articulados. Não tente convencê-lo do contrário. Se ele resolver falar, escute atentamente e reconheça suas emoções: "Faz sentido. Entendo que você tenha essa impressão". Essas são declarações de afirmação.

Em contrapartida, declarações exageradas soarão vazias: "Você não precisa se preocupar comigo. Nunca o abandonarei. E não tirarei sua mãe de você". O adolescente reagirá de modo muito mais positivo a ações que a promessas.

Como qualquer outro adolescente, aquele que cresce numa família mista se rebelará quando estiver buscando identidade própria e independência. É importante entender que, numa família mista, dor, tristeza e depressão muitas vezes estão por trás do comportamento rebelde do adolescente. É um equívoco julgar o comportamento dele sem levar em conta seus sentimentos. Lembre-se disso e será capaz de demonstrar compaixão e misericórdia.

> Não procure tomar o lugar da mãe ou do pai biológico do adolescente.

Segundo, *não procure tomar o lugar da mãe ou do pai biológico do adolescente.* Incentive-o a amar e se relacionar com a mãe ou o pai biológico sempre que possível. Nunca o deprecie verbalmente na frente do adolescente.

Como lidar com os próprios pensamentos e sentimentos

Reconheça seus sentimentos e medos

O próximo passo é ser honesto consigo mesmo sobre seus sentimentos e pensamentos. Se seu casamento está passando por problemas, é possível que você também esteja se afastando do adolescente porque teme um novo divórcio. Você não quer se aproximar dele, pois não quer magoá-lo novamente. Talvez se sinta culpado, ainda, porque não tem um relacionamento chegado com seus filhos biológicos. Pode parecer injusto construir um relacionamento próximo com o enteado enquanto existe um distanciamento entre você e seus próprios filhos. Também é possível que você se afaste do adolescente porque tem ciúmes da atenção e do tempo que ele recebe de seu cônjuge. Todos esses sentimentos envolvem certa medida de egoísmo. É difícil ir além de nossos próprios desejos e necessidades. Essa preocupação intensa consigo mesmo, porém, acaba destruindo qualquer relacionamento.

Como lidar com esses pensamentos e emoções que podem criar barreiras para desenvolver um relacionamento de afeto com o enteado adolescente? Para começar, reconheça seus próprios pensamentos e emoções. Eles não desaparecerão só porque você está tentando ignorá-los. Mas certifique-se de ser honesto consigo mesmo. O egoísmo produz isolamento e solidão. As pessoas mais felizes do mundo são aquelas que estão dispostas a dar, não as que só querem receber.

Ame seus filhos e enteados

É possível amar a esposa, os filhos biológicos e os enteados e ainda ter amor suficiente para outros. Seu cônjuge pode amar os filhos dele e você, e ainda terá amor para os enteados.

Na realidade, é impossível amar o cônjuge e não amar os filhos dele. A relação entre pais e filhos não permite que os dois sejam separados. Lembre-se de que você sempre colhe aquilo que semeia. Ame e, mais cedo ou mais tarde, será amado. Dê, e lhe será dado. O sucesso na família mista não se encontra em "lidar com os filhos", mas sim em amá-los rumo à maturidade.

Madrastas e padrastos que estão decididos a amar os enteados precisam ter paciência. Adolescentes, ao contrário das crianças mais novas, não absorvem passivamente o amor que você lhes oferece. Eles têm os próprios pensamentos, as próprias experiências e formas de comportamento. Pesquisas mostram que, em geral, leva no mínimo de dezoito meses a dois anos para que o adolescente e a madrasta ou o padrasto desenvolvam um relacionamento de afeto.[3]

Como saber se o adolescente está formando vínculos com você? Ele começará a demonstrar carinho de forma espontânea e estará disposto a receber seu amor. Puxará conversa e tomará a iniciativa de realizar atividades com você, expressará consciência de suas necessidades e pedirá sua opinião. Quando isso acontecer, você estará colhendo os frutos do amor incondicional. Construir um relacionamento sólido de afeto com o enteado é uma das melhores coisas que você pode fazer por seu casamento. Os pais amam os filhos biológicos e, quando veem o cônjuge se esforçar com sinceridade para se relacionar com o filho, o amor pelo cônjuge aumenta.

Disciplina na família mista

A disciplina costuma se tornar uma área de sério conflito em famílias mistas. A maioria dos pais biológicos não concorda em todos os detalhes quanto à disciplina dos filhos. Em uma família mista, as diferenças são maiores, pois um dos cônjuges é a mãe ou o pai biológico e o outro é a madrasta ou o padrasto, e cada um traz para a família mista sua bagagem familiar anterior.

O propósito da disciplina é ajudar os adolescentes se tornarem adultos maduros e responsáveis. Esse processo pode ser mais difícil na família mista que numa família biológica, mas não é impossível. Sugiro que leia com atenção o capítulo 12, que trata de amor e responsabilidade. Ele o ajudará a entender melhor os conceitos básicos de disciplina.

Quando as regras mudam

Os adolescentes sabem que as coisas serão diferentes agora que a madrasta ou o padrasto chegou. Sem dúvida, haverá mudanças. Por exemplo, se a madrasta ou o padrasto também tem filhos, é necessário estipular novas regras sobre como o adolescente irá se vestir ou trocar de roupa dentro de casa. Não tentem determinar sozinho quais serão essas novas regras. Como pais, vocês têm a palavra final, mas o adolescente deve ajudar a estabelecer as regras e as consequências, caso sejam desobedecidas. É bem provável que você e seu cônjuge discordem de aspectos das regras e consequências. Recomendo como diretriz que, no primeiro ano na nova família, a madrasta ou o padrasto consinta com os desejos do cônjuge que é a mãe ou o pai biológico. À medida que se formarem novos vínculos emocionais, as regras poderão ser avaliadas caso não pareçam adequadas à madrasta ou ao padrasto.

> Recomendo como diretriz que, no primeiro ano na nova família, a madrasta ou o padrasto consinta com os desejos do cônjuge que é a mãe ou o pai biológico.

Nos primeiros estágios da formação de uma família mista, ater-se a mudanças mínimas contribuirá para maior aceitação. Uma boa abordagem para processar emoções e ideias é adotar desde o início o sistema de reunião de família, deixando claro que cada membro tem direito de pedir uma reunião a qualquer momento que lhe parecer necessário fazer alguma mudança na dinâmica familiar. Se, nessas reuniões, você levar a sério as ideias e sentimentos do adolescente, bem como das crianças mais novas, ao mesmo tempo que se reserva o direito de dar a última palavra, criará um ambiente propício para resolver os conflitos familiares.

Será muito mais fácil criar esse ambiente se os membros da família se sentirem amados uns pelos outros. Portanto, é fundamental para os relacionamentos saudáveis que todos falem a principal linguagem do amor um do outro.

O cumprimento das regras e sua coerência

Durante o primeiro ano da família mista, quando for preciso aplicar as consequências de quebrar uma regra, é melhor que a mãe ou o pai biológico o faça. Mais adiante, quando houver mais vínculos emocionais entre a madrasta ou o padrasto e o adolescente, qualquer um dos pais poderá impor as consequências, especialmente se foram estabelecidas de antemão e se todos as compreenderam. Falar a principal linguagem do amor do adolescente antes e depois de aplicar as consequências aumenta a probabilidade de o adolescente considerá-las justas.

É extremamente importante ser coerente ao aplicar as consequências, especialmente em uma família mista. Na nova família de Sam e Yvonne, a regra era que as bicicletas deviam ser colocadas na garagem antes das 20h. Se alguém desobedecesse a essa regra, a consequência seria a perda do privilégio de andar de bicicleta no dia seguinte. Todos concordaram que era uma regra justa, e nos dias mais longos de verão o limite foi estendido para as 21h. A regra foi testada três semanas depois, quando Érica, filha de 13 anos de Yvonne, deixou a bicicleta no jardim do vizinho. Às 21h10, o filho do vizinho veio trazer a bicicleta de Érica. Yvonne agradeceu, colocou a bicicleta na garagem, calmamente informou à filha o que tinha acontecido e a lembrou de que não poderia andar de bicicleta no dia seguinte.

Na tarde seguinte, Érica se aproximou da mãe com seu sorriso mais encantador e disse:

— Quero lhe pedir um favor. Sei que deixei minha bicicleta lá fora ontem à noite, mas hoje à tarde todas as garotas da vizinhança vão andar de bicicleta no parque. Mamãe, se você me deixar ir, não andarei de bicicleta nos próximos dois dias. Dois dias em vez de um. Isso é justo, não é?

Yvonne quis dizer sim. Seria mais fácil, e a proposta de Érica parecia justa, mas sabia que, se concordasse, comunicaria a ideia errada. Portanto, disse:

— Sinto muito, Érica. Você conhece as regras e sabe das consequências. Não poderá andar de bicicleta no dia seguinte se deixá-la fora da garagem.

Ao perceber que o sorriso e a abordagem educada não resolveriam, Érica resolveu mudar de estratégia e usar a insistência em tom queixoso:

— Por favor, mãe. É justo, é justo. Dois dias em vez de um. Dois por um. É justo, mãe!

— Sinto muito — disse Yvonne—, mas você conhece as regras.

Então Érica aumentou a pressão:

— Como pode fazer isso comigo? Todas as garotas vão ao passeio. Eu não gosto dessas regras novas. Não era assim antes de o Sam vir morar com a gente. Não é justo. Não gosto de morar nesta casa.

Yvonne teve vontade de dizer a Érica que Sam não tinha nada a ver com o assunto, mas, sabiamente, não ventilou essa ideia. Em vez disso, falou:

— Filhinha, sei que você quer andar de bicicleta com as garotas. Gostaria de dizer sim, mas não posso, pois não é assim que a vida funciona. Quando fazemos algo errado, precisamos sofrer as consequências. Entendo que esteja chateada. E também sei que algumas vezes gostaria que o Sam não estivesse aqui. Talvez imagine até que eu teria cedido se o Sam não fosse parte de nossa família. Espero que não pense dessa forma. Eu a amava antes de amar o Sam, e continuo a amar você. Estou fazendo valer as regras porque sei o que é melhor para você.

— Não venha com essa história de *saber o que é melhor* para mim — Érica resmungou enquanto saía da sala.

Yvonne suspirou e se perguntou: "Será que estou fazendo a coisa certa?". Em sua mente, sabia que estava certa, mas em seu coração ainda tinha dúvidas. Érica ficou emburrada e se fechou no quarto o resto da tarde e à noite e, na manhã seguinte, saiu para a escola sem dizer uma palavra. À tarde, porém, estava alegre e animada como sempre e nunca mais tocou no assunto (nem deixou a bicicleta do lado de fora).

Umas cinco semanas depois, Shawn, filho de 15 anos de Sam, deixou a bicicleta do lado de fora além do horário estipulado. Sam descobriu quando voltou para casa à noite. Colocou a bicicleta na garagem e informou a Shawn que ele não poderia usá-la no dia seguinte.

— Tudo bem — disse Shawn. — Eu entendo. Eu esqueci.

Imagine a consternação de Yvonne quando, na tarde seguinte, ouviu Sam dizer a Shawn:

— Que tal irem ao mercado de bicicleta comprar pão? Preciso cortar a grama.

Yvonne disse em voz baixa:

— Sam, pensei que Shawn não pudesse andar de bicicleta hoje.

Ao que Sam respondeu de imediato:

— Precisamos de pão, e eu tenho que cortar a grama. Ele está me ajudando. Não tem problema.

Shawn foi ao mercado, e Yvonne entrou em casa sentindo-se traída. "Não acredito que ele fez isso", pensou. "Quando descobrir, Érica vai ficar inconformada."

Sam quebrou uma das regras fundamentais da boa disciplina familiar: a coerência. Se ele não reconhecer o erro diante de Yvonne e Érica, a barreira emocional que ele criou dificultará seus esforços de construir um relacionamento afetuoso com a esposa e a enteada. Shawn também foi prejudicado pela incoerência do pai. Poucas coisas são mais importantes em uma família mista que o compromisso dos pais de serem coerentes na imposição das consequências.

Outras áreas de conflito

Atitudes e comportamentos do ex-cônjuge

Muitas vezes, além da família com a qual o adolescente mora, ele tem outra família, constituída pelo pai biológico e seu novo cônjuge (ou pela mãe e seu novo cônjuge). Esse fato pode criar dificuldades nos relacionamentos. É possível que um dos ex-cônjuges ainda tenha raiva, amargura ou ódio do outro. Também acontece de ainda amar o ex-cônjuge, o que pode ser particularmente difícil para o novo cônjuge.

Além disso, os padrões recorrentes de comportamento que levaram ao divórcio talvez ainda persistam e causem problemas. Por exemplo, o marido que trabalhava demais e nunca voltava para casa no horário prometido talvez se atrase na hora de buscar o adolescente para as visitas de fim de semana. É possível que esse atraso exaspere a mãe, como acontecia quando ainda estavam casados. A mãe que reclamava de tudo e precisava controlar até os mínimos detalhes talvez continue a irritar o ex-marido quando tenta controlar a logística do tempo dele com o adolescente. Muitos desses conflitos giram em torno da visita, pois esse é o momento em que os ex-cônjuges geralmente têm mais contato um com o outro.

Além disso, pode acontecer de os pais biológicos culparem um ao outro por problemas emocionais ou comportamentais que o adolescente venha a apresentar. Por vezes, o ex-cônjuge fará comentários negativos sobre você e seu cônjuge atual para o adolescente. E seu filho os repetirá para você quando estiver zangado. Kyle, 16 anos, disse à mãe: "Papai falou que não vai ter como comprar um carro para mim porque gastou todo o dinheiro dele para montar esta casa".

Lisa, 17 anos, estava discutindo com a madrasta quando gritou: "Minha mãe disse que você não presta, porque tirou meu pai de nós. Nunca vou perdoar você".

Diferentes conjuntos de valores

Por vezes, os valores da outra família são bem diferentes dos seus. Talvez esse tenha sido um dos fatores que levaram ao divórcio. Os maiores conflitos entre famílias com frequência são relacionados à área dos valores morais. A presença de pornografia, o uso de palavrões e o consumo de bebidas alcoólicas e drogas talvez não estejam mais presentes no lar atual, mas o adolescente entrará em contato com eles quando for visitar a mãe ou o pai que não tem a guarda dele. O tipo de filme a que assistirá durante a visita talvez seja diferente do que você permite. Pode acontecer de as crenças religiosas também serem diferentes. Tudo isso pode se tornar motivo para conflito. No entanto, a não ser que as atividades em questão sejam ilegais, aquele que tem a guarda do adolescente não pode controlar o que acontece quando ele está com o ex-cônjuge.

Nessa circunstância, o programa positivo de amor e disciplina é fundamental. Se o adolescente está aprendendo com você que toda escolha tem consequência e que você está lhe dando escolhas e certificando-se de que arque com as consequências quando essas escolhas forem imprudentes, existe maior probabilidade de ele levar essa verdade com ele ao visitar a outra família. Talvez seja exposto a ideias e comportamentos que você preferiria que ele não visse ou ouvisse, mas é mais provável que tome as decisões corretas por causa do amor e da disciplina consistentes que recebeu de você.

Manter o tanque de amor do adolescente cheio pode impedi-lo de tomar decisões erradas. O adolescente é naturalmente atraído por aquele que lhe dá amor verdadeiro. Se o adolescente sabe que você tem em vista os interesses dele e se sente profundamente amado, é menos provável que seja levado pelos comportamentos negativos do outro. Para começar, não quer magoar você; além disso, sabe que o outro pai não está preocupado com o bem-estar dele, pois, se estivesse, não o exporia a práticas destrutivas.

Ao lidar com esses conflitos com a outra família, nunca pague na mesma moeda. Não procure combater o comportamento negativo do ex-cônjuge ao fazer com ele o mesmo que ele faz com você. De modo gentil, porém firme, posicione-se da maneira que lhe parecer apropriada. Não deixe que o comportamento dele intimide você e não procure intimidá-lo. O objetivo não é derrotar o ex-cônjuge (a mãe ou o pai biológico que você não é capaz de verdadeiramente substituir na vida de seu filho). O objetivo é manter saudável o atual casamento e ajudar o adolescente a tornar-se um adulto responsável. A comunicação honesta entre você, o cônjuge atual e o adolescente sobre as dificuldades que ele enfrenta com a outra família, discutindo maneiras de lidar com o conflito, pode ser uma experiência de aprendizado para o adolescente.

Receita para ter uma família mista forte

Em resumo, permita-me enfatizar os quatro ingredientes fundamentais para uma família mista saudável. Para aumentar a eficácia desses quatro ingredientes, ensine aos membros da família as principais linguagens do amor uns dos outros.

Primeiro, e mais importante: demonstre amor incondicional. Os pais devem dar o exemplo ao amar incondicionalmente um ao outro, e também a todos os filhos da família. A mensagem que o adolescente e os filhos mais novos ouvirão é: "Amamos vocês, não importa o que aconteça". Não diga ou insinue com suas ações: "Só amaremos vocês se forem gentis uns com os outros, se fizerem o que mandamos e se nos amarem também". Qualquer coisa aquém do amor incondicional não é amor verdadeiro. Todo adolescente precisa saber que existe alguém que tem grande apreço por ele e o considera importante.

Dar ao adolescente presentes, toques físicos afetuosos e apropriados, atos de serviço, tempo de qualidade e palavras de afirmação são as cinco maneiras fundamentais de expressar amor incondicional. O adolescente precisa ouvi-lo falar as cinco linguagens do amor, mas precisa de doses maciças de sua principal linguagem do amor.

Segundo: seja justo. Lembre-se de que ser justo não é fazer tudo exatamente da mesma forma. Mesmo no caso de seus filhos biológicos, cada um deles é diferente. Uma vez que são diferentes, aquilo que faz um deles se sentir amado talvez não funcione para outro. Se presentes forem a linguagem do amor de um adolescente e tempo de qualidade for a linguagem do amor de outro, e você der a cada um deles um presente de valor igual, um receberá muito mais que o outro em termos emocionais. Ser justo significa buscar suprir igualmente as necessidades singulares de cada criança ou adolescente.

Terceiro: envolva-se. Demonstre interesse pelo mundo do adolescente. Vá a todas as atividades que puder, mostre interesse pela vida escolar e social dele, ouça suas ideias, desejos e sentimentos. Em resumo, entre no mundo dele e passe tempo ali. Pesquisas mostram que a maioria dos adolescentes quer ter mais tempo com os pais.[4]

Quarto: discipline. Adolescentes precisam de limites. Pais cuja atitude diz: "Você é adolescente, faça o que quiser" o estão incentivando ao fracasso. A vida sem limites logo se torna uma vida sem sentido. Pais que amam definem limites para proteger o adolescente do perigo e para orientá-lo de modo que desenvolva autocontrole com responsabilidade.

Se os pais na família mista se comprometerem com esses fundamentos, terão condições de criar relacionamentos familiares saudáveis.

11

Amor e desejo de independência

Matt e Lori marcaram uma consulta com o médico da família e expuseram suas preocupações a respeito de Sean, o filho de 13 anos. "A personalidade dele mudou", disse Matt. "Seu comportamento é completamente imprevisível."

"Nunca foi rebelde", Lori acrescentou, "mas agora questiona quase tudo o que dizemos. O linguajar também mudou. Muitas vezes, não sabemos o que ele está dizendo. Tempos atrás, ele me xingou. Sean nunca foi de falar palavrões."

"Estamos com medo de que esteja com algum problema neurológico", disse Matt.

"Talvez com um tumor no cérebro", Lori completou. "Gostaríamos que você o examinasse e nos dissesse o que pensa."

O médico concordou e, duas semanas depois, teve uma consulta com Sean. Depois de um exame físico completo, inclusive uma tomografia computadorizada, o médico informou a Matt e a Lori que Sean era um adolescente perfeitamente normal. Não tinha nenhum problema neurológico. O que eles estavam vivenciando eram os sinais normais do desenvolvimento na adolescência. Os pais ficaram aliviados, mas perplexos. Aliviados porque não havia nenhum problema físico, mas confusos sobre como deviam agir durante essa etapa assustadora do desenvolvimento de Sean. Sabiam que não podiam simplesmente ignorar o comportamento dele.

Matt e Lori estavam experimentando o trauma normal de pais cujos filhos se tornam adolescentes *repentinamente*. As mudanças parecem quase instantâneas. O que antes funcionava de repente não funciona mais, e aquele menino que eles pensavam conhecer tão bem se tornou um estranho.

Já falamos sobre o desejo do jovem de ser independente e ter identidade própria. Neste capítulo, trataremos das mudanças que ocorrem nesse período do desenvolvimento do adolescente. Quando os pais estão cientes das formas pelas quais a independência e a busca por identidade própria se manifestam, são capazes de aprender maneiras mais adequadas de apoiar seu adolescente e demonstrar amor. E, sem dúvida, conseguem falar de modo mais eficaz sua principal linguagem do amor.

A necessidade de ter independência e amor

Sabe quais são as duas fases em que os pais geralmente têm mais dificuldade com os filhos? Pesquisadores dizem que a primeira é por volta dos 2 anos e a segunda, na puberdade. Esses dois períodos têm um elemento em comum: *independência*. Aos 2 anos, a criança se esforça para demonstrar independência física dos pais. Suas perninhas a levam a lugares que os pais não conseguem ver, e suas mãozinhas fazem coisas que os deixam extremamente frustrados. Quem já teve filhos com certeza tem histórias para contar de árvores desenhadas nas paredes com o batom da mãe, talco espalhado sobre o carpete do quarto, gavetas abertas e reviradas, e por aí afora.

Pule dessa fase para o início da puberdade, o segundo estágio de maior conflito entre pais e filhos. Esses conflitos continuam a girar em torno da independência. Claro que o adolescente está em um estágio muito mais avançado da vida. Por isso, a bagunça que faz, as regras a que desobedece e a intensidade do conflito entre pais e filhos são muito mais sérias. De acordo com os especialistas Steinberg e Levine, a boa notícia é que "o confronto entre pais e filhos geralmente chega ao ápice no oitavo ou nono ano escolar e depois diminui".[1]

Nessas duas fases frustrantes do desenvolvimento da criança, é útil para os pais saber o que esperar e ter estratégias para posicionar-se de forma positiva. Nossa preocupação aqui, obviamente, é com a segunda fase, os primeiros anos da adolescência.

Primeiro, vejamos alguns padrões comuns e esperáveis de comportamento. A necessidade do adolescente de ser independente será expressa de várias formas. Junto com essa necessidade, ele continuará a precisar do amor dos pais. No entanto, muitas vezes os pais interpretam a busca por independência como sinal de que ele não deseja mais o afeto deles. Esse é um erro grave.

Nosso objetivo é incentivar a independência do adolescente e, ao mesmo tempo, suprir a necessidade de amor. As características comportamentais que acompanham a busca por independência são, em geral, associadas às seguintes áreas.

Desejo de ter o próprio espaço

O adolescente quer fazer parte da família, mas, ao mesmo tempo, quer ser independente dela. Essa ambiguidade muitas vezes é expressa na necessidade de ter o próprio espaço físico. É possível que o adolescente não queira ser visto em público com os pais, especialmente quando existe a possibilidade de encontrar os amigos. Não se trata de ele não querer estar com você, mas sim de desejar parecer mais velho e independente. Por exemplo: "Deixem-me no estacionamento, e encontrarei com vocês no carro em duas horas".

A mãe que planejou fazer compras com a filha talvez fique extremamente chateada com essa atitude. Mas, se compreender a necessidade dela de ser independente, respeitará o pedido e expressará amor usando a principal linguagem da filha. A adolescente se sentirá amada e, ao mesmo tempo, independente. Os pais que expressam mágoa ou irritação diante de pedidos como esse provavelmente desencadearão uma batalha verbal, e o adolescente irá embora se sentindo controlado e pensando que não é amado.

A permissão para que o adolescente sente-se com os amigos em vez de ficar com a família na igreja ou teatro, quando acompanhada de uma expressão de amor, é uma forma de reforçar a independência e de suprir a necessidade de amor dele. Permitir, ocasionalmente, que fique em casa ou jante com um amigo enquanto o resto da família vai a um restaurante cumpre esse mesmo propósito.

Ter o próprio quarto

Em geral, o adolescente quer ter o próprio quarto. Talvez tenha aceitado tranquilamente dormir com o irmão mais novo nos primeiros doze anos de vida, mas pode ter certeza de que, na adolescência, buscará ter o próprio espaço sempre que possível. Estará disposto a se mudar para o sótão ou porão; usará até mesmo o espaço debaixo da escada para ter o próprio espaço. Para os pais, muitas vezes esses pedidos são frustrantes e não parecem razoáveis. Por que ele preferiria dormir em um porão úmido se tem um quarto confortável com o irmão mais novo? A resposta está na necessidade de ser independente.

Sugiro que, se possível, os pais procurem atender ao pedido do adolescente. Uma vez que tiver o próprio espaço, desejará decorá-lo conforme o gosto dele (nessa hora, os pais ficarão felizes de que o espaço dele é no porão). Sem dúvida, escolherá cores, formas e tecidos que você não teria escolhido. Mais uma vez, a motivação é o desejo de independência.

Espaço próprio e liberdade para que o arrume como quiser, caso sejam acompanhados de uma expressão significativa de amor por parte dos pais, serão medidas que incentivarão a independência do adolescente e manterão cheio seu tanque de amor. No entanto, se o espaço e a liberdade para arrumá-lo vierem depois de semanas de discussão e de comentários sobre o absurdo de fazê-lo, o adolescente perderá a autoestima e uma barreira emocional se erguerá entre ele e os pais, mesmo se estes, por fim, atenderem ao pedido dele.

Ter o próprio carro

Adolescentes querem ter o próprio carro. Em nossa cultura ocidental abastada, a maioria deseja um carro assim que tem idade para tirar a carteira de habilitação. Também nesse caso, é uma forma de obter independência. "Se tiver meu carro, posso ir sozinho para a faculdade, para a igreja e para o *shopping*. Vai economizar tempo e trabalho para vocês." (A maioria dos pais gosta dessa ideia.)

Poucas coisas dão ao adolescente maior sensação de independência que poder dirigir o próprio carro. No capítulo seguinte, trataremos dessa questão à luz do tema da responsabilidade que acompanha a liberdade do adolescente. Falaremos sobre quem deve pagar pelo carro e sobre quais são expectativas de responsabilidade em relação ao jovem motorista. No momento, porém, nosso foco é atender à necessidade de independência e, ao mesmo tempo, comunicar amor.

Supondo que os pais tenham condições financeiras e que o adolescente tenha um grau razoável de responsabilidade, essa é uma área em que os pais podem expressar confiança nele e incentivar independência. Lembre-se de que os presentes são uma das cinco linguagens do amor. Mesmo que essa não seja a principal linguagem de seu filho, dar um carro de presente exige grande cerimônia e comemoração. Se, com isso, o adolescente sentir que os pais o amam, confiam nele e querem que seja independente, terá recebido ajuda deles para dar mais um passo em direção à vida adulta.

O desejo de espaço emocional

Adolescentes precisam de espaço emocional. Nos primeiros anos de vida, seu filho talvez lhe contasse tudo o que acontecia na escola, o sonho da noite passada, como a tarefa de casa era difícil etc., mas na adolescência é possível que você se sinta excluído. Quando perguntar o que aconteceu na escola, talvez ele responda: "Nada" ou "O de sempre". Se perguntar à sua filha adolescente a respeito de uma das amigas dela, talvez seja acusado de ser intrometido. Isso não significa, necessariamente, que ela esteja escondendo um comportamento errado. Uma das formas pelas quais os adolescentes estabelecem independência emocional consiste em guardar para si pensamentos e sentimentos. Os pais devem respeitar esse desejo. Afinal, você compartilha todos os pensamentos e sentimentos com seu filho adolescente? Espero que não.

Em parte, ser adulto significa ter a liberdade de escolher o momento e o conteúdo daquilo que você deseja compartilhar com outros. Seu adolescente está no processo de se tornar adulto. Pais sábios, que aprendem o valor de dar ao filho espaço emocional, talvez digam algo como: "Sei que às vezes você não quer compartilhar pensamentos e sentimentos comigo. Entendo, e não tem problema. Mas, se quiser conversar, quero que saiba que estou sempre disponível".

Outra maneira pela qual o jovem expressa a necessidade de independência emocional é ao rejeitar os gestos de amor que antes recebia. Não se surpreenda se sua filha dispensar ajuda para fazer algo. Durante anos, todos os seus atos de serviço foram considerados gestos de amor. Agora, ela quer fazer as coisas sozinha, de forma bem diferente da sua. Às vezes não é porque ela não precisa de sua ajuda, e sim porque não deseja ser lembrada de que precisa. Quer ser independente. Em vez de insistir no assunto, pais sábios dão espaço e dizem: "Se precisar, é só pedir". Essas palavras, acompanhadas de uma expressão de amor, fazem o adolescente sentir-se independente e amado e criam um clima propício para que ele peça ajuda quando precisar.

Talvez sua filha de 13 anos se afaste de seus abraços não porque não deseja mais ser tocada, mas porque era dessa forma que você expressava afeto quando ela era criança. Agora é quase adulta e não quer ser tratada como criança. Pais sábios encontrarão novas maneiras de expressar afeto por meio de contato físico aceitável para o adolescente.

> Talvez sua filha de 13 anos se afaste de seus abraços não porque não deseja mais ser tocada, mas porque era dessa forma que você expressava afeto quando ela era criança.

Quando der ao adolescente instruções sobre como se comportar diante de um parente que vão visitar no dia seguinte, prepare-se, pois é possível que ele faça exatamente o oposto. Esses pedidos geralmente parecem infantis e hipócritas para o adolescente. Quando disser palavras de afirmação, seja sincero. Se ele perceber que você está tentando manipular os sentimentos dele com palavras gentis, ele as rejeitará por não considerá-las autênticas.

Por trás de tudo isso está o desejo de ter espaço emocional. Ele quer ser amado, mas não paparicado como se ainda fosse criança. Esse é o momento em que aprender outros dialetos das linguagens do amor se torna essencial para comunicar amor ao filho.

O desejo de obter independência social

Amigos em vez de família

O adolescente deseja não apenas espaço emocional e físico, mas também independência social em relação aos pais. Esse desejo é expresso em vários ambientes. Em geral, os adolescentes preferem os amigos à família. Os familiares sempre realizaram atividades juntos. Agora, porém, ele não quer mais participar desses programas. Você planejou um piquenique para o sábado à tarde. Na quinta-feira à noite, quando anuncia esse plano, seu adolescente diz:

— Tô fora.

— Como assim? Você faz parte desta família — responde o pai.

— Eu sei, mas tinha feito outros planos. Vou sair com meus amigos — avisa o adolescente.

— Diga para eles que houve uma mudança nos planos. Este é um passeio de família, e é importante que você vá conosco — insiste o pai.

— Mas eu não quero ir — diz o adolescente.

Esse é o primeiro momento de um conflito que pode se transformar numa batalha se o pai não perceber que está lidando com um adolescente, e não com uma criança.

Os pais podem obrigar crianças a participar de passeios em família, sabendo que elas provavelmente se divertirão quando estiverem lá. Mas, se tentarem a mesma tática com o adolescente, farão um piquenique com alguém que passará o dia todo contrariado. Ele não mudará de opinião nem curtirá o passeio. Exercerá sua independência contra a coerção dos pais.

A meu ver, uma abordagem muito melhor é permitir que não vá, principalmente porque você avisou em cima da hora. Não quero dizer que ele nunca deve sair com a família. Quando lhe parecer que a presença do adolescente é de grande importância, é saudável ter a expectativa de que ele acompanhe a família. No entanto, essas ocasiões devem ser anunciadas com bastante antecedência. Desse modo, o adolescente terá tempo cronológico e emocional para se preparar para o compromisso. Os pais também devem explicar por que lhes parece importante que o adolescente participe. Se ele perceber que a agenda e os interesses dele foram levados em consideração, é provável que participe com uma atitude positiva. Em contrapartida, o adolescente precisa fazer algumas coisas longe da família a fim de estabelecer a independência social.

Pais que percebem o valor da independência a estimulam ao concordarem que o filho participe de compromissos sociais sem a família, acrescentando a essa liberdade expressões de amor em lugar de discussões. Aqueles, porém, que discutem com os filhos e depois se rendem relutantemente não estimulam a independência nem expressam amor. O desejo que o jovem tem de estar com os amigos não é sinônimo de rejeição aos pais; é apenas sinal de que seu horizonte social está se ampliando para além da família.

Se refletir bem, a maioria dos pais perceberá que era exatamente o que esperavam que acontecesse. Que pais gostariam que o adolescente permanecesse socialmente ligado a eles para sempre? A independência social aflora na adolescência. Pais sábios incentivam os filhos a construir uma base para experiências sociais posteriores fora da família.

Estilo de música próprio

Adolescentes desejam escolher o próprio estilo de música. Nada é mais fundamental que a música na cultura adolescente. Não farei a besteira de dizer que estilo de música seu adolescente ouvirá. Se lhe dissesse o que está na moda hoje, com certeza já estaria ultrapassado quando você lesse este capítulo. Posso dizer, porém, que ele provavelmente ouvirá uma música diferente daquela que você gosta. Como tenho tanta certeza? A resposta está em uma palavra: independência. Ele deseja ser diferente de você.

Se você proporcionou a seu filho contato com música que você considera boa, não tenha medo. Esse tipo de música continuará a influenciá-lo para o resto da vida. A música toca o coração e a alma. A influência da boa música não desaparece, mas, no momento, seu filho está passando pela adolescência e precisa mostrar que é independente. Pode ter certeza de que a escolha de música será influenciada por essa independência que está despontando.

Na pré-adolescência e início da adolescência, os pais precisam estabelecer diretrizes para o que é aceitável ou não nas letras de músicas. Por exemplo, letras que falem sobre morte, violência e experiências sexuais pervertidas como se fossem comportamento normal não devem ser consideradas apropriadas. O adolescente precisa saber que, se comprar esse tipo de música, será disciplinado. Muitos *sites* para baixar músicas ou ouvi-las *online* têm indicação do tipo de conteúdo. Essa é uma boa oportunidade para ajudar seu adolescente a começar a avaliação dele (e para definir regras plausíveis).

Os pais que criticam a escolha musical do adolescente na verdade criticam, de forma indireta, o próprio adolescente. Se esse tipo de crítica persistir, ele não se sentirá amado. No entanto, se respeitarem a liberdade de escolha dele e continuarem a expressar amor em sua principal linguagem do amor, incentivarão sua independência e suprirão sua necessidade de amor. Sugiro que leia as letras das músicas. (Digo ler porque você talvez não seja capaz de entendê-las se apenas ouvir.) Descubra o que puder sobre os artistas que cantam e escrevem as músicas que ele prefere. Destaque o que você gosta nas letras e nos cantores. Preste atenção nas opiniões pessoais que o adolescente expressar.

Se você usar essa abordagem positiva, de vez em quando poderá dizer: "Sabe, me incomoda um pouco que, nessa música tão 'pra cima', de repente surge uma frase que parece tão negativa. O que você acha?". Como o adolescente sabe que você não costuma criticar as músicas que ele ouve e que, aliás, você fez vários comentários positivos, estará mais propenso a ouvir sua crítica e até a concordar com você. Mesmo que ele discorde, você o deixou com "a pulga atrás da orelha". Se um dos cantores prediletos do adolescente for preso por uso de drogas, hospitalizado após uma *overdose*, ou se divorciar do cônjuge, seja solidário em vez de criticar. Expresse preocupação pela pessoa e tristeza pela situação. Você demonstrará empatia pelas emoções de seu filho e ele se sentirá apoiado. Lembre-se de que o adolescente já pensa de forma lógica; ele tirará as próprias conclusões. Você não precisa pregar-lhe um sermão. Se tiver apoio emocional, se sentirá amado.

Uma linguagem diferente e roupas diferentes

Adolescentes falam uma língua diferente. Quando seu filho se tornar adolescente, adotará um novo modo de falar. Por favor, não tente aprendê-lo (seria um vexame para todas as partes envolvidas). O objetivo é justamente usar uma linguagem que os pais não entendam. Por que isso é tão importante? A resposta é: independência social. O adolescente está estabelecendo uma distância entre ele e os pais, e a linguagem é um meio de fazê-lo. Se você tentar entender a linguagem do adolescente, frustrará seu propósito. Pais sábios aceitam a nova linguagem como sinal de que o filho está crescendo. É perfeitamente aceitável que, de vez em quando, os pais perguntem: "Pode explicar em português, por favor?". Contudo, se a resposta do adolescente for negativa, não devem insistir.

Os adolescentes entendem a linguagem uns dos outros, mas os pais não devem compreendê-la. O adolescente está formando vínculos com seus colegas e estabelecendo relacionamentos sociais fora da família; o novo dialeto faz parte desses relacionamentos. Pais sábios não zombam dessa linguagem, mas dão espaço para que o filho tenha mais uma nova expressão de independência social e continuam a amá-lo.

Adolescentes também têm uma forma diferente de se vestir. Não tenho como dizer ao certo que moda seu filho escolherá, mas posso lhe dizer que provavelmente será diferente das roupas que você veste. Esse novo estilo pode ser acompanhado de penteados e cores que você nunca viu antes. Os acessórios talvez incluam tonalidades de esmalte que lhe parecerão alienígenas, e talvez sejam colocados enfeites em lugares nunca antes imaginados. Se os pais tiverem um "piripaque" e se mostrarem julgadores a esse respeito, o adolescente se retrairá. Se a família for controladora demais e exigir que ele volte à "normalidade", pode ser que o faça na presença dos pais (vestindo-se como quando tinha 11 anos), mas será com grande ressentimento. E, quando os pais não estiverem por perto, voltará a ser adolescente.

É proveitoso que os pais entendam o papel do vestuário dentro de uma realidade social mais ampla. O modo de se vestir é ditado pela cultura. Se você duvida disso, pergunte a si mesmo: "Por que uso esse tipo de roupa?". É possível que seja porque as pessoas de seu círculo social usam o mesmo tipo de vestuário. Olhe para aqueles que trabalham com você, moram em sua comunidade, frequentam a mesma igreja e interagem com você em seu ambiente social. É bem provável que se vistam de modo semelhante. Os adolescentes estão seguindo o mesmo princípio. Estão simplesmente se identificando com a cultura adolescente.

Pais que começam uma guerra mundial por causa da roupa do adolescente travam uma batalha despropositada. Ela não muda a opinião do filho e não traz benefício algum para os pais.

> Pais que começam uma guerra mundial por causa das roupas do adolescente travam uma batalha despropositada.

Pais sábios compartilham suas opiniões quando necessário, mas dão espaço e liberdade para o adolescente continuar a desenvolver independência social. Enquanto isso, continuam a encher o tanque de amor dele ao falar sua principal linguagem do amor e um pouco das outras quatro linguagens quando possível.

O desejo de obter independência intelectual

Falamos anteriormente sobre o desenvolvimento de aptidões intelectuais pelo adolescente. Ele começa a pensar de modo mais abstrato, lógico e global. Analisa as próprias crenças. Examina coisas que antes aceitava sem questionar e, agora, as coloca sob o crivo da razão e da lógica. Muitas vezes, isso significa que questiona as crenças dos pais, bem como dos professores e de outros adultos importantes em sua vida. Os questionamentos costumam envolver três áreas relevantes: valores, crenças morais e crenças religiosas.

Valores

Com certeza o adolescente questionará os valores dos pais. O que é importante na vida? Ele observa o discurso dos pais e o que têm feito da vida e, geralmente, vê discrepâncias entre as asserções e as práticas. O pai que diz que a coisa mais importante na vida é o relacionamento familiar mas que se dedica tanto ao trabalho que tem pouco tempo para a família deve estar ciente de que o filho perceberá sua incoerência. A mãe que afirma que a fidelidade no casamento é importante mas tem um relacionamento extraconjugal com o colega de trabalho certamente será considerada hipócrita pela filha adolescente. "Mas você disse..." faz parte do ataque verbal que virá do adolescente quando as ações dos pais não forem condizentes com os valores que eles afirmam ter.

Mesmo que os pais sejam fiéis a seus valores, mais cedo ou mais tarde o adolescente os questionará. Ele precisa definir por si mesmo o que é importante na vida. "Meus pais dizem que ter um diploma é a coisa mais importante para meu futuro. Mas não tenho certeza se é verdade. Algumas das pessoas mais inteligentes que conheço não fizeram faculdade, e alguns dos indivíduos mais ricos do mundo também não tem ensino superior. Como posso saber se a faculdade é o melhor para mim?" Assim raciocina o adolescente.

Os pais que desejarem exercer influência no processo de avaliação devem mudar do monólogo para o diálogo, do sermão para a conversação, do dogmatismo para a investigação, do controle para a influência. Os adolescentes precisam da orientação dos pais sobre essas áreas importantes da vida e a desejam, mas não a aceitarão se forem tratados como crianças. Na infância, os pais lhes diziam o que era certo e esperavam que acreditassem. Mas isso mudou quando se tornaram adolescentes. Agora querem saber os motivos. Onde estão as provas?

Se os pais estiverem dispostos a dialogar, pensar de modo crítico sobre os próprios valores, compartilhar ideias e, ao mesmo tempo, estar abertos para as opiniões do adolescente, ele acolherá a orientação deles e será influenciado por seus valores. Se, contudo, os pais mantiverem uma postura do tipo: "É assim porque eu digo que é assim", perderão toda a influência sobre as escolhas de valores do adolescente.

A abordagem usada por pais que desejam influenciar os valores de seu adolescente incluirá comentários como: "Sempre considerei isso importante pelos seguintes motivos... Faz sentido para você? Qual é sua opinião?". Vários diálogos, cada um retomando temas anteriores sem tom de julgamento e sem dogmatismo: esse é o processo de interação entre pais e adolescente que permite independência intelectual e, ao mesmo tempo, dá ao adolescente o benefício dos posicionamentos dos pais.

Quando esses diálogos são acompanhados de expressões significativas de amor, os pais cultivam a independência intelectual do adolescente e, ao mesmo tempo, suprem sua necessidade emocional de ser amado. "Respeito seu direito de escolher os próprios valores. Você observa minha vida. Conhece meus pontos fortes e fracos. Acredito que é extremamente inteligente e sei que vai tomar decisões sábias." Os pais que dizem isso usam palavras de afirmação para comunicar amor e, ao mesmo tempo, promovem a independência intelectual do filho.

Crenças morais

Enquanto os valores respondem à pergunta: "O que é importante?", crenças morais respondem à pergunta: "O que é certo?". Por natureza, o ser humano é uma criatura moral. Crenças sobre o que é certo ou errado permeiam todas as culturas. A meu ver, isso se deve ao fato de os seres humanos terem sido criados à imagem de um Deus pessoal e moral, portanto essa imagem é refletida neles. Seja qual for seu posicionamento sobre a origem da moralidade, o fato cultural é que todas as pessoas têm crenças morais. O adolescente questionará não apenas seus valores, mas também seus posicionamentos morais. Examinará não apenas suas palavras, mas também suas ações.

> Seu adolescente avaliará não apenas suas palavras, mas também suas ações.

Se você declarar que é correto obedecer às leis civis, o adolescente perguntará por que você está ultrapassando o limite de velocidade. Se lhe ensinar que sempre deve falar a verdade, ele perguntará: "Então por que mentiu para a pessoa ao telefone e disse que papai não estava em casa?". Se você disser que devemos ser gentis com os outros, o adolescente perguntará por que tratou a vendedora da loja de modo tão grosseiro. Se disser que o racismo é errado, o adolescente vai querer saber por que, quando estão no *shopping*, você aperta o passo e evita olhar nos olhos de alguém que pertence a outro grupo étnico.

Tudo isso pode ser extremamente irritante para os pais que aprenderam a conviver com as próprias incoerências. Irritante ou não, nossos adolescentes farão questão de destacar nossas contradições morais.

Além disso, questionarão tanto nossas crenças morais como nossas práticas. Farão a si mesmos e a nós perguntas difíceis: "Se é errado cometer assassinato, aborto é assassinato? Se a violência que resulta na destruição de uma vida é algo errado, por que nos divertimos com filmes violentos? Se a monogamia sexual é o ideal, por que milhares de adultos têm vários parceiros sexuais? Certo e errado são definidos pelo consenso social, ou há uma lei natural e moral que transcende as opiniões da sociedade?". Esses são questionamentos profundos com os quais os adolescentes precisam lidar.

Muitos pais se sentem incomodados com o fato de o adolescente trazer à baila esses assuntos morais não resolvidos. Se nos recusarmos a conversar sobre os questionamentos morais dos filhos, eles ficarão à mercê da influência dos amigos ou de adultos que estejam dispostos a discutir esses assuntos. Se não estivermos dispostos a reconhecer as contradições entre teoria e prática, nossos adolescentes deixarão de respeitar nossas opiniões.

Não precisamos ser moralmente perfeitos para influenciar nossos filhos, mas, sem dúvida, precisamos ser moralmente autênticos. "Sei que nem sempre vivo de acordo com minhas próprias crenças nessa área, mas acredito que isso é certo, e minha atitude foi errada." Afirmações como essa, feitas por pais sinceros, restabelecem o respeito do adolescente pela autenticidade dos pais. Aqueles que assumem uma postura defensiva sobre suas crenças morais quando são questionados impelem o filho a buscar orientação em outro lugar. Pais que recebem de bom grado os questionamentos morais e estão dispostos a falar sobre suas crenças e práticas, abertos para ouvir pontos de vista divergentes e desejosos de explicar suas crenças morais são capazes de manter aberto o canal de comunicação e, desse modo, influenciar positivamente as decisões morais do filho.

Depois dessas conversas sobre assuntos morais, certifique-se de expressar amor por ele. Dessa forma, manterá cheio o tanque de amor e criará um ambiente em que ele terá liberdade de voltar sempre para dialogar.

Crenças religiosas

Enquanto os valores respondem à pergunta: "O que é importante?" e as crenças morais à pergunta: "O que é correto?", a religião procura responder à questão: "O que é verdade?". A humanidade está sempre à procura da verdade sobre a realidade material e imaterial. Como explicar nossa própria existência e a existência do universo? Existe uma realidade além daquilo que podemos ver e tocar? Por que a humanidade, ao longo da história e em todas as culturas, crê em um mundo espiritual? Isso é prova de que esse mundo existe? Em caso afirmativo, qual é a natureza desse mundo? Existe um Deus?

O mundo é criação dele? Em caso afirmativo, é possível conhecer esse Deus?

Essas são perguntas que os adolescentes fazem. Também são perguntas que, às vezes, ficaram adormecidas por muitos anos na mente e no coração dos pais, sem que eles próprios tenham encontrado respostas adequadas.

Quaisquer que sejam suas crenças ou descrenças religiosas, em algum momento seu adolescente terá de lidar com essas questões. São dúvidas que os seres humanos sempre tiveram, e os adolescentes são seres humanos (sei que é difícil de crer nisso em alguns momentos, mas é verdade). O ser humano é incuravelmente religioso. O físico francês Blaise Pascal disse certa vez: "No coração do homem há um vazio no formato de Deus".[2] Santo Agostinho declarou: "Tu nos fizeste para Ti, e o coração do homem se inquieta enquanto não encontra descanso em Ti".[3]

O adolescente é inquieto. Questionará suas crenças religiosas. Examinará o modo como as aplica na vida diária. Também nesse caso, se encontrar contradições, pode ser que o confronte. Se você ficar na defensiva e se recusar a falar sobre questões religiosas, ele procurará colegas ou outros adultos para conversar, mas não deixará de fazer perguntas sobre religião.

O jovem talvez explore, ainda, outras crenças religiosas e até rejeite aspectos da religião dos pais. Para a maioria das famílias, trata-se de algo extremamente incômodo. No entanto, é um passo necessário para o desenvolvimento das crenças religiosas dele. Na verdade, os pais devem ficar mais preocupados se ele adotar a religião deles sem nenhuma consideração séria. Pode ser uma indicação de que, para o adolescente, e talvez para os pais, religião é uma fachada cultural que cumpre um propósito social em vez de tratar das questões mais profundas do significado da vida.

Quando o adolescente anuncia que não irá mais à missa, à sinagoga, à escola dominical ou à mesquita, chama a atenção para si como indivíduo independente dos pais. E expressa o desejo de independência intelectual. Para alívio dos pais, de acordo com pesquisas, "mesmo que as rejeições à religião pelo adolescente sejam dramáticas, raramente são permanentes".[4]

É difícil para a maioria dos pais manter a calma quando o adolescente fala de rejeitar a religião deles, mas reações desmedidas podem fechar as portas para o diálogo. Lembre-se: ele está estabelecendo a independência não apenas nas outras áreas que já discutimos, mas também na área intelectual, que inclui valores morais e crenças religiosas. Faz parte do processo mais amplo de questionamento e exploração. É uma expressão de independência intelectual, mais que rejeição à religião. Se os pais tiverem esse fato em mente, existe menor probabilidade de serem intolerantes ao atual posicionamento religioso do adolescente.

Uma abordagem mais sensata é ouvir o posicionamento do filho. Permita que ele expresse livremente por que acredita que determinada crença religiosa é interessante ou proporciona satisfação. Compartilhe seus pontos de vista sobre o assunto, tendo o cuidado de não condená-lo. Diga-lhe que se sente feliz de vê-lo refletir sobre esses assuntos. Quando tiver coragem, pergunte o que ele pensa do modo como você tem vivido em relação a suas crenças religiosas. Talvez você descubra por que o adolescente está buscando outros caminhos.

Esse não é o momento para dogmatismo, ainda que você tenha convicções religiosas profundas. É hora de incentivar a busca. Se você está verdadeiramente convencido da validade de suas próprias crenças religiosas, se tem certeza de que elas correspondem à realidade acerca do mundo, precisa ter certa medida de confiança de que seu adolescente questionador, caso seja sincero, acabará chegando a conclusões semelhantes às suas. Se, ao contrário, suas crenças não forem profundas e se você não souber ao certo até que ponto harmonizam com a realidade fundamental, talvez deva ficar contente de ver seu filho realizar essa busca. Talvez ele descubra aquilo que você não foi capaz de encontrar.

O fato é que seu adolescente irá explorar ideias religiosas. Resta saber se você deseja fazer parte dessa investigação e se deseja amar o adolescente ao longo desse processo. Se sua resposta for afirmativa, você terá de mudar do monólogo para o diálogo e criar um ambiente para a discussão aberta e honesta sobre questões religiosas. Precisará dar ao adolescente o direito de pensar de modo diferente do seu. Terá de estar disposto a compartilhar as evidências a favor e a ouvir opiniões que se opõem a elas. É necessário reconhecer que seu filho está em um processo e dar tempo para que ele reflita sobre as crenças religiosas.

> Seu adolescente irá explorar ideias religiosas. Resta saber se você deseja fazer parte dessa investigação e se deseja amar o adolescente ao longo desse processo.

Se você o fizer e, ao mesmo tempo, abastecer o tanque de amor emocional de seu filho, ele se sentirá amado e desenvolverá independência intelectual. Também desenvolverá crenças religiosas que servirão de diretrizes para a vida, e você terá exercido uma influência positiva durante todo o processo de busca.

A necessidade de decidir por si mesmo

É evidente que em todas essas áreas — valores, crenças morais e religião — o adolescente está tomando decisões. Por trás da maioria dos conflitos entre pais e adolescentes está a questão básica do direito do adolescente de tomar decisões independentes. Se os pais reconhecerem esse direito de pensar de forma independente e estiverem dispostos a investir tempo para criar um ambiente propício para diálogos significativos em um contexto de afeto, o filho continuará suscetível à influência deles.

Se, contudo, os pais adotarem uma postura irredutível e fizerem proclamações dogmáticas a respeito daquilo que o adolescente deve acreditar e realizar, criarão um relacionamento hostil. Milhares de pais trilharam esse caminho e viram seus adolescentes se distanciarem. Voltaram-se para suas turmas (por vezes, bastante destrutivas) e para outros adultos (por vezes, mal-intencionados e dispostos a oferecer aprovação e amor superficial em troca de favores, prazeres e satisfação pessoal).

Lembre-se de que o adolescente sempre procurará afirmar sua independência. Faz parte do processo de se tornar adulto. Pais sábios reconhecem que se trata de uma etapa do desenvolvimento pela qual o adolescente precisa passar e cooperam para seu desenvolvimento em vez de impedi-lo. Se você promover a independência de seu filho conforme sugerimos neste capítulo, enquanto mantém cheio o tanque de amor dele, pode ter certeza de que ele se tornará um adulto responsável. Encontrará seu lugar na sociedade e dará sua contribuição ao mundo.

A esta altura, imagino que alguns talvez estejam perguntando: "Mas e os limites? E a responsabilidade?". Que bom que levantaram essas questões. Mostra que entenderam as implicações daquilo que tratamos neste capítulo e nos leva ao capítulo seguinte, em que desejo falar sobre esses assuntos. Aliás, peço que você leia e estude este capítulo e o seguinte juntos, pois falam de duas coisas correlacionadas: *independência e responsabilidade.*

12

Amor e necessidade de ser responsável

O pai de Michael comprou um carro velho para ele e, durante vários finais de semana, os dois trabalharam juntos para deixá-lo em ordem. Quando Michael recebeu a carteira de habilitação, o pai lhe deu dicas sobre direção. Primeiro, só saíam durante o dia; depois, Michael aprendeu a dirigir à noite. Certo fim de semana, quando os dois foram acampar, Michael dirigiu todo o caminho até o local do acampamento. Tudo estava indo bem e, por fim, o pai deixou que Michael começasse a sair sozinho com o carro.

O garoto começou a sonhar com a possibilidade de ir aonde quisesse, quando quisesse e como quisesse. Não entendeu a insistência do pai em definir regras sobre quando, onde e como devia dirigir. No entanto, estava prestes a aprender que liberdade e responsabilidade são os dois lados da mesma moeda: não existe uma sem a outra. Esse é um fato no mundo adulto, e os adolescentes também precisam aprendê-lo. Os adultos têm liberdade de morar na própria casa desde que assumam a responsabilidade de pagar as prestações do financiamento. A empresa de energia dá a liberdade de os consumidores manterem as luzes acesas o quanto quiserem desde que assumam a responsabilidade de pagar a conta no fim do mês. A vida toda é organizada em torno de princípios de liberdade e responsabilidade. Assim como pais amorosos incentivam a independência do adolescente, também lhe ensinam que é responsável por seu comportamento.

Independência sem responsabilidade é o caminho para a baixa autoestima, para atividades sem sentido e, por fim, para o tédio e a depressão. Não adquirimos senso de valor próprio por meio da independência. Ele vem da responsabilidade. Independência e responsabilidade preparam o caminho para uma vida adulta madura. O adolescente que aprende a ser responsável por suas ações ao mesmo tempo que desenvolve independência e identidade própria tem boa autoestima, alcança objetivos dignos e faz contribuições valiosas para o mundo ao redor dele. O adolescente que não aprende a ter responsabilidade é problemático tanto na adolescência como na vida adulta.

O papel das leis (limites)

A responsabilidade requer limites. Todas as sociedades humanas têm limites que costumamos chamar de leis. Sem limites, a sociedade destruiria a si mesma. Se cada um simplesmente fizesse o que parecesse certo aos próprios olhos, o resultado seria caótico. Quando a maioria das pessoas respeita as leis, ou seja, quando são cidadãos responsáveis, a sociedade anda bem. Mas, no momento em que um grande número de indivíduos escolhe fazer as coisas à sua maneira e viver de forma irresponsável, a sociedade sofre as consequências negativas.

No ambiente familiar, cabe aos pais a função de estabelecer regras, ou limites, e de garantir que os adolescentes vivam de modo responsável e respeitem esses limites. A ideia de que o adolescente se revoltará se os pais definirem limites é falsa. Aliás, pesquisas indicam que "na opinião da maioria dos adolescentes, os pais são compreensivos e pacientes com eles na maior parte do tempo. Mais da metade reconhece: 'Quando meus pais são rígidos, entendo que eles têm razão, mesmo quando fico irritado'".[1]

De acordo com Lawrence Steinberg, professor de psicologia da Temple University, "O que leva o adolescente a se rebelar não é a imposição de autoridade, mas sim o uso arbitrário de poder, com poucas explicações das regras e nenhum envolvimento dele no processo de tomar decisões".[2] O problema não é a autoridade dos pais, mas sim o fato de expressarem essa autoridade de maneira ditatorial e sem amor. Quando seu filho era mais jovem, você podia definir regras arbitrárias e ele dificilmente questionava seu direito de fazê-lo, embora talvez ainda desobedecesse a essas regras. Os adolescentes, porém, questionarão se as regras são para benefício deles ou se apenas satisfazem um capricho dos pais. "Faça isso porque estou mandando" não funciona mais. Se continuar a adotar essa abordagem ditatorial, pode ter certeza de que seu filho se rebelará.

Defina regras *com* seu adolescente

Uma vez que o adolescente está desenvolvendo independência, precisa estar envolvido no processo de definição das regras e consequências. Pais sábios convidam os filhos a participar com eles das decisões e deixam que expressem suas ideias sobre quais regras continuam a ser justas e aplicáveis. É necessário que os pais deem os motivos de suas ideias e expliquem por que, a seu ver, serão boas para o adolescente. Quem usa essa abordagem cria um ambiente que promove a independência do adolescente e, ao mesmo tempo, lhe ensina que não há liberdade sem responsabilidade.

As reuniões de família são uma ocasião para pais e adolescentes tratarem dessas questões, sabendo que os pais continuarão a exercer autoridade. A última palavra será deles, mas, se forem sábios, levarão em conta as ideias e sentimentos do adolescente. E, se o adolescente puder se expressar no processo de definição da regra, é mais provável que a considere justa e que não se rebele. Estudos mostram que "jovens cujos pais permitem que eles participem da discussão se mostram mais afetuosos e respeitosos e têm maior probabilidade de dizer que desejam ser como eles do que jovens cujos pais insistem em estar sempre com a razão".[3]

Precisamos nos lembrar de que nosso objetivo ao educar adolescentes não é vencer a discussão, mas ensiná-los a ser responsáveis ao mesmo tempo que se tornam independentes. O princípio é: "Se é capaz de aceitar a responsabilidade, então pode ter a liberdade. Se não é capaz de aceitar a responsabilidade, então não está pronto para a liberdade". Quando nossos adolescentes entenderem que as duas coisas sempre andam juntas, terão aprendido uma lição importante, que lhes será útil para o resto da vida.

A importância do amor

Para que o processo de independência e responsabilidade se desdobre com tranquilidade, é necessário que os pais contribuam ao usarem a linguagem do amor correta. Quando o filho se sente amado pelos pais, quando percebe que visam o bem-estar dele e que as regras são criadas e aplicadas com o intuito de beneficiá-lo, independência e responsabilidade têm melhores condições de se desenvolver. Mantenha cheio o tanque de amor dele, e a rebeldia será esporádica e temporária. Em contrapartida, se o adolescente não se sente amado, se as regras lhe parecem arbitrárias e egoístas, e se ele percebe que os pais estão mais preocupados com a própria reputação e sucesso que com o bem-estar dele, provavelmente se rebelará contra as regras e contra os pais por as imporem.

Lembre-se de que as tentativas de controlar os adolescentes pela força geralmente não funcionam. A coerção não é capaz de realizar aquilo que o amor foi feito para criar, a saber, sentimentos de consideração pelos pais. Os pais que se lembram disso e fazem esforços conscientes para continuar a comunicar amor emocional ao adolescente dão o primeiro e mais importante passo para lhes ensinar responsabilidade ao mesmo tempo que promovem independência.

Steinberg, renomado especialista em adolescentes, observa: "Quando os pais se afastam porque pensam que o adolescente não quer ou não precisa mais de afeto, ele se sente abandonado. Por mais lugar-comum que pareça, o amor é a coisa mais importante que você pode dar ao adolescente".[4] Ao dar ao adolescente amor emocional criamos um clima no qual podemos cooperar com sua independência e, ao mesmo tempo, insistir em comportamentos responsáveis. Dito isso, estamos prontos para examinar o processo de definir e aplicar regras para adolescentes.

> A coerção não é capaz de realizar aquilo que o amor foi feito para criar.

Uma reunião de família especial

A esta altura, deve estar claro que, não obstante as regras definidas quando seu adolescente era criança, elas não podem continuar a ser aplicadas de modo arbitrário na adolescência. O adolescente está em um estágio diferente da vida e, por isso, precisa que os limites sejam repensados e reformulados. Pais que deixam a transição para a adolescência acontecer sem refletir, conversar ou prestar atenção às regras da família logo verão o filho se rebelar. Pais que têm uma atitude proativa convocam uma reunião de família e deixam claro que estão conscientes de que o filho entrou na adolescência e que é necessário repensar as regras da família de modo a permitir mais liberdade e responsabilidade.

Ser proativo e convocar essa reunião antes que o adolescente comece a se queixar de regras infantis impostas sobre ele é uma estratégia extremamente sábia. O adolescente pego de surpresa quando os pais reconhecem que ele está se tornando independente e responsável se mostrará muito mais propenso a participar de forma amistosa dessa reunião de família do que o adolescente que passou seis meses insistindo para que ela acontecesse.

No entanto, se seu adolescente tem 15 anos e vocês ainda não fizeram essa reunião, nunca é tarde demais para surpreendê-lo e tomar a iniciativa de reexaminar as regras.

Algumas regras sobre as regras

Gostaria de apresentar três diretrizes para a definição de regras que tornarão o processo mais fácil de executar e mais relevante. Na sequência, apresentarei três diretrizes gerais para definir, durante a reunião de família, as consequências caso as regras sejam desrespeitadas.

1. As regras devem ser poucas

Dezesseis páginas de regras familiares não apenas levarão um bocado de tempo para serem redigidas, mas provavelmente também serão desconsideradas. Essa é uma das áreas da vida em que menos é mais. Adolescentes precisam de espaço para espontaneidade e despreocupação. O excesso de regras os torna paranoicos e receosos.

Quais são as questões verdadeiramente importantes? Em geral, a resposta para essa pergunta é relacionada a tudo o que pode prejudicar o adolescente física, emocional ou socialmente, e tudo o que promoverá condições para que ele alcance alvos nobres. Viver de modo responsável é dizer não para as coisas destrutivas e sim para as construtivas.

O objetivo das regras não é controlar cada momento da vida do adolescente, mas sim fornecer limites importantes dentro dos quais ele possa fazer escolhas. Lembre-se de que Deus definiu apenas dez regras, os Dez Mandamentos.[5] E Jesus os resumiu em duas regras.[6] Uma vez que você não é tão sábio quanto Deus, provavelmente não conseguirá definir apenas dez, mas procure ater-se ao menor número possível.

2. As regras devem ser claras

Regras ambíguas geram confusão tanto para o adolescente quanto para os pais. "Chegue em casa em um horário decente" certamente será interpretado de maneiras diferentes por pais e filhos. "Esteja em casa até às 22h30", no entanto, é bem mais claro. Ainda que o adolescente desobedeça a essa regra, não haverá confusão a respeito do que ela diz. "Nunca dirija mais que cinco quilômetros por hora acima do limite de velocidade." Qualquer pessoa inteligente o suficiente para dirigir não terá dificuldade em entender essa regra (talvez seja difícil de seguir, mas não é difícil de compreender).

Quando a regra é clara, o adolescente sabe que desobedeceu a ela. Talvez tente acobertar o erro, ou mesmo negá-lo. Talvez tente se justificar. No entanto, sabe muito bem que desobedeceu. Se, contudo, a regra for ambígua, certamente gerará discussão.

3. *As regras devem ser tão justas quanto possível*

Digo "quanto possível" pois nenhum de nós é perfeito em nosso entendimento do que é justo. Você e o adolescente talvez discordem da equidade de determinada regra. Por meio do diálogo aberto, procurando entender o ponto de vista um do outro, será possível chegar a um consenso a respeito do que é verdadeiramente justo. Não ceda quando estiver convencido de que a regra visa o bem-estar do adolescente, mas esteja aberto para mudanças quando não forem prejudiciais.

Para o adolescente, a justiça é algo *extremamente* importante. Como vimos anteriormente, ele está lidando com novos valores, crenças morais, lógica e razão. Se o senso de justiça dele for violado, certamente provocará raiva. Caso o pai encerre a discussão e imponha a regra de modo arbitrário, recusando-se a tratar dessa raiva, o filho se sentirá rejeitado e se ressentirá do pai.

Deve-se fazer todo esforço possível para ouvir a opinião do adolescente sobre a equidade ao definir novas regras. Se ele concordar que uma regra é justa, provavelmente não se rebelará quando o pai exigir que ele a cumpra, o que nos leva à questão das consequências.

Algumas regras sobre as consequências

Regras sem consequências não são apenas inúteis, mas também confusas. Os adolescentes se recusarão a respeitar os pais que não procurarem de maneira amorosa, porém firme, fazer valer as regras ao permitir que o filho sofra as consequências depois de quebrá-las. Sofrer as consequências é uma realidade importante da vida adulta. Se eu não pagar a prestação da casa este mês, no mês seguinte haverá multa e um acréscimo de juros. Se ficar vários meses sem pagar, serei despejado. Quando ultrapasso o limite de velocidade, recebo uma multa. Além de ter de pagá-la, sou penalizado com pontos na carteira de habilitação. As consequências podem ser duras, mas promovem uma vida mais responsável. As luzes de um carro da polícia rodoviária fazem o motorista tirar o pé do acelerador. O medo de sofrer consequências nos leva a seguir as regras.

Eis algumas diretrizes para formular e aplicar consequências.

1. As consequências devem ser definidas de antemão

A maioria das leis sociais incorpora esse conceito. O valor da multa que pagarei por atrasar a prestação da casa é determinado no contrato, antes que ocorra a inadimplência. O banco ou financiadora não decide arbitrariamente cobrar um valor depois que o contrato de pagamento é violado. A multa por violar as regras de trânsito é definida antes que a infração ocorra. Se estamos preparando nossos adolescentes para viver no mundo adulto, não faz sentido aplicarmos esse mesmo princípio?

Fico espantado com o número de pais que encontro em diferentes regiões do país que confessam nunca ter pensado nisso. Esperam até que o adolescente quebre uma regra para, só então, muitas vezes com raiva, declarar quais serão as consequências. A natureza da consequência geralmente é determinada pelo estado emocional dos pais no momento. A probabilidade de o adolescente concordar com a equidade das consequências é mínima. Em contrapartida, se os pais estiverem de bom humor, pode não haver consequência alguma. Evidentemente, o adolescente fica confuso com esse método arbitrário de definir as consequências.

Sugiro que as consequências para as violações sejam definidas quando as regras forem estabelecidas e que o adolescente participe desse processo. Se ele ajudou a formular as regras, por que não deveria participar da definição das consequências? Permitir que ele participe desse processo o ajudará a desenvolver discernimento moral. Muitas vezes, os adolescentes são mais rigorosos consigo mesmos do que os pais seriam. Se você pensa que uma semana sem poder dirigir é uma consequência justa para a violação de determinada regra, o adolescente talvez proponha duas semanas. O importante é chegar a um acordo sobre uma consequência que pareça justa para o adolescente.

Os pais se poupam de um bocado de problemas quando definem as consequências antes de a violação ocorrer. Todos saem ganhando. Os pais ficam menos frustrados e o filho sabe que a justiça prevaleceu. Mais um passo foi dado rumo ao desenvolvimento da responsabilidade do adolescente.

2. As consequências devem ser aplicadas com amor

Os pais não devem demonstrar prazer em aplicar as consequências. Sofrer as consequências dos erros é doloroso para os adultos e também para os adolescentes. Que adulto não fica irritado com um guarda que sorri enquanto aplica a multa por uma infração de trânsito?

Da mesma forma, os pais não devem ser severos e insensíveis ao aplicar as consequências. "Eu avisei você. Se tivesse me escutado, não estaria sofrendo esse castigo." Essa declaração talvez alivie um pouco a frustração dos pais, mas certamente não terá um efeito positivo sobre o adolescente.

Nossos adolescentes precisam sentir que os amamos apesar de terem quebrado as regras. Precisam de solidariedade e compreensão, e não de pais que cedam e amenizem as consequências.

"Sei que será difícil não poder ir às aulas de natação durante toda a semana. Mas conhece as regras e sabe das consequências. Amo você e, por isso, não tenho outra opção. Você precisa arcar com as consequências de ter quebrado a regra." Essa demonstração de compreensão e de empatia com o adolescente o ajudará a aceitar que as consequências são justas e que foram impostas por amor. Mesmo que fique chateado, não se ressentirá dos pais que aplicam as consequências com bondade e carinho.

Também é apropriado que, depois de confrontar o adolescente com o erro, você use a principal linguagem do amor dele, como um gesto final de amor. Por exemplo, se a linguagem do amor dele for toque físico, um tapinha nas costas ou um abraço fazem uma grande diferença quando você tem de proibi-lo de realizar alguma atividade. Se atos de serviço forem sua principal linguagem, preparar a sobremesa predileta dele encherá o tanque de amor, apesar da dor causada pela consequência. Caso palavras de afirmação sejam a linguagem do amor, elogiá-lo antes e depois de ter conversado sobre as consequências do erro demonstrará que você continua a amá-lo, mesmo ao aplicar a consequência, e a tornará suportável.

3. As consequências devem ser aplicadas de forma coerente

As consequências não devem ser aplicadas conforme os caprichos dos pais. Todos nós somos, por natureza, influenciados pelas emoções. Quando os pais estão de bom humor, mostram-se mais propensos a fechar os olhos para a infração do adolescente. Mas, quando estão de mau humor, estressados ou até irritados com algum colega de trabalho, descontam no adolescente quando ele quebra alguma regra da família. Essa incoerência produz raiva, ressentimento e confusão no coração do adolescente. Seu senso de justiça é violado. Ele se sente exasperado, o que, muitas vezes, gera discussões e comportamento agressivo.

Pais que definem as consequências antes da violação permitem que o adolescente os ajude a defini-las. E pais que aplicam as consequências com amor têm maior probabilidade de ser coerentes. O ideal é aplicar as consequências de forma coerente e em amor, com carinho e firmeza. Pais que escolhem essa abordagem contribuem para que o filho aprenda a ter responsabilidades. Mesmo que o filho nem sempre fique satisfeito, terá participado voluntariamente de todo o processo.

A definição de áreas de responsabilidade

Vejamos algumas das áreas da vida familiar que exigirão regras e consequências a fim de que você ensine seu filho a ser responsável e, ao mesmo tempo, promova a independência. Defina regras e consequências de acordo com suas respostas a estas duas perguntas: (1) Quais são as questões importantes que devo considerar para que meu adolescente se torne um adulto maduro? (2) Quais os perigos que precisam ser evitados e quais são as responsabilidades que precisam ser aprendidas? Sim, algumas regras serão proibições estabelecidas cujo objetivo é evitar que o adolescente use palavras e comportamentos destrutivos para ele mesmo e para outros. Outras regras, porém, terão como objetivo ajudá-lo a desenvolver um comportamento positivo que possibilitará maior maturidade e enriquecerá a vida daqueles que estão à sua volta.

Vejamos agora algumas áreas mais comuns em que pais e adolescentes precisam formular regras e consequências.

1. Oportunidades em casa

Digo "oportunidades" em vez de "obrigações", porque o termo "oportunidade" soa mais positivo. Na verdade, ambos os elementos estão presentes. Em uma família saudável, todos os membros têm certas obrigações que devem ser cumpridas para garantir que a vida flua de maneira positiva. No entanto, essas obrigações também representam oportunidades de serviço. Ultimamente, a sociedade tem deixado de dar ênfase ao serviço altruísta. Ainda é fato, porém, que aqueles que recebem mais honras entre nós são os que têm uma atitude de serviço. Pessoas egoístas e interesseiras, em contraste, podem até ser financeiramente bem-sucedidas, mas raramente são tidas em alta consideração.

A fim de que o adolescente aprenda a servir pessoas de fora da família, precisa, primeiramente, aprender a servir seus familiares. Tem de assumir responsabilidades no lar, serviços que contribuam para a vida dos outros membros da família. Essas responsabilidades serão diferentes em cada lar, mas é provável que incluam coisas como cuidar de um irmão mais novo, ajudar a preparar uma refeição, cuidar de um animal de estimação, cortar a grama, podar os arbustos, plantar flores, passar o aspirador, limpar banheiros, tirar o pó e lavar roupas. Pode-se fazer um rodízio de tarefas para que o adolescente tenha a oportunidade de adquirir aptidões nas diversas áreas da manutenção da casa.

É importante que o adolescente se veja como parte da família e entenda que, na família, todos têm responsabilidades. Como adolescente, está adquirindo cada vez mais aptidões. Isso significa não apenas mais liberdade para fazer coisas fora de casa, mas também mais responsabilidades dentro de casa. Sem dúvida, o adolescente deve ter mais responsabilidades que seu irmão de 8 anos. Essas responsabilidades vêm acompanhadas da liberdade de ficar acordado até mais tarde, de passar mais tempo longe da família, e assim por diante. Em minha opinião, as liberdades devem sempre ser atreladas a responsabilidades apropriadas. Se o adolescente demonstrar maturidade suficiente para assumir responsabilidades sérias, também terá maturidade para receber mais liberdade.

Esse princípio deve ficar claro na reunião de família em que forem definidas as regras e consequências. Nesse contexto, a ideia não é os pais obrigarem o adolescente a realizar certas tarefas domésticas. Antes, ele tem a chance de demonstrar maturidade ao assumir de bom grado mais responsabilidades e, desse modo, conquistar mais liberdade. Se escolher não realizar as tarefas pelas quais ficou responsável, as consequências serão expressas na forma de perda de liberdade. Por exemplo, se um garoto que dirige tiver a responsabilidade de lavar o carro da família até sábado ao meio-dia, e a consequência definida se ele não o fizer for a suspensão por dois dias do privilégio de dirigir, pais sábios não ficarão cobrando dele que lave o carro. Ele terá de escolher assumir a responsabilidade e ter a liberdade correspondente ou ser menos maduro e perder essa liberdade. Posso lhe garantir que dificilmente o adolescente desejará perder a liberdade, e os pais não se desgastarão para fazer com que o adolescente lave o carro.

2. Tarefas escolares

Quais são as questões importantes que dizem respeito à educação escolar do adolescente? Essa é uma pergunta a qual você e seu filho terão de responder juntos. Para a maioria dos pais, o filho tem a obrigação de concluir o ensino médio. Na cultura ocidental, um adolescente sem o diploma do ensino médio ficará seriamente prejudicado na vida adulta. Havendo consenso, portanto, o assunto será tido por encerrado. A pergunta seguinte será: "Que regras ajudarão o adolescente a alcançar esse objetivo?". Em geral, o pacote inclui frequentar as aulas e cumprir as tarefas de forma satisfatória. Esses dois itens costumam ser indicados no boletim escolar, que os pais recebem periodicamente. As regras podem ser bem simples: ir à aula todos os dias, exceto em caso de doença que o obrigue a ficar em casa ou ser internado, e completar todas as tarefas e trabalhos escolares. Se o adolescente faltar à aula sem motivo, pode-se aplicar como consequência que ele passe o sábado lendo um livro e depois faça um relatório do mesmo para um dos pais. Não poderá sair de casa durante as horas correspondentes ao período escolar. A maioria dos adolescentes não desejará repetir essa experiência.

O desempenho na escola é um pouco mais difícil de avaliar, mas em geral se reflete nas notas e/ou em conversas com os professores. Quando os pais descobrem que o adolescente não está fazendo as tarefas e seu desempenho está abaixo do satisfatório, podem impor como consequência que ele realize as tarefas escolares na tarde de sábado ou de domingo, mesmo que o professor diga que não contribuirá para melhorar as notas. Os pais deverão supervisionar de perto a execução desses deveres, mesmo que eles não contem nas notas. Com essas regras e consequências, os pais não precisarão cobrar do filho todos os dias que ele realize as tarefas escolares. Ou o adolescente escolhe ser responsável e ter a liberdade de fazer algo mais agradável nas tardes de sábado ou de domingo, ou perde essa liberdade porque foi irresponsável.

3. Uso do carro

A oportunidade de o adolescente dirigir o carro da família é um privilégio, não um direito. Dirigir é uma liberdade adquirida por meio de comportamento responsável. Essa realidade precisar ficar clara para o adolescente antes de ele ter idade para tirar a carteira de habilitação. Também nesse caso, é necessário que ele entenda a relação entre liberdade e responsabilidade. A maioria dos pais deseja que os filhos tenham a liberdade de dirigir, mas muitos pais não associam essa liberdade à responsabilidade. Consequentemente, o adolescente considera que dirigir é um direito inalienável.

Quais são as questões fundamentais do uso do carro pelo adolescente? É provável que os pais e o filho concordem no que diz respeito à segurança física do adolescente, de outros motoristas e passageiros e à obediência a todas as leis de trânsito. Alguns pais e adolescentes talvez cheguem a um acordo quanto a outras regras, por exemplo, de que o adolescente deve usar dinheiro de sua mesada para ajudar com o combustível. Também pode ser apropriado que o adolescente peça permissão antes de usar o carro e que seja definido um horário de uso. A partir dessas questões, será necessário criar regras especificas, bem como suas respectivas consequências.

Algumas sugestões. *Regra:* obedecer a todas as leis de trânsito. *Consequência de quebrar a regra:* se o adolescente for multado por uma infração, não poderá dirigir por uma semana e pagará pela multa com dinheiro de sua mesada. Se ocorrer uma nova infração dentro de três meses, não poderá dirigir por duas semanas e pagará pela multa. *Regra:* jamais permitir que um amigo dirija o caro. *Consequência de quebrar a regra:* não poderá dirigir por duas semanas. Outras regras podem tratar da questão de horários, de falar ao telefone ou enviar mensagens de texto enquanto dirige, pagar por despesas do carro, limpá-lo com frequência e fazer manutenção.

4. Administração das finanças

Conflitos ligados a dinheiro são comuns entre pais e adolescentes. Muitas vezes, isso acontece porque não foram definidas regras e consequências claras. Quais são as questões mais importantes que devem ser levadas em conta nessa questão? A primeira realidade é óbvia. O dinheiro é limitado. Poucas famílias têm recursos ilimitados, e isso significa que o adolescente nem sempre pode ter todas as coisas que deseja. Outra questão importante é a necessidade de o adolescente aprender os princípios básicos de administração das finanças. Um princípio fundamental simples é: "Quando o dinheiro acaba, é necessário suspender todas as compras. Elas só poderão voltar a ser realizadas quando houver mais dinheiro". A violação desse princípio por parte de muitos adultos (em sua própria vida e na interação com os adolescentes) provoca sérios problemas financeiros. Por isso, em minha opinião, adolescentes nunca devem ter cartões de crédito. Esses cartões os incentivam a gastar mais do que ganham, uma prática completamente errada para ensinar aos jovens.

O adolescente só poderá aprender a administrar o dinheiro quando tiver uma quantia a seu dispor. Diante disso, muitos pais decidem dar ao filho uma mesada para que ele não venha pedir dinheiro toda hora para comprar isso ou aquilo. Os pais que dão dez reais aqui e vinte reais ali para que o adolescente supra alguma necessidade específica não estão ensinando o filho a administrar o dinheiro. A meu ver, uma estratégia bem melhor é pais e adolescentes concordarem sobre o valor de uma mesada semanal ou mensal. Antes disso, porém, é necessário deixar claro em que áreas o adolescente gastará esse dinheiro. Alguns exemplos são roupas, comida, entretenimento e combustível. Talvez os pais resolvam dar ao adolescente trezentos reais por mês (ou 75 reais por semana). Com esse dinheiro ele deve pagar as refeições que fizer fora de casa, exceto quando acompanhado de outro membro da família, ajudar com o combustível do carro, caso dirija, e comprar roupas, com exceção daquelas que os pais decidirem lhe dar.

Os pais precisam ser realistas ao estabelecer o valor da mesada. Uma vez definido, não deve ser alterado apenas porque o adolescente está reclamando que não é suficiente. Se, porventura, desejar adquirir mais coisas do que a mesada lhe permite, terá de arranjar um meio de ganhar o próprio dinheiro. Caso não tenha idade suficiente para trabalhar em uma lanchonete, pode cortar a grama dos vizinhos, entregar jornal, trabalhar como babá e mais uma porção de outros serviços. Nesse acordo, o adolescente não apenas aprende a administrar o dinheiro, mas também reconhece o valor dele ao trabalhar para ter uma renda adicional. Mas, se os pais cederem e derem mais dinheiro quando o adolescente se queixar, prejudicarão seu aprendizado sobre responsabilidade financeira. Milhares de pais estão comprometendo o bem-estar financeiro do adolescente no futuro ao lhe dar agora o dinheiro que ele pede.

Deixe bem claro para o adolescente que está lhe dando uma mesada porque o ama e porque deseja que aprenda a administrar o dinheiro de forma responsável. Não está pagando para que realize as tarefas domésticas. Essa é uma questão inteiramente separada, que diz respeito à responsabilidade. Minha sugestão é que o adolescente não receba dinheiro a mais dos pais por realizar trabalhos domésticos, pois confundirá a questão do que é esperado dele quanto às responsabilidades da casa. É muito melhor que trabalhe fora para ter uma renda adicional. A meu ver, também é um erro os pais emprestarem dinheiro para os filhos, pois ensina a gastar além da sua renda, o que é uma péssima lição.

5. Namoro

Falar sobre namoro faz estremecer o coração de muitos pais. Alguns se lembram das próprias experiências de namoro e não querem que os filhos sigam pelo mesmo caminho. Concluem que, se os filhos forem mantidos longe do sexo oposto até completarem 20 anos, talvez tenham maturidade suficiente para lidar com essa questão. Também existe muita confusão sobre o que significa, de fato, namorar. Se, por namoro, entendemos que um garoto e uma garota saem para comer um sanduíche e depois passam três horas no banco traseiro de um carro estimulando um ao outro sexualmente, precisamos avaliar se os adolescentes devem mesmo namorar. Mas se esse casal opta por ir à lanchonete e depois assistir a um jogo, ou ir ao cinema ou ao parque, então o namoro pode ser uma experiência positiva que contribuirá para a autoestima e para a capacidade deles de ter, no futuro, um relacionamento romântico maduro.

Não vou dizer com que idade seu filho ou sua filha deve começar a namorar. Steinberg adverte que meninas que começam a namorar no início da adolescência correm o risco de ser envolvidas por "um sentimento romântico e irreal" e, em geral, namoram garotos mais velhos que, "com frequência, acabam intimidando essas meninas psicológica e fisicamente".[7] Depois de décadas aconselhando casais e famílias, tenho convicção de que o início da adolescência é o momento para desenvolver amizades com pessoas do mesmo sexo, evoluindo aos poucos para atividades que envolvam membros de ambos os sexos e, só mais adiante, relacionamentos pessoais com o sexo oposto. À medida que os adolescentes amadurecem, sentem-se mais à vontade com o sexo oposto, mais autoconfiantes e aptos a lidar com um namoro em potencial. Pular as etapas naturais desse processo de desenvolvimento social e emocional ao incentivar o namoro no começo da adolescência é um erro sério.

Se concorda com minha opinião, a hora de começar a formar essa imagem na mente de seu filho é por volta dos 9 aos 11 anos. Desse modo, entrará na adolescência sem a pressão de começar logo a namorar, mas com a expectativa de passar mais tempo com amigos do mesmo sexo, sob a supervisão de seus pais ou dos pais dos amigos. Também terá a expectativa de participar de atividades em grupo com membros do sexo oposto, mas sem a pressão de um envolvimento romântico, pois sabe que ainda não é o momento.

Obviamente, estou falando de um ideal, que não leva em conta as diferentes personalidades e inseguranças de cada adolescente, bem como pressões dos colegas e outros fatores que o impelem a procurar consolo emocional em relacionamentos românticos no início da adolescência. Esse é outro motivo pelo qual o amor emocional dos pais é tão importante para o filho no início da adolescência. Trata-se de algo particularmente verdadeiro em relação ao genitor do sexo oposto. Se a garota adolescente se sente amada pelo pai, é menos provável que procure o amor emocional de um garoto. O garoto adolescente que se sente amado pela mãe raramente procurará uma garota para satisfazer suas necessidades emocionais ou físicas.

Que regras podem promover um amadurecimento social saudável? *Regra*: amizades com adolescentes do mesmo sexo e da mesma idade serão incentivadas no início da adolescência. Mas, para que o adolescente passe a noite na casa de um amigo, é preciso que vocês o conheçam e tenham conversado com os pais dele. (Essa é uma forma de evitar amizades chegadas com alguém cujo estilo de vida possa ser prejudicial para seu adolescente.) Só será permitido dormir na casa de amigos quando os pais deles também estiverem em casa. *Consequências de quebrar a regra*: não poderá dormir na casa de ninguém durante três meses, e não receberá mesada por uma semana. *Regra*: o adolescente pode participar de atividades que envolvam garotas e garotos, desde que haja um adulto supervisionando e os pais aprovem essas atividades. Os pais se reservam o direito de dizer não a qualquer atividade que, a seu ver, possa ser prejudicial para o bem-estar do adolescente. *Consequências de quebrar a regra*: não participar de nenhuma atividade de grupo durante um mês e não receber mesada por uma semana.

À medida que o adolescente ficar mais velho, terá cada vez mais oportunidades, atividades e possíveis relacionamentos competindo por sua atenção. Nesse momento, é fundamental que você e seu filho tenham definido regras e consequências, com bastante antecedência, a fim de zelar pelo bem-estar dele. Embora hoje em dias as coisas sejam muito diferentes de gerações passadas, os adolescentes continuam a ter as mesmas necessidades, inseguranças e anseios que sempre tiveram.

Por favor, entenda que essas regras e consequências são apenas sugestões. Cada família precisa decidir o que lhe parece justo e plausível. Evidentemente, quanto antes essas regras e consequências forem definidas, maior probabilidade haverá de o adolescente entender que são justas e benéficas para ele.

6. Álcool e drogas

Mais adolescentes estão consumindo mais drogas mais cedo. Os resultados são claros: mais adolescentes viciados. Nada destrói a independência mais rapidamente que o vício. O que os pais podem fazer para garantir que os filhos não se envolvam com isso? A resposta é: nada. Não podem segui-los 24 horas por dia para ter certeza de que não consumirão álcool ou drogas. Existem, contudo, algumas coisas que os pais podem fazer para tornar o uso menos provável.

Primeiro, e mais importante, devemos dar o exemplo de abstinência. Adolescentes que veem os pais ingerirem bebidas alcoólicas todas as noites para relaxar são mais propensos a usar e abusar do álcool. Do mesmo modo, aqueles que veem os pais fazer mau uso de remédios controlados têm maior tendência de se tornar usuários de drogas. Não há como subestimar a influência do exemplo dos pais nessa questão. Uma vez definido esse bom exemplo, porém, há outras coisas que os pais podem fazer para diminuir a probabilidade de que os filhos usem drogas.

Voltemos ao paradigma de regras e consequências. Quais são as maiores preocupações com relação ao uso de álcool e drogas? Geralmente a questão principal é o medo de que o adolescente se torne alcoólatra ou viciado em drogas. Sem dúvida é um medo legítimo. A segunda preocupação é que ele pegue carona com um motorista embriagado e seja ferido ou morra em um acidente. A terceira preocupação é que se torne amigo de usuários de drogas e álcool que, em estado mental alterado, cometem crimes. Todas essas preocupações são reais e legítimas.

Que regras podem ser estabelecidas para tratar dessas questões? Na reunião de família, os pais devem expressar o desejo de que o adolescente se abstenha de drogas e álcool. Devem explicar que esse desejo não se baseia em uma crença pessoal, ilógica ou religiosa sem fundamento algum, mas em fatos constatados por estudos científicos. Cientes de que os adolescentes se tornarão adultos um dia e poderão tomar suas próprias decisões a respeito de álcool e drogas, é perfeitamente plausível que definam como regra que, enquanto estiverem em casa, não poderão consumir álcool nem drogas.

As consequências da violação dessas regras precisam ser duras. Os pais devem ressaltar para o adolescente que drogas são proibidas por lei. Se for encontrado com drogas, pode sofrer as consequências definidas pelos pais e também impostas pela justiça.

Ao explorar essas e outras áreas para ensinar o adolescente a ter um comportamento responsável, é apropriado reavaliar de tempos em tempos as regras e consequências, dar mais liberdade para o adolescente e mais responsabilidade à medida que ficar mais velho, mas sem nunca separar uma da outra. Todas as regras e consequências devem ter em vista o bem-estar do adolescente e ser definidas mediante muita reflexão e a devida consideração pelas ideias e os sentimentos dele, mas sempre debaixo da autoridade dos pais, exercida com amor. Pais amorosos se importam com o filho o suficiente para realizar a difícil tarefa de definir regras e aplicar consequências.

13

Ame o adolescente quando ele falhar

Daniel era um homem alto de cabelos castanhos e barba bem aparada. Era um profissional bem-sucedido, muito respeitado na comunidade. Em meu escritório, porém, suas lágrimas corriam pelo rosto até a raiz da barba.

"Não posso acreditar, dr. Chapman. Parece um pesadelo. Queria acordar e descobrir que foi apenas um sonho. Mas sei que é realidade. Não faço ideia de como agir. Quero fazer o que é certo, mas em meu estado mental, não sei se sou capaz. Uma parte de mim quer estrangular meu filho e perguntar: 'Como você pôde fazer isso conosco?', mas a outra parte quer abraçá-lo e segurá-lo firme para sempre. Minha esposa está tão chateada que nem quis vir comigo hoje. Ele volta para casa amanhã, e não sabemos como reagir."

As lágrimas, a raiva, a frustração e a perplexidade de Daniel foram causadas por seu filho de 19 anos. Ele havia ligado na noite anterior da faculdade, em outro estado, dizendo que tinha engravidado uma garota e que ela não queria fazer um aborto. Disse que sabia o quanto aquela notícia iria magoá-los e que tinha consciência de que havia errado. No entanto, precisava de ajuda e não sabia a quem recorrer. Daniel e a esposa, Micki, tinham passado a noite em claro tentando consolar um ao outro, mas não havia consolo. O filho tinha errado, e não havia respostas simples.

Apenas os pais que receberam telefonemas desse tipo conseguem se identificar inteiramente com Daniel e Micki.

A dor parece insuportável. As emoções são fisicamente intensas. Angústia, raiva, pena, tristeza e amor profundos — o tipo de amor que traz mais angústia, raiva, pena e tristeza — em turbilhão na mente. Ainda têm um fio de esperança de que, quando o sol nascer no dia seguinte, descobrirão que foi apenas um pesadelo, mas sabem em seu coração que precisam enfrentar a realidade de sonhos despedaçados.

Os adolescentes falham

Ao me recordar da dor de Daniel e Micki, também me vêm à memória as palavras do psicólogo infantil John Rosemond: "Educar bem os filhos significa fazer a coisa *certa* quando o filho faz a coisa *errada*".[1]

Esse é o assunto deste capítulo: como reagir corretamente às escolhas erradas de nossos filhos. Não temos como impedir que nossos filhos errem e, com certeza, não temos como impedir que nossos adolescentes errem. Nem mesmo nossos esforços mais dedicados para amá-los e educá-los garante que terão sucesso. Adolescentes são indivíduos independentes, livres para fazer escolhas boas e más. Quando fazem escolhas infelizes, os pais sofrem. Faz parte da natureza da educação dos filhos. Como temos um relacionamento próximo, quando o adolescente erra o restante da família sente o impacto. No entanto, ninguém o sente com a mesma força que os pais.

As falhas dos adolescentes têm diferentes proporções. Como acontece com terremotos, existem tremores menores e alguns que atingem 7,5 na escala Richter. Claro que as consequências desses dois tipos de terremotos são bem diferentes. Alex errou três arremessos seguidos no jogo de basquete, um dos quais poderia ter dado a vitória ao time, enquanto amigos e familiares assistiam. Alex falhou, mas foi um pequeno tremor comparado com o erro do filho de Daniel e Micki. Mas e se um olheiro de um time profissional estivesse assistindo àquela partida? É importante considerar que existem diferentes tipos de falhas.

Tipos de falha

Frustração de expectativas

Não existem apenas diferentes graus de falhas, mas também diferentes tipos. O caso de Alex ilustra bem a frustração de expectativas dos pais. Esse tipo de falha acontece com frequência nos esportes, nas artes, nas tarefas escolares e assim por diante. Por vezes, o desempenho decepcionante ocorre porque os pais e/ou os adolescentes adotam expectativas irreais. Se o objetivo é irreal, o fracasso é inevitável. Pais deveriam saber que nem todo competidor poderá sair com a medalha de ouro. Se os pais se contentarem apenas com a perfeição, sempre estarão insatisfeitos com o adolescente. Objetivos de desempenho, quando não são alcançáveis, geram desânimo.

Em competições, é possível que os pais tenham de ajudar o adolescente a ver o resultado por outro ponto de vista. Ficar em segundo lugar na final de um campeonato não é um fracasso. Se havia trinta times no campeonato, significa que seu time se saiu melhor que outros 28. Chegar em último lugar em uma maratona significa que você é melhor que cem mil pessoas que nem conseguiram se qualificar para a corrida. Se a filha toca clarinete na banda da escola e ficou em décimo lugar em uma competição entre cem escolas, a banda em que ela toca teve uma aprovação de 90%. Isso é motivo para celebrar, não para lamentar a "péssima apresentação".

Claro que todos gostariam de vencer todas as competições. No entanto, o fato de que pode haver apenas um vencedor não significa que todos os outros são perdedores. Em nossa cultura extremamente competitiva, em que vencer é tudo, muitas vezes os adolescentes são levados ao fracasso por adultos bem-intencionados, geralmente os pais.

Em nossa cultura extremamente competitiva, em que vencer é tudo, muitas vezes os adolescentes são levados ao fracasso por adultos bem-intencionados, geralmente os pais.

Em algumas ocasiões, seu desempenho também não é bom porque foram obrigados a se envolver com atividades que não tem nada a ver com seu interesse ou aptidão. Por causa do interesse dos pais em esportes, o adolescente é obrigado a praticar alguma modalidade quando, na verdade, o que ele queria mesmo era tocar na banda da escola. O garoto poderia ser um excelente trompetista; em vez disso, está sentado no banco de reservas, sentindo-se fracassado no universo atlético. Forçar o adolescente a se envolver com atividades que não são de seu interesse é condená-lo ao fracasso.

Conheci um pai que pressionou o filho para ser médico. O menino teve sérias dificuldades com química orgânica e com física na faculdade, mas depois de dois colapsos resultantes de estresse finalmente conseguiu se formar. No dia da formatura, entregou o diploma ao pai, mas se recusou a fazer residência. A última notícia que tive dele é que estava trabalhando no McDonald's enquanto tentava decidir o que queria fazer da vida. Claro que os pais podem expor o filho às suas próprias áreas de interesse, e é natural que isso aconteça. No entanto, não devem procurar manipulá-lo a fim de que atenda aos desejos deles quando não coincidem com seus interesses e aptidões. Pais que reconhecem essa tendência em si mesmos deveriam assistir ao filme *Sociedade dos poetas mortos*. Essa história comovente de um aluno do ensino médio que não conseguia agradar ao pai abrirá seus olhos.

Falhas morais

O segundo tipo de falha do adolescente tem consequências muito mais sérias tanto para ele como para os pais. É o que chamo de falhas morais. Elas ocorrem quando o adolescente viola o código moral respeitado por sua família. Desde a mais tenra infância do filho, os pais lhe transmitem seus valores morais. A maioria espera que, na adolescência, embora o filho questione esses valores morais, venha a adotá-los por escolha própria. É evidente que nem sempre isso acontece.

Os adolescentes violam códigos morais de duas maneiras. Alguns fazem a escolha consciente de rejeitar os valores morais da família e criam seu próprio código. Outros, ao mesmo tempo que aceitam o sistema de valores familiar, acabam por desrespeitar seus preceitos. Ambos os casos resultam em sofrimento para os pais e também para o adolescente. Os pais verdadeiramente se entristecem quando o filho toma decisões que eles sabem que são erradas. Sabem as consequências que esperam seu adolescente. E o adolescente geralmente percebe que os pais ficaram decepcionados, ou pelo menos percebe o sofrimento, ou mesmo o distanciamento dos pais.

Muitas vezes, falhas morais podem deixar os pais arrasados. A maioria já se perguntou secretamente: "O que eu faria se minha filha adolescente ligasse e me dissesse que está grávida? Ou se meu filho comunicasse que a namorada está grávida (como aconteceu com Micki e Daniel)? O que faria se soubesse que meu adolescente é usuário ou traficante de drogas? O que faria se meu adolescente me informasse que tem aids ou alguma outra doença sexualmente transmissível? O que faria se recebesse uma ligação da delegacia, avisando que meu filho foi preso por furto ou agressão física?".

Na verdade, essas são perguntas que milhares de pais serão obrigados a responder durante a adolescência dos filhos.

Redenção em meio às falhas morais do adolescente

Nas páginas restantes deste capítulo, quero oferecer algumas sugestões práticas que ajudaram outros pais a lidar com as falhas morais dos filhos de uma forma que promoveu redenção. Quando usamos os erros de nosso adolescente para demonstrar compaixão e desejo de restauração, estamos sendo bons pais e fazendo "a coisa certa quando nosso filho fez a coisa errada", como disse Rosemond.

1. Não se culpe

Antes de ajudar seu filho, é preciso lidar com sua própria reação. A primeira coisa que muitos pais fazem quando os filhos erram é se perguntar: "Onde foi que *nós* erramos?". É uma pergunta lógica, especialmente em nossa sociedade que dá tanta ênfase ao valor da educação correta dos filhos. No entanto, muitos livros de autoajuda e cursos sobre educação de filhos enfatizam demais o poder de educar corretamente os filhos, mas não reconhecem que os adolescentes têm liberdade de fazer as próprias escolhas. A verdade é que eles são capazes de fazer escolhas, e as farão, tanto dentro quanto fora de casa. Essas escolhas sempre terão consequências. Escolhas infelizes produzem resultados prejudiciais, enquanto escolhas acertadas produzem bons frutos.

É impossível os pais acompanharem os filhos 24 horas por dia e controlarem seu comportamento. Era o que você fazia quando sua filha tinha 3 anos, mas agora que tem 13, não é mais viável. Por mais assustador que pareça, é preciso dar ao adolescente a liberdade de tomar decisões.

As escolhas se ampliam ao longo da adolescência. Esse é um processo necessário e, geralmente, saudável, mas aumenta o risco de o adolescente errar. Os pais que se culpam não ajudam o filho. Se os pais assumem a culpa, removem-na do adolescente. Nessa dinâmica, é mais difícil ele aprender com os próprios erros e é mais provável que os repita no futuro.

Os pais mais propensos a assumir a culpa pelas falhas morais do adolescente são aqueles que têm consciência de que não foram bons pais na infância do filho. Não quero dar a entender que os pais não têm responsabilidade de dar uma boa educação. É importante compreender, porém, que você é responsável por seus próprios erros, e não pelos erros do adolescente. Se encontrar falhas específicas na forma como educou seu filho no passado, confesse-as para Deus e para o adolescente. Busque perdão de ambos, mas não assuma a responsabilidade pelas escolhas infelizes de seu adolescente.

2. Não passe sermão

Na maior parte das vezes, o adolescente já está se sentindo culpado. Ele sabe quando seu comportamento magoa os pais. Tem consciência de que violou o código moral que aprendeu. Portanto, não é necessário passar um sermão. Para Daniel, o pai no início deste capítulo, eu disse: "Quando seu filho voltar para casa amanhã, não deixe que suas primeiras palavras sejam de condenação. Não diga: 'Por que você fez isso? Você sabe que vai contra tudo o que lhe ensinamos durante todos esses anos. Como pôde fazer uma coisa dessas conosco? Você não faz ideia do quanto nos magoou. Você estragou tudo. Não acredito que tenha sido tão tolo'.

"Entendo que tenha todos esses pensamentos e sentimentos", prossegui, "mas o garoto não precisa escutar essa condenação. Esses pensamentos já estão passando pela cabeça dele. Se disser essas coisas e fizer essas perguntas, ele pode se colocar na defensiva e parar de lidar com essas questões".

O adolescente que errou precisa lidar com a própria culpa, mas não precisa de mais condenação.

3. Não tente consertar

A reação natural de muitos pais de tentar minimizar o que aconteceu, controlar os "estragos" e proteger o adolescente é, em minha opinião, uma abordagem imprudente. Se você procurar remover as consequências naturais dos erros do adolescente, trabalhará contra a maturidade dele. Adolescentes aprendem algumas das lições mais importantes da vida por meio da experiência e das consequências de seus erros. Quando os pais removem essas consequências, a mensagem que chega até o adolescente é outra. É uma mensagem que promove irresponsabilidade: "Posso pisar na bola, e alguém dará um jeito nas coisas". Essa conclusão dificulta o processo de adquirir responsabilidade.

Sei que é difícil ver o filho sofrer as consequências das próprias decisões, mas removê-las significa privá-lo de grandes oportunidades de aprendizado. Lembro-me de um pai que me disse: "A coisa mais difícil que já fiz foi sair da sala do delegado e deixar meu filho atrás das grades. Poderia ter pagado a fiança, mas sabia que, se o fizesse, ele voltaria a vender drogas naquela mesma noite. Para o bem dele, escolhi deixá-lo sofrer as consequências de seus erros. Ao olhar para trás, vejo que foi uma das melhores decisões que tomei em favor dele".

Até aqui, focalizamos as coisas negativas: não se culpe, não passe sermão no adolescente, não tente consertar as coisas. Vejamos agora os aspectos positivos.

4. Ame seu filho incondicionalmente

Primeiro, demonstre amor incondicional por seu filho. Isso não contradiz o que acabamos de dizer. Permitir que ele sofra as consequências de seus erros é, em si, um ato de amor. Ao fazê-lo, você estará zelando pelo bem-estar dele, e zelar pelo bem do outro é a essência do amor. Meu enfoque nesta seção, porém, é sobre suprir a necessidade emocional do adolescente de ser amado. Nesse aspecto, as cinco linguagens do amor são fundamentais. Se você conhece a linguagem do amor de seu adolescente, esse é o momento de usá-la alto e bom som, enquanto fala também as outras linguagens sempre que possível.

As falhas morais do adolescente criam sentimentos de culpa, emoções que o afastam de você. Assim como Adão e Eva tentaram se esconder da presença de Deus no jardim do Éden, seu adolescente talvez tente se esconder de você. Talvez ele tenha medo de sua condenação. O modo como Deus tratou Adão e Eva é um bom exemplo para os pais. Ele permitiu que sofressem as consequências do erro, mas, ao mesmo tempo, lhes deu um presente. Eles tentaram se cobrir com folhas de figueira. Deus lhes deu vestes de peles de animais. Os pais sábios dão amor ao adolescente, qualquer que tenha sido o erro dele.

Daniel e Micki me contaram que, quando o filho voltou para casa, eles o receberam na porta, de braços abertos. Abraçaram-no demoradamente e disseram, em meio às lágrimas: "Nós te amamos". Então sentaram-se e escutaram o filho confessar seus erros e pedir perdão. O amor incondicional cria um clima propício para o diálogo aberto. O adolescente precisa saber que, não importa o que tenha feito, existe alguém que continua a acreditar nele, a considerar que ele tem valor e que está disposto a perdoá-lo. Quando ele sente o amor emocional dos pais, existe maior probabilidade de encarar seus erros, aceitar as consequências e tentar aprender algo positivo com a experiência.

5. Ouça-o com empatia

Como dissemos anteriormente, não é hora de passar um sermão, mas sim de escutar com empatia. Ter empatia significa identificar-se com os sentimentos da outra pessoa. Os pais precisam se colocar no lugar do filho e tentar entender o que o levou a cometer aquele erro e como está se sentindo no momento. Se o adolescente percebe que os pais estão se esforçando para entendê-lo e se identificam com os sentimentos dele, tem um incentivo para continuar a falar. Se, contudo, percebe que os pais o escutam com uma atitude julgadora, a conversa dura pouco, e ele vai embora se sentindo rejeitado.

Escutar com empatia pode ser ainda mais proveitoso se os pais fizerem perguntas que reflitam o que ouviram: "Você está dizendo que foi isso que sentiu naquele momento? Está nos dizendo que imaginou que não o entenderíamos? É isso mesmo?". Esse tipo de pergunta dá ao adolescente a oportunidade de esclarecer pensamentos e emoções e dá aos pais a oportunidade de compreender o que se passa. Escutar com empatia resulta em entendimento, o que cria a possibilidade de ajudar de fato o adolescente.

6. Dê apoio

Depois de ouvir e entender os pensamentos e sentimentos do adolescente, agora você tem condições de lhe dar apoio emocional. Deixe claro que, embora não concorde com as atitudes dele e não possa remover todas as consequências, estará ao lado dele ao longo do processo de aprender a lidar com as consequências de seus erros.

Depois que Daniel e Micki ouviram a história do filho e choraram com ele, Daniel disse ao garoto: "Quero que saiba que sua mãe e eu estamos com você. Claro que não estamos felizes com o que aconteceu. Não sabemos tudo o que virá pela frente, mas estaremos ao seu lado ao longo do processo. Queremos que assuma responsabilidade em relação a essa moça e ao bebê e faremos o que estiver ao nosso alcance para apoiá-lo. Não significa que arcaremos com todas as despesas financeiras. A nosso ver, elas são responsabilidade sua. Mas lhe daremos apoio, oraremos por você, e faremos tudo o que pudermos para ajudá-lo a se tornar uma pessoa mais forte depois de passar por essa situação".

Essas são declarações de apoio emocional. O adolescente precisa saber que, embora tenha errado, não está sozinho na vida. Alguém se importa com ele o suficiente para dividir as dores e dificuldades.

7. Dê orientação

Dê orientação a seu filho. Não me refiro a manipulação. Pais que têm personalidade controladora muitas vezes querem determinar o rumo do comportamento do adolescente depois de uma falha moral. Quando os pais decidem o que deve ser feito e tentam convencer o adolescente a fazê-lo, estão manipulando, e não orientando. Orientar é ajudar a refletir sobre a situação e a fazer as escolhas corretas para enfrentar as consequências da falha moral.

Os pais devem levar a sério pensamentos, sentimentos e desejos do adolescente, e não desconsiderá-los como se não tivessem importância. Só porque o adolescente cometeu um erro moral não significa que os pais devem tomar todas as decisões por ele. Será impossível o filho se tornar um adulto responsável se não tiver a liberdade de lidar com a situação e tomar as próprias decisões a respeito do rumo que deseja seguir.

Uma forma de os pais orientarem o filho é ajudá-lo a desenvolver o próprio raciocínio até chegar à sua conclusão lógica. Por exemplo, o filho de Daniel e Micki disse:

— Uma das ideias que tive foi de mudar para a Califórnia e tentar recomeçar a vida lá.

Micki foi sábia em não ceder à sua vontade de dizer: "É uma ideia boba. Não resolveria nada". Em vez disso, falou:

— Se você conseguir dinheiro suficiente para se mudar para a Califórnia, que tipo de emprego vai procurar?

Depois que o filho explicou o que tinha em mente, Micki perguntou:

— Você acha que vai conseguir mandar dinheiro para a moça e ajudar a cobrir as despesas da criança?

Ao que o filho respondeu:

— Claro. Vou assumir responsabilidade.

— Quem sabe seria bom pesquisar o custo de vida na Califórnia, ver quanto é o aluguel de um apartamento — Micki propôs. Por meio de várias sugestões e perguntas, ajudou o filho a pensar sobre as implicações de mudar-se para a Califórnia.

Pais que aprendem a dar esse tipo de orientação continuarão a influenciar as decisões do filho de maneira positiva. Aqueles que julgam de imediato e fazem pronunciamentos dogmáticos a respeito das ideias e atos do adolescente, porém, interrompem o fluxo de comunicação e o levam a buscar orientação em outro lugar. O adolescente pode até tomar uma decisão imprudente como reação defensiva aos pais que assumem uma atitude de superioridade.

Para muitos, é difícil dar orientação sem manipular. É mais fácil dizer ao adolescente o que pensamos e fazer asserções sobre a validade ou o disparate de suas ideias. Essa abordagem, contudo, não o ajuda a tomar as próprias decisões. Ele não precisa de ordens, mas de direção.

Outra maneira de dar orientação é compartilhar ideias como possibilidades. Dizer: "Uma possibilidade seria..." é muito mais proveitoso que "Você deveria...". Lembre-se de que, apesar de o adolescente ter errado, ele ainda quer desenvolver independência e identidade própria. Os pais não devem se esquecer desse elemento central da adolescência ao tentarem ajudar o filho a aprender com o erro. É provável que você enxergue saídas que o adolescente não vê, e sua percepção pode ser útil para ele se você a compartilhar como uma possibilidade, e não como imposição.

Se, depois de toda a conversa, você vir que o adolescente está prestes a tomar uma decisão que, em sua opinião, será prejudicial, que poderá piorar a situação em vez de melhorá-la, é possível continuar a dar orientação desde que você a apresente como conselho, e não como ordem. O importante é reconhecer a autonomia do adolescente como pessoa e ter consciência de que, em última análise, ele tomará as próprias decisões.

Nessa situação, um pai pode dizer: "Filho, quero que essa decisão seja sua, pois você terá de viver com as consequências. Mas quero conversar sobre minhas apreensões em relação a essa ideia". Fale de seus temores e acrescente: "São essas as razões que me fazem concluir que talvez seja melhor pensar em outra abordagem". Em seguida, apresente algumas de suas ideias. Desse modo, você não tira dele a responsabilidade de tomar as decisões, nem impõe seu desejo, mas lhe oferece suas ideias e impressões de uma forma em que existe maior probabilidade de serem aceitas.

Se, no final, o adolescente tomar uma decisão que lhe parece imprudente, deixe que sofra os resultados naturais. Se esses resultados forem negativos e o adolescente falhar novamente, repita o processo descrito acima, lembrando-se de que pais responsáveis ajudam os filhos a aprender com seus erros.

Problemas com álcool e drogas

Tendo em vista que o uso de drogas e o consumo de bebidas alcoólicas é um problema tão sério em nossa sociedade, parece-me necessário dirigir uma palavra aos pais sobre como ajudar os adolescentes nessa área. Primeiro, contudo, falemos de prevenção. A melhor coisa que os pais podem fazer assim que os filhos entrarem na adolescência é alertá-los a respeito do tabaco, do álcool e das drogas, aplicando os princípios que discutimos quanto a deixar que o adolescente sofra as consequências de suas escolhas.

Em uma reunião de família, Jack e Sarah explicaram ao filho de 13 anos que poderia ser pressionado pelos amigos a fumar, beber e usar drogas. "Agora que você é adolescente, acreditamos que tenha idade suficiente para estar informado a respeito desses assuntos. Por isso, uma das coisas que faremos como família é assistir a uma palestra sobre os efeitos prejudiciais do cigarro. Queremos que você saiba dos fatos antes que os amigos tentem pressioná-lo a fumar."

A maioria dos adolescentes tem uma reação positiva a essa oportunidade e, depois de ver fotos de pulmões doentes, escolhe não fumar. Como pais sábios, vocês podem usar uma abordagem semelhante em relação a álcool e drogas, seja assistindo a palestras na comunidade ou escola, seja buscando dados na Internet e discutindo os efeitos prejudiciais dessas substâncias. Informar o adolescente é um modo de levá-lo a tomar decisões inteligentes antes de sofrer a pressão de colegas.

Depois de fornecer as informações básicas ao adolescente, pode ser interessante chamar a atenção dele ocasionalmente para reportagens sobre acidentes com fatalidades causados por motoristas embriagados. Também pode ser proveitoso levá-lo para visitar um centro de recuperação e participar de uma refeição, ou assistir a um culto com homens ou mulheres cuja vida foi destruída por álcool e drogas. Dessa forma, o adolescente mais jovem tem a oportunidade de ver o lado triste do uso dessas substâncias.

Você pode, ainda, falar sobre como os anúncios publicitários procuram iludir as pessoas, mostrando o consumo de álcool como algo positivo. Se o adolescente começar a perceber que os anunciantes querem enganá-lo e a outros jovens, terá mais condições de se defender das propagandas de TV e da pressão dos colegas. Essa abordagem proativa é, em minha opinião, uma das melhores coisas que os pais podem fazer pelos adolescentes mais jovens.

Se, contudo, você não realizou uma reunião de família no início da adolescência de seu filho e descobriu mais tarde que ele está fumando, precisa fazer uma escolha. Em vez de ignorar, na esperança de que ele pare sozinho, ou de vasculhar as gavetas dele e jogar os cigarros fora imaginando que ele não comprará outros, é muito melhor confrontá-lo: "Você provavelmente sabe que minha vontade sincera é de que não fume. Tenho motivos para isso: o cigarro é tremendamente prejudicial à saúde. No entanto, não posso tomar essa decisão por você. Posso proibi-lo de fumar aqui em casa, mas não tenho como controlar seu comportamento quando está na rua. Se você decidir continuar fumando, quero que tome essa decisão com os olhos bem abertos. Portanto, vou pedir que você participe de uma palestra no hospital que explica o que acontece quando as pessoas fumam. Não posso obrigá-lo a assistir à palestra, mas, como me importo com você, peço com insistência que participe". Se o adolescente concordar, tomará sua decisão ciente dos fatos. A maioria dos jovens opta por não fumar depois que recebe mais informações.

Se ele se recusar a assistir à palestra, os pais podem fazer duas coisas. Primeiro, podem proibi-lo de fumar em casa, explicando como é perigoso tornar os outros membros da família fumantes passivos. Segundo, enquanto o adolescente não assistir à palestra, os pais podem cortar a mesada e vários outros privilégios. Observe que você não o está obrigando a fazer nada; está apenas mostrando que liberdade e responsabilidade sempre andam juntas. Ele só terá a liberdade de receber a mesada quando exercer a responsabilidade de assistir à palestra.

Talvez o problema não seja cigarro, mas álcool ou drogas. A ingestão de bebidas alcoólicas e o uso de drogas podem não apenas prejudicar e até destruir a vida do usuário, mas também a vida de outros ao redor. Se seu adolescente é viciado, precisa de ajuda especializada. Aconselho fortemente duas coisas. Primeiro, encontre um grupo do Nar-Anon ou Al-Anon em sua região e participe das reuniões. O Nar-Anon e o Al-Anon são organizações que ajudam pais (ou outros membros da família) de adolescentes viciados em drogas e álcool.[2] Segundo, procure aconselhamento profissional. Encontre um psicólogo ou conselheiro especializado em ajudar pais a tomarem decisões prudentes no convívio com o filho viciado. Os pais não são capazes de resolver esse problema sozinho. Precisam do conhecimento daqueles que trabalham com adolescentes viciados. Também existem programas de recuperação que podem ajudar. Mesmo assim, você precisará da ajuda de um profissional que o oriente de modo a tomar decisões acertadas ao longo do processo. Se os pais do viciado não procuram ajuda para si mesmos, dificilmente conseguem ajudar o filho.

O poder do amor

Como Daniel e Micki, muitos pais podem dizer: "O pior momento de nossa vida também foi o início de um relacionamento mais profundo e significativo com nosso adolescente". O amor é a chave para transformar tragédia em vitória. Pais que amam os filhos o suficiente para não se culpar, não passar sermões, saber escutar com empatia, dar apoio e orientação, tudo com amor incondicional, provavelmente verão os adolescentes caminhar a passos largos rumo à maturidade durante o processo de lidar com as consequências de seus erros.

O propósito deste capítulo foi mostrar que o adolescente que erra não precisa de pais que o agridam, acusem e condenem. Também não precisa de pais que o pressionem e o obriguem a fazer a vontade deles. Precisa, sim, de pais que caminhem com ele, falando sua linguagem do amor com o desejo sincero de aprender com ele como tomar decisões responsáveis depois do erro. Pais que seguirem esse caminho serão verdadeiramente bem-sucedidos.

Conclusão

Dois ventos sopram no horizonte da cultura adolescente atual. Um deles traz os clamores sinceros de milhares de adolescentes que anseiam por estrutura, comunidade, orientação e propósitos. O outro é um ameaçador redemoinho de confusão.

Para muitos adolescentes, o mundo não faz sentido, e a vida parece não valer a pena. Quando são apanhados no redemoinho de confusão, muitos desses adolescentes passam boa parte da vida em depressão e, por vezes, dão um basta em tudo por meio de comportamentos autodestrutivos, chegando a levar outros consigo.

Tenho profunda convicção de que a influência mais importante sobre o estado de espírito do adolescente e sobre suas escolhas é o amor dos pais. Se não sentir o amor deles, ficará predisposto a ser levado pelo redemoinho da confusão. De modo contrastante, adolescentes que se sentem verdadeiramente amados pelos pais têm maior probabilidade de aceitar estrutura, envolver-se em uma comunidade, permanecer mais abertos para orientação e encontrar propósito e significado na vida. Nada tem mais potencial para promover mudanças positivas na cultura ocidental que o amor dos pais.

Meu propósito ao escrever este livro foi oferecer ajuda prática aos pais sinceros que desejam de todo coração que seus adolescentes se sintam amados. Ao longo de muitos anos aconselhando casais e famílias, tenho observado que a maioria dos pais ama os filhos. Também vejo, porém, que milhares desses adolescentes não se sentem amados pelos pais. *Sinceridade não é suficiente.* A fim de comunicar amor de modo eficaz ao adolescente, precisamos aprender sua principal linguagem do amor e usá-la com frequência. Também precisamos aprender os dialetos dessa linguagem, que falam mais profundamente à alma do adolescente. Quando o fazemos devidamente, podemos misturar uma pitada das outras linguagens para tornar nossos esforços ainda mais eficazes.

No entanto, se não falamos a principal linguagem do amor do adolescente, os esforços para falar as outras quatro linguagens não encherão seu tanque de amor.

Procurei ser honesto ao dizer que amar o adolescente de forma eficaz não é tão simples quanto parece e, com certeza, é mais difícil amá-lo agora do que quando era criança. Em vários aspectos, nossos adolescentes são "alvos móveis". Além de correrem atrás de vários interesses, também experimentam mudanças radicais de humor. Essas duas coisas dificultam o trabalho dos pais de descobrir que linguagem ou dialeto devem falar a cada dia. Além disso, faz parte do processo que o adolescente busque independência e identidade própria. Como pais, não podemos minimizar esses fatores se desejamos comunicar amor a nossos filhos de modo eficaz.

Embora tenha escrito principalmente para pais, meu desejo é que avós, professores, líderes de adolescentes na igreja e outros adultos que se importam com eles consigam amá-los de modo mais eficaz depois de ler e colocar em prática os princípios deste livro. Os adolescentes precisam sentir o amor não só dos pais, mas também de outros adultos importantes na vida deles. Cada interação com um adulto o faz sentir-se amado ou não. Quando se sente amado pelo adulto, mostra-se disposto a ser instruído e influenciado. Quando não se sente amado por ele, não lhe dá ouvidos. O adolescente precisa, encarecidamente, da sabedoria de pessoas mais velhas e maduras. Mas, sem amor, a transferência de sabedoria será ineficaz.

Os princípios aqui apresentados devem ser praticados diariamente. Assim como o corpo do adolescente precisa de alimento todos os dias, sua alma anseia por amor. Gostaria de colocar esta obra nas mãos de todos os pais de adolescentes e dizer: "Escrevi isto para vocês. Sei que amam seu adolescente. Mas não tenho certeza de que ele se sente amado. Não partam do pressuposto de que tudo está bem. Aprendam a principal linguagem do amor dele e usem-na com frequência. Sei que não é fácil. Já passei por isso também, mas vale a pena. Seu adolescente será beneficiado, e vocês também".

Nada é mais importante para as gerações futuras do que amarmos de modo eficaz os adolescentes desta geração.

Teste das cinco linguagens do amor para adolescentes

Instruções

Seus pais leram o livro *As 5 linguagens do amor para adolescentes* e gostariam de saber se estão falando sua linguagem do amor. Caso eles ainda não tenham lhe explicado, sua principal "linguagem do amor" é uma destas: palavras de afirmação, toque físico, tempo de qualidade, presentes ou atos de serviço. Você sabe que seus pais o amam porque eles expressam o amor deles por meio de uma dessas "linguagens do amor".

A seguir, você verá trinta pares de coisas que seus pais podem fazer ou dizer para mostrar que o amam. Escolha o item de cada par que você gostar mais. Mesmo que, em alguns casos, goste das duas opções, escolha apenas uma. Quando tiver terminado de escolher um item de cada um dos trinta pares, poderá somar as letras que escolheu. O resultado mostrará para você e para seus pais qual é sua principal linguagem do amor.

Talvez você esteja pensando: "Era só o que me faltava, meus pais estão tentando 'me conhecer melhor'. Andaram lendo livros sobre educação de filhos de novo". Mas dê um desconto! A intenção deles é deixar claro para você que o amam. É triste quando os pais pensam que estão demonstrando amor, mas um dia você chega à conclusão de que nunca teve certeza se seu pai ou sua mãe o amavam de verdade. Portanto, faça o teste! Você aprenderá algo novo a respeito de si mesmo e ajudará seus pais a expressar melhor o amor deles!

Teste das cinco linguagens do amor para adolescentes

Lembre-se: abaixo há trinta pares de coisas que os pais podem fazer ou dizer para mostrar que amam os filhos. Talvez sejam coisas que seus pais já fazem ou dizem, ou coisas que você gostaria que eles fizessem ou dissessem. Escolha apenas o item de cada par que você gostar mais e circule a letra correspondente. Quando terminar de marcar um item de cada par, conte quantas vezes circulou cada letra e copie o número no espaço indicado no fim do teste.

1.	Pede minha opinião.	A
	Põe o braço em meu ombro.	E
2.	Vai a jogos, apresentações e outros eventos dos quais participo.	B
	Lava minha roupa.	D
3.	Compra roupas para mim.	C
	Assiste TV ou vai ao cinema comigo.	B
4.	Me ajuda com trabalhos da escola.	D
	Me dá um abraço.	E
5.	Beija meu rosto.	E
	Me dá dinheiro para coisas que preciso.	C
6.	Sai mais cedo do trabalho para fazer um programa comigo.	B
	Faz massagem nos meus ombros.	E
7.	Me dá presentes legais no meu aniversário.	C
	Me consola quando algo dá errado ou quando faço besteira.	A
8.	Me dá um tapinha nas costas.	E
	Respeita minhas opiniões.	A
9.	Sai para comer ou fazer compras comigo.	B
	Me deixa usar as coisas dele(a).	C

10.	Diz que sou o(a) melhor filho(a) do mundo.	A
	Me dá carona sempre quando preciso ir a algum lugar.	D
11.	Faz pelo menos uma refeição comigo quase todos os dias.	B
	Me ouve e me ajuda a encontrar soluções para meus problemas.	A
12.	Não invade minha privacidade.	D
	Segura minha mão ou me cumprimenta.	E
13.	Escreve bilhetinhos para mim com palavras de incentivo.	A
	Sabe qual é minha loja predileta.	C
14.	Passa tempo comigo de vez em quando.	B
	Senta-se perto de mim no sofá.	E
15.	Diz o quanto se orgulha de mim.	A
	Prepara refeições para mim.	D
16.	Ajeita a gola da minha camisa, minha correntinha etc.	A
	Se interessa pelas coisas de que eu gosto.	B
17.	Deixa meus amigos ficarem em nossa casa.	D
	Paga para eu participar de excursões da escola ou da igreja.	C
18.	Me diz que eu estou bonito(a).	A
	Me ouve sem julgar.	B
19.	Põe a mão na minha cabeça ou ajeita meu cabelo.	E
	Às vezes me deixa escolher onde vamos fazer um programa em família.	D
20.	Me leva ao médico, dentista etc.	D
	Confia em mim o suficiente para me deixar em casa sozinho(a).	C
21.	Me leva em viagens com ele(a).	B
	Leva meus amigos e eu ao cinema e a outros programas.	D

22.	Me dá coisas de que gosto muito.	C
	Repara quando faço algo de bom.	A
23.	Me dá um dinheirinho a mais para gastar como eu quiser.	C
	Pergunta se preciso de ajuda.	D
24.	Não me interrompe quando estou falando.	B
	Gosta dos presentes que dou para ele(a).	C
25.	Me deixa dormir até tarde de vez em quando.	D
	Parece curtir passar tempo comigo.	B
26.	Passa a mão nas minhas costas.	E
	Compra presentes e os entrega de surpresa.	C
27.	Me diz que acredita em mim.	A
	Não me passa sermão quando estamos no carro.	B
28.	Vai a várias lojas comprar coisas de que preciso.	C
	Às vezes toca meu rosto.	E
29.	Me deixa em paz quando estou chateado(a) ou com raiva.	D
	Me diz que sou especial ou tenho talento.	A
30.	Me dá abraços ou beijos pelo menos uma vez por dia.	E
	Diz que é grato(a) porque eu sou seu(sua) filho(a).	A

Seu resultado:
A = Palavras de afirmação ______
B = Tempo de qualidade ______
C = Receber presentes ______
D = Atos de serviço ______
E = Toque físico ______

Como interpretar seu resultado

Qual das letras você marcou mais vezes? Essa é sua principal linguagem do amor. Se deu empate entre duas letras, significa que você é bilíngue e talvez tenha duas principais linguagens do amor. Se marcou uma das letras quase tantas vezes quanto a principal, essa é sua linguagem secundária, e as duas são importantes para você. O resultado mais alto possível é 12, e o total é 30. Talvez você tenha um resultado como este: 11 para sua linguagem principal, 9 para sua linguagem secundária e 5, 3 e 2 para as outras linguagens. Ou talvez seja 12 para a principal e 6, 5, 4 e 3 para as outras. O que não acontece é de ter uma divisão igual (6 para cada letra).

Qualquer que seja sua linguagem principal, não desconsidere as outras. Seus amigos e seus familiares talvez expressem (e precisem de) amor nessas linguagens, de modo que é bom você conhecê-las. Quando falamos a linguagem do amor uns dos outros, sentimos que somos conhecidos pelas pessoas ao nosso redor e que estamos ligados a elas.

Notas

Capítulo 1

1 *YOUTHviews*, ano 6, nº 8, abril de 1997, p. 3. Boletim informativo publicado pelo Instituto Internacional de Pesquisas George H. Gallup, em Princeton, NJ.

2 1Samuel 3.10.

3 *YOUTHviews*, ano 6, nº 7, março de 1999, p. 3.

4 James Garbarino, *Lost Boys: Why Our Sons Turn Violent and How We Can Save Them* (Nova York: Free Press, 1999), p. 6-7.

5 *YOUTHviews*, ano 5, nº 9, maio de 1998, p. 2.

6 Jerrold K. Footlick, "What Happened to the American Family?", *Newsweek*, edição especial, inverno/primavera, 1990, p. 15.

7 Eric Miller e Mary Porter, *In the Shadow of the Baby Boom* (Nova York: EPM Communications, 1994), p. 5.

8 Richard Louv, *Childhood's Future* (Nova York: Anchor, 1990), p. 6.

9 Designação dada aos norte-americanos nascidos entre 1946 e 1964. (N. da T.)

10 Christian Smith e Melinda Lundquist Denton, *Soul Searching: The Religious and Spiritual Lives of American Teenagers* (Nova York: Oxford University Press, 2005), p. 40.

11 Idem, p. 31, 40, 45

12 Idem, p. 37.

13 *YOUTHviews* ano 5, nº 1, setembro de 1997, p. 1.

Capítulo 2

1 Nos Estados Unidos, é possível os filhos estudarem em casa, com os pais, em lugar do curso normal em uma escola de ensino fundamental ou médio. (N. da T.)

2 *YOUTHviews*, ano 5, nº 8, abril de 1998, p. 1.

3 *YOUTHviews*, ano 5, nº 9, maio de 1998, p. 2.

[4] *YOUTHviews*, ano 6, nº 8, abril de 1999, p. 3.
[5] *YOUTHviews*, ano 5, nº 7, março de 1998, p. 2.
[6] *YOUTHviews*, ano 5, nº 6, fevereiro de 1998, p. 5.
[7] Laurence Steinberg e Ann Levine, *You and Your Adolescent* (Nova York: Harper e Row, 1990), p. 2.
[8] *YOUTHviews*, ano 5, nº 2, outubro de 1997, p. 1, 4.
[9] James Garbarino, *Lost Boys: Why Our Sons Turn Violent and How We Can Save Them* (Nova York: Free Press, 1999), p. 50.
[10] Idem, p. 51.
[11] Efésios 1.6, RC.
[12] Ken Canfield, *The Heart of a Father* (Chicago: Northfield, 2006), p. 225.
[13] Garbarino, *Lost Boys*, p. 158.
[14] Aos que têm problemas em lidar com a raiva recomendo a leitura de Gary Chapman, *Ira! Aprenda a expressar esta emoção* (São Paulo: Mundo Cristão, 2001).
[15] Garbarino, *Lost Boys*, p. 138.
[16] Daniel Goleman, *Inteligência emocional* (São Paulo: Objetiva, 1997).
[17] David Popenoe, *Life Without Father* (Nova York: Free Press, 1996); Henry Cloud e John Townsend, *Boundaries With Kids* (Grand Rapids: Zondervan, 1998), p. 46 (publicado em português sob o título *Limites para ensinar aos filhos* [São Paulo: Vida, 2001]) e James Garbarino, *Lost Boys*, p. 154.
[18] Mateus 22.35-40.
[19] Garbarino, *Lost Boys*, p. 168.
[20] Idem, p. 132.

Capítulo 3

[1] Provérbios 18.21.
[2] Anne Cassidy, "Fifteen Ways to Say 'I Love You'", *Women's Day*, 18 de fevereiro de 1997, p. 24.

Capítulo 4

[1] Eclesiastes 3.1,5.
[2] Para entender melhor como lidar com a raiva, veja Gary Chapman, *Ira! Aprenda a expressar esta emoção* (São Paulo: Mundo Cristão, 2001).
[3] *YOUTHviews*, ano 6, nº 8, abril de 1999, p. 1.

Capítulo 5

1 Ross Campbell, *Como realmente amar seu filho adolescente* (São Paulo: Mundo Cristão, 1999), p. 43.

2 Gary Smalley e Greg Smalley, *Bound by Honor* (Wheaton: Tyndale, 1998), p. 98.

3 Eastwood Atwater, *Adolescence* (Englewood Cliffs: Prentice Hall, 1996), p. 198.

4 Idem, p. 201.

5 Smalley e Smalley, *Bound by Honor*, p. 107.

6 Laurence Steinberg e Ann Levine, *You and Your Adolescent* (Nova York: Harper & Row, 1990), p .13.

Capítulo 6

1 Mateus 20.28.

2 Mateus 20.26.

Capítulo 9

1 Contar até cem, quinhentos ou até mesmo mil pode ser uma forma eficaz de refrear uma reação imediata e descontrolada. Para sugestões a esse respeito, veja Gary Chapman, *Ira!* (São Paulo: Mundo Cristão, 2000), p. 41.

Capítulo 10

1 Shmuel Shulman e Inge Seiffge-Krenke, *Fathers and Adolescents* (Nova York: Routledge, 1997), p. 97.

2 Tom Frydenger e Adrienne Frydenger, *The Blended Family* (Old Tapan: Revell, 1984), p. 19.

3 Shulman e Seiffge-Krenke, *Fathers and Adolescents*, p. 123; Frydenger, *The Blended Family*, p. 120.

4 Laurence Steinberg e Ann Levine, *You and Your Adolescent* (Nova York: Harper & Row, 1990), p. 13.

Capítulo 11

1 Laurence Steinberg e Ann Levine, *You and Your Adolescent* (Nova York: Harper & Row, 1990), p. 150.

2 George Sweeting, *Who Said That?* (Chicago: Moody, 1995), p. 302.

3 Idem, p. 370.

4 Lawrence Kutner, *Making Sense of Your Teenager* (Nova York: William Morrow, 1997), p. 44.

Capítulo 12

1 Laurence Steinberg e Ann Levine, *You and Your Adolescent* (Nova York: Harper & Row, 1990), p.16.

2 Idem.

3 Idem, p. 16-7.

4 Idem, p. 16.

5 Veja Êxodo 20.

6 Jesus disse que os dois maiores mandamentos são amar a Deus de todo o coração e o próximo como a si mesmo; veja Mc 12.30-31.

7 Laurence Steinberg e Ann Levine, *You and Your Adolescent*, p. 187.

Capítulo 13

1 John Rosemond, *Teen-Proofing: A Revolutionary Approach to Fostering Responsible Decision Making in Your Teenager* (Kansas City: Andrews McNeal Publishing, 1998), p. 170.

2 Para mais informações, visite o site do Nar-Anon: <http://www.naranon.org.br/> e do Al-Anon: <http://www.al-anon.org.br/>.

Compartilhe suas impressões de leitura escrevendo para:
opiniao-do-leitor@mundocristao.com.br
Acesse nosso *site*: www.mundocristao.com.br

Equipe MC: Daniel Faria (editor)
Heda Lopes
Natália Custódio
Diagramação: Triall Editorial Ltda.
Gráfica: Imprensa da Fé
Fonte: Minion Pro
Papel: Pólen Natural 70 g/m² (miolo)
Cartão 250 g/m² (capa)